Human Resource Development in Japan

キャリア研究選書　シリーズ日本の人材形成 5

国際化と人材開発

小池和男 編／監修

ナカニシヤ出版

『キャリア研究選書　シリーズ日本の人材形成』
発刊にあたって

　ここに志を同じくする人たちとともに、キャリア研究選書シリーズを世におくりだす。志とはキャリア研究の大切さを深く認識することにある。キャリアとは一見わかりにくい言葉のようだが、道を走っていく車が原意であって、その精髄は中長期の仕事経験にほかならず、人はひとつの専門分野のなかでさまざまな仕事をこなしていく。

　キャリアはなによりもまず、高度な仕事をこなす人材を形成する枢要な途なのだ。弁護士にしても医者にしても、むつかしい試験をパスしさえすればすぐさま第一線、というわけではまったくない。かけだしの弁護士に面倒な事件を頼むのでは、裁判に勝てるわけがない。医師免許をとったばかりの医者に面倒な手術を頼むのでは生存があやしい。弁護士でも医者でもはじめはやさしい事件や症例をあつかい、しだいに面倒な仕事を担当し、さまざまな問題に直面し悪戦苦闘して工夫し技量を高めていく。つまり高度な仕事をこなす人材を形成するには、一連の実務、すなわちキャリアこそが肝要なのだ。

　一見ありきたりな電車の運転士でも、私鉄では駅員、車掌を経験して昇格する。そのあとは選抜を生き抜けば、小さな駅の駅長、大きな駅の駅長とあがっていく。駅の仕事を知り、車掌の仕事を知れば、運転士はさまざまな異変のときに適切な対応ができよう。あるいは駅長は万一運転士にことあるとき、その代わりができる。これがキャリアの重要な意味なのだ。それはなにも日本にかぎらずアメリカの大陸横断鉄道の機関士にも認められる。駅間が極度に長い大陸横断鉄道では、機関士は機関車の修繕業務からそのキャリアをはじめたのであった。これにたいしふつうは、職業というとしばしば、ひとつの仕事しかみない。それでは真に高度な仕事をこなす人材の形成がとらえられない。ここにキャリア研究の第一の意味がある。

　キャリア研究の意味はさらに深い。高度な仕事をこなす人材は、当然ながら

日本のくらしが国際競争のなかで生き抜くのに、もっとも肝要な手だてなのだ。機械や設備がまったくおなじでも、それを操作する人材いかんでおどろくほどの差が生じる。その差は数十％ではきかない。ときに数倍、いやとりわけ高度な技量を要する仕事では、その技量がないと手も足もでない。その差は無限大に近くなる。この人材、技量が日本の雇用、したがってくらしを支える。

さらに一段とふかい意味がある。高い技量は仕事の仕方へ発言する力となり、人のくらしをさらにいきいきとしたものとする。くらしのなかで大きな比重をしめるのは仕事である。その仕事の場で、上司のいうことにしたがうだけで、マニュアルに書いてあるとおりにことを進めるのと、自分で工夫し仕事をすすめるばあいを比べてみよう。面白みはまったく異なるであろう。

よく心理学の畑では、仕事の面白さこそ人の働く真の動機という。いわゆる内的動機論である（intrinsic motivation）。だが、高度な仕事で自分の「工夫」を発揮するには、高い技量を必須とする。高い技量なしに自分の工夫を強調するような人を、国際競争にさらされている企業が高度な仕事につけるであろうか。そうした企業は競争に敗れ、その企業に働く人は失業しよう。仕事の仕方への発言力の基礎が高度な技量、人材なのだ。キャリア研究はそれを解明する。

キャリアすなわち中長期の仕事経験には2種ある。ひとつはいくつかの企業をわたり歩いて形成する。たとえば料理人の世界では、現代の名工で表彰されるような人は、5から10回ほども料理の世界で勤め先をかえる（わたくしも転職回数だけはそれに近い）。日本料理、中国料理、フランス料理をとわない共通の傾向である。小さい店、大きな店、ホテル、レストランをわたり歩く。そうしてその分野たとえば日本料理のなかで、多様な料理の経験をつみ、自分の店をもったりする。わたり歩くなかで仕事経験は豊かになる。

他は、ひとつの組織、ひとつの企業のなかでの多様な仕事経験がある。いやそこでこそ多様さはめざましいかもしれない。現代ではきわめて高度で複雑な仕事は、企業という大きな組織でないと、なかなかこなせない。高度で複雑な仕事ほど企業のなかにあろう。そこで多様な仕事を経験するといえば、すぐさまジェネラリストなどと誤解してしまう。まったくそうではない。ひとつの、

やや広い専門分野のなかでしだいに高度で面倒な仕事へと経験を深めていく。ただ、この途は組織のなかであるがゆえに、外からはなかなか見えない。

　そこにこのシリーズの特色がある。この見えにくいけれど、もっとも高度で多様な仕事をこなしている組織内のキャリア、それを解明したい、という特色である。それはなかなかの難事である。大きな組織内の仕事の実際をこまかく観察するのは、組織の外からはまことにむつかしいからだ。その困難をやぶるため、このシリーズは組織の仕事を熟知する人たちの調査研究を多くあつめた。仕事をよく知る人を分析者とした。そうした調査研究を世におくりだせることを編者としてしみじみしあわせにおもう。

　このシリーズの真のプロジューサーは、法政大学経営学部教授川喜多喬氏である。氏は豊かな人脈を縦横に活用し、このシリーズを企画してナカニシヤという奇特な出版社にわたりをつけ、各巻の編集者を組織した。わたくしはたんにはるかな年長のゆえに編集者たちを代表してここに一文を草し、シリーズ第1巻と第5巻の編集を担当したにすぎない。

　そしてこのシリーズの本をていねいに造ってくださった、ナカニシヤ出版社の若い編集者酒井敏行氏に、ありがたくお礼申しあげる。願わくば、このシリーズがみなさまのご支援をいただき、さらにのびていくことを期待したい。

　　　　　　　　　　　　　　　　　　　　2006年初春
　　　　　　　　　　　　　　　　　　　　　　小池和男

目　次

『キャリア研究選書　シリーズ日本の人材形成』発刊にあたって　*1*

プロローグ─────────────────────小池和男　*13*
海外企業活動が日本の雇用を…（*13*）／海外日本企業の効率…（*14*）／すでに戦前から…（*15*）／その地の庶民層の活用…（*16*）／内外の人材開発…（*18*）／海外子会社の社長…（*19*）／海外派遣者…（*20*）／外資企業の人材開発…（*21*）／タイ生産労働者の仕事意識…（*21*）／アメリカのローカルユニオン…（*22*）

第1章　海外子会社社長の成功要因
　　　製造業の1事例を中心に──────────────榎本敬一　*25*
1. 問題と方法　*25*
   問題…（*25*）／特色…（*26*）／仮説…（*27*）／アンケート調査の設計…（*28*）
2. アンケート調査の結果　*29*
   与件変更仮説の検証…（*29*）／戦略の大きさの定義…（*31*）／業績的成功度と戦略…（*32*）／信頼性の好循環仮説の検証…（*32*）／対本社交渉力…（*33*）／対本社交渉力の理由…（*34*）／現地でのリーダーシップ…（*35*）／現地人幹部から信頼される要因…（*36*）／異文化コミュニケーション力…（*37*）／子会社幹部の優秀性…（*38*）／キャリア的成功仮説の検証…（*39*）／キャリア的成功の4条件と成功度…（*41*）
3. 聞きとりの結果　*43*
   X社長の経営目標と大戦略…（*43*）／Y社長の経営目標と大戦略…（*46*）

4. 能力発揮の「場」　*48*

　　親子会社関係…(*49*)／子会社の外部環境…(*51*)／そうじて…(*51*)

5. 形成と活用　*52*

　　その形成…(*52*)／フィージビリテイ・スタデイ・チーム…(*53*)／活用…(*54*)

6. 要約と課題　*55*

　　要約…(*55*)／のこされた課題…(*57*)

第2章　海外派遣者の人材開発
　　仕事経験の重要性―――――――――――――中村　恵　*59*

1. 問題と方法　*59*

　　問題…(*59*)／事例の性格…(*61*)

2. 海外派遣要員の需要と供給　*61*

　　海外人材登録制度――供給…(*61*)／海外派遣要員の需要…(*63*)／海外派遣要員の需給調整…(*66*)

3. 企業内キャリア　*68*

　　キャリア管理表…(*68*)／最初の配属先…(*70*)／育成の視点…(*72*)／異動マトリックスの分析…(*74*)／製品の共通性…(*76*)／キャリアの類型…(*78*)／選抜とキャリア…(*80*)

4. まとめと結語　*81*

第3章　海外派遣者のキャリア
　　長期にわたる分析―――――――――――――山形英果　*85*

1. 問題と方法　*85*

　　問題…(*85*)／方法…(*87*)

2. 海外事業活動の進展過程　*87*

　　4つの段階…(*87*)／C社海外事業の進展過程…(*89*)

3. 海外派遣前の職務経験　*91*

派遣前職務経験の重要性…(91)／職系別にみる…(92)／技術系をみる…(95)／職系 6 をみる…(96)／まとめると…(98)

4. 職系別にみたキャリア　99

前歴と職系…(99)／職系 1：マネジメント…(100)／職系 2：管理系…(101)／職系 3：マーケティング、セールスプロモーション…(102)／職系 4：フィールドサービス…(102)／職系 5：技術指導…(103)／職系 6：技術情報収集…(104)／複数回派遣者…(105)／複数回派遣されるまでの間隔…(105)

5. 海外派遣者の昇進は遅れるか　107

昇格の実態…(107)／職系別の昇格…(109)

6. 要約と課題　111

要約…(111)／のこされた課題…(114)

第 4 章　海外開発プロジェクトのマネジャー ────相田真弓　117

1. 問題と方法　117

問題…(117)／事例の特徴…(119)／聞きとり調査…(120)

2. プロジェクトマネジャーの技量形成　121

人事部での聞きとり…(121)／事業部での聞きとり…(122)

3. 個別データによるキャリア分析　124

マネジメントの内容…(125)／予算規模、人数、段階…(126)／発注者の審査基準…(128)／企業内での評価…(129)

4. 要約と結論　129

第 5 章　外資企業の人材開発 ────白矢桂子　133

1. 問題と方法　133

問題…(133)／調査対象…(134)

2. 美容部員の仕事　135

キャリアステップ…(135)／店舗運営の業務…(137)／接客の業務…(138)

3. 店長の役割　　*140*
　　店舗全体の販売数値目標達成…(*140*)／部下の管理…(*143*)／判断業務…(*144*)

4. 技能形成のしくみ　　*146*
　　研修 Off-JT…(*146*)／フォーマルな OJT…(*148*)／インフォーマルな OJT…(*150*)

5. 他社経験の通用性　　*152*
　　転職者のなかで経験者の割合…(*152*)／質問紙による調査…(*153*)／経験者採用のしくみ…(*155*)／技能の低評価者…(*155*)／移動と定着…(*156*)／美容関連業務が一致…(*158*)／マネジメント訓練の有無…(*160*)

6. 要約と一般化　　*162*
　　要約…(*162*)／含意…(*163*)

第6章　タイ人生産労働者の働く意欲
　　　　日系自動車工場で ──────────────中島敬方　*165*

1. 問題と方法　　*165*
　　問題…(*165*)／調査の方法…(*166*)／仮説…(*168*)

2. サラリーと昇格　　*171*
　　昇進・昇格システム…(*171*)／評価システム…(*172*)

3. タイ生産労働者の仕事意識　　*173*
　　企業への定着性…(*173*)／働きがいと向上意欲…(*176*)／仕事への取り組み姿勢…(*179*)／成果配分への期待と満足…(*181*)

4. 組合観、会社観　　*183*
　　労使関係をみる眼…(*183*)／職場の一体感の醸成…(*187*)／会社への信頼と将来展望…(*188*)／企業帰属意識の日タイ比較…(*191*)

5. 含意と提言　　*192*
　　「好循環」の存在…(*192*)／課題…(*193*)

第7章　アメリカの労働組合
　　　産業別組合本部とローカル────────────郷野晶子　*197*

1. 問題と方法　*197*

    問題…(*197*)／小売産業をとりあげる理由…(*198*)

2. 産別本部　*200*

    組織の範囲…(*200*)／役員…(*201*)／財政…(*201*)／機関、会議…(*202*)／本部の管財権…(*203*)／団体交渉の進め方…(*204*)／本部の直接的役割…(*205*)／本部の間接的役割…(*206*)

3. ローカル400　*207*

    組織の範囲…(*207*)／組織機構…(*208*)／財政…(*209*)／機関、会議…(*210*)／団体交渉の進め方…(*211*)／妥結…(*212*)／本部の管財権行使の事例…(*213*)／苦情処理：Rep の機能…(*214*)／職場における組合活動…(*215*)／ローカル881…(*217*)

4. ふたつのローカルの比較　*220*

    組織の共通点…(*220*)／組織の差異点…(*221*)／交渉…(*223*)／妥結内容の標準化…(*224*)／やや似ている点…(*225*)／異なる点…(*226*)／企業間賃金格差…(*227*)／考察…(*231*)

5. まとめ　*232*

    ローカルが中心…(*232*)／ローカル間の比較…(*233*)／のこされた課題…(*234*)／

文　献　*237*

索　引　*241*

図表目次

第1章
図表 1-1　業績的成功度と戦略策定力　*32*
図表 1-2　業績的成功度と子会社社長就任直前の職位　*33*
図表 1-3　業績的成功度と対本社交渉力　*34*
図表 1-4　対本社交渉力の理由と業績的成功度　*35*
図表 1-5　業績的成功度と現地リーダーシップ　*36*
図表 1-6　現地人シニア・スタッフからの信頼──社長自身の認識　*37*
図表 1-7　業績的成功度と異文化コミュニケーション力　*38*
図表 1-8　業績的成功度と日本人派遣社員および現地人幹部の優秀性　*39*
図表 1-9　キャリア的成功の4条件とキャリア的成功度　*41*
図表 1-10　X氏在任中の設備投資　*45*
図表 1-11　Y社長在任中の設備投資　*47*

第2章
図表 2-1　海外派遣要員の需要要件　*64*
図表 2-2　キャリア管理表　*69*
図表 2-3　最初の配属先　*71*
図表 2-4　異動マトリックス　*75*
図表 2-5　キャリア類型と海外人材登録状況　*79*

第3章
図表 3-1　海外事業活動の進展段階──C社　*90*
図表 3-2　海外の進展段階の要約　*91*
図表 3-3　派遣時期別にみた派遣者の経験　*92*
図表 3-4　派遣時期別にみた前歴の長さ　*92*
図表 3-5　職系別海外派遣者数　*93*
図表 3-6　派遣時期別にみた前歴数──職系1　*93*
図表 3-7　派遣時期別にみた前歴数──職系2　*93*
図表 3-8　派遣時期別にみた前歴数──職系3　*94*
図表 3-9　派遣時期別にみた前歴数と前歴期間──職系3　*95*
図表 3-10　派遣時期別にみた前歴数と前歴期間──職系4　*95*
図表 3-11　派遣時期別にみた前歴数と前歴期間──職系5　*96*

図表 3-12 派遣時期別にみた前歴数──職系 6（技術系）　*97*
図表 3-13 派遣時期別にみた前歴数──職系 6（事務系）　*97*
図表 3-14 派遣時期別にみた修得期間──職系 3、4、5　*98*
図表 3-15 前歴と職系　*100*
図表 3-16 経験職種──職系 2　*101*
図表 3-17 経験職種──職系 3　*103*
図表 3-18 経験分野──職系 4　*103*
図表 3-19 経験分野──職系 5　*104*
図表 3-20 複数回派遣者と職系　*105*
図表 3-21 時期別にみた再派遣までの期間──職系 3　*106*
図表 3-22 時期別にみた再派遣までの期間──職系 4、5　*107*
図表 3-23 海外派遣者の昇進は遅れるか──全社の傾向との比較　*108*
図表 3-24 海外派遣者の昇進は遅れるか──「ハイフライヤー」との比較　*110*

第 4 章
図表 4-1 組織　*119*
図表 4-2 資格制度の概要　*121*
図表 4-3 年間に占める海外勤務期間の割合　*125*
図表 4-4 マネジメントしたプロジェクトの期間　*126*
図表 4-5 チームの規模　*127*

第 5 章
図表 5-1 販売の組織　*136*
図表 5-2 販売員の仕事　*137*
図表 5-3 対面販売に必要な基礎技能習得期間　*139*
図表 5-4 店長に必要な技能　*146*
図表 5-5 経験の評価　*153*
図表 5-6 経験の長さによる評価　*154*
図表 5-7 職務等級と外部調達率　*157*
図表 5-8 企業による技能の異同──化粧品販売　*159*

第 6 章
図表 6-1 タイ人労働者の勤労意欲発揮の好循環モデル　*169*
図表 6-2 資格別学歴別人員構成と平均給与　*172*
図表 6-3 勤続年数別回答者数　*174*
図表 6-4 年齢と勤続年数別人員　*174*
図表 6-5 転職経験と回数　*175*

図表 6-6　現在の会社に5年後も勤めているか　*175*
図表 6-7　継続勤務または転職したい理由（ふたつ以内選択）　*176*
図表 6-8　働きがい（ふたつ以内選択）　*177*
図表 6-9　「仕事の質」を高める努力　*178*
図表 6-10　仕事の幅を広げ、技能を高めていく工夫　*178*
図表 6-11　仕事と個人的スケジュール　*180*
図表 6-12　会社内での昇給や昇進　*180*
図表 6-13　賃金の決定要素　*181*
図表 6-14　「年功」と「個人のがんばり・技能」とどちらを重視した賃金がよいとおもうか　*181*
図表 6-15　企業業績の労働条件への反映　*182*
図表 6-16　組合と会社の関係　*184*
図表 6-17　不満や苦情の相談先　*185*
図表 6-18　労働組合の活動にたいする満足度　*186*
図表 6-19　労働組合の活動への評価　*186*
図表 6-20　職場の一体感　*187*
図表 6-21　会社の発展と自分の将来の関係　*188*
図表 6-22　会社利益と従業員への配分　*189*
図表 6-23　経営者はタイと日本どちらを向いているか　*190*
図表 6-24　日本本社の労働組合との関係　*190*
図表 6-25　現在の会社にたいする見方　*191*

第7章

図表 7-1　妥結内容の事業所間比較でとりあげた企業　*225*
図表 7-2　賃金表の事業所間比較　*227*
図表 7-3　賃金引き上げ額、物価上昇にともなうもの　*228*
図表 7-4　勤続別賃金の事業所比較　*230*

プロローグ

小池 和男

海外企業活動が日本の雇用を

　ここに「国際化と人材開発」と題して、キャリア研究叢書第5巻をおとどけする。それでこのシリーズについてのわたくしの役目は高年ゆえに終わりとしたいが、このテーマの意味をぜひとも説明しておきたい。国際化とは、一見ありきたりの主題とおもわれよう。たしかに月並みの議論ではそうであろう。現地化の遅れ、あるいは国際化の遅れ、はては日本の仕事の仕方は特殊で海外では通用しない、などという論点に終始する。

　だが、その真の国際化研究の意義は月並みな議論とはまったく別に、いまやまさに、いや今後ますます重要となろう。なによりも海外での企業活動からの収益が、日本の雇用、したがって日本のくらしを大いに支えるようになってきた。といえば、日本はもともと輸出立国、輸出への過度の依存のさらなる強調か、とおもわれよう。それでは内需依存へ変換しなければ、とたえず他国から声高にいわれてきたことに反し、とうてい理解できないとおもわれるかもしれない。

　しかし、それは国の内外をとわない、はなはだしい誤解である。日本経済に占める輸出の役割は、GDPに対する比重でみても、先進国中大陸国の米とならびもっとも小さく10%前後であって、はるかに西欧諸国の2～4割におよばず、東南アジア諸国にいたっては格段に上で、着実に経済を伸ばしてきたタイの輸出依存度はじつに6、7割に達するのである。ちなみに香港やシンガポールはGDPの数倍だが、それは中継港という特異事情によるのであって、

日本を考える際の参考にはならない。日本経済はあきらかに、いまやもっとも輸出に依存していない国のひとつである。にもかかわらず、なぜ国際化をいうのか。

　輸出とはさまがわりに、いまや海外への投資からの収益が日本の輸出の黒字をこえている。その中身は海外証券投資、つまりアメリカなど海外の国債や株を買ったことからの収益が多いが、海外での企業活動、すなわち海外直接投資からの収益も伸びてきたのである。

　もっと具体的にいおう。海外直接投資とは、日本企業が海外各地でその地の人を雇い企業活動をしていくことにほかならない。たとえばトヨタをみる。おそらくその国内工場の生産はもはやあまり伸びない。世界最高賃金国のひとつ日本の国内経済の伸びは残念ながら小さい。世界最高賃金国という事実があまり認識されないのは、日本の賃金や生産性の数値を報道する機関が、購買力平価などというあやしげな国際消費者物価指数でわっているからである。それではなはだしく低めに表示される。だが、たとえばトヨタの車は購買力平価でわって海外に売っているのではない。あくまで国際為替レートで売っているにすぎない。すなおに為替レートでみれば、日本の時間あたり賃金はあきらかに高い。

　そして売上げの伸びの大半は海外なのである。海外の比重は従業員でみても国内をはるかに追い越している。いやトヨタはまだしも海外の比重がそれほど多くはないが、松下をみれば国内雇用の数倍の人が海外の松下で働いている。ところが、これまで日本の仕事の仕方はとうてい海外に通用しまい、と口をきわめて非難されてきた。あるいは、特殊な仕事方式を海外の地につらぬくために、海外企業の主要ポストを日本人が独占し、その地の人を排除してきた、と強く批判されてきた。いわゆる現地化の遅れである。さらに特殊な仕事方式により海外日本企業の効率は低く、欧米の海外企業にはるかにおよばない、と論断されてきた。それがふつうの見方であった。

海外日本企業の効率

　しかしながら1996年以降、海外企業の収益率を国際比較できる統計が利

用可能となった。国際通貨基金 IMF の国際収支統計年報 Balance of Payment Statistics Yearbook である。それを用いると、図表は省くが、日本海外企業の収益率は他の先進国に比してけっして低くはない。

　もっとも収益率が高いのは、いうまでもなくかの英である。16、7 世紀のエリザベス女王から始まり 19 世紀のヴィクトリア女王をへて幾世紀も海外を制覇し、7 つの海を支配する巨大な植民地大帝国を築いてきた。世界制覇が長ければ海外の有利な天然資源の地を独占できたであろう。これに優るとも劣らない海外進出の歴史をもつのは仏である。世界各地に植民地大帝国をおなじように形成した。はるかに下がるが、米が第一次大戦以来、武力と金力にものをいわせ、海外の有利な地を支配してきた。またイタリアも北アフリカをはじめ多くの植民地をもってきた。ドイツも日本に先んじて各地に殖民地をもっていた。

　にもかかわらず、日本企業の収益率は、もっとも高い英にはおよばなくとも、それにつぐ米に近い。そして、植民地をゆたかにもつ仏をはるかにこえ、また先行のイタリア、ドイツをしのぐ。いったいどうしてであろうか。

すでに戦前から

　これまでの説明でわかるように、日本の収益率の高さは、資源の豊富な海外地域を長年支配してきたからではまったくない。いうまでもなく後発日本の海外進出は欧米に遅れたけれど、なにも第二次大戦後ではけっしてない。第一次大戦直後から急速に進出した。

　もっともめざましいのは中国への日本紡績業の進出である。当時の日本経済の主要産業、紡績業の、それも主要企業の大半が 1922 年以降（一部はすこし早いが）外国人集中地域、上海地区に工場を展開した。それはふつう日本の軍事力の傘の下での出来事ととらえられがちだが、かならずしもそうではない。なるほど日本の陸戦隊およそ 2000 余が、1927 年以降当時の中国紡績業の集中地、上海に駐在した。だが、英米の軍隊ももちろん駐在し、その兵力は英 7000 余、米 2000 余と日本をはるかにこえた。しかも当時の上海市の中心を占める国際共同租界地区行政府は英人が主要ポストを占め、公用語は英語であ

り、5000の警察をもつ警視総監はもちろん英人であった。砲兵や工兵までもち1500人を数える「義勇軍」の司令官は、いうまでもなく英軍大佐級であった。日本軍隊がその劣勢をくつがえしはるかに強力となる1937年以降は戦火が工場におよび、上海地区の日本紡績業の生産はあきらかに減退していくのである（小池［2005］）。

　そもそも上海地区の紡績業の先駆は英2社、米、独各1社であって、日本紡績業の進出はそれらに20年余も遅れたのであった。もともと中国地域に工場を進出する権利は日清戦争によって日本が獲得した。にもかかわらず日本企業が進出を逡巡する間に最恵国条項を活用して英米独企業が進出していったのである。しかもその間、地元中国紡績企業がめざましく伸びシェアの大半を抑えた。それほど後発ながら日本紡績業ははげしく伸び、成長率は中国民族紡をこえ、地元企業にせまるシェアを得た。他方、欧米系紡績業は買収され、あるいは衰退したのであった。

　しかし第二次大戦の敗戦によって日本の海外資産は一切没収された。力の限り闘ったあとの敗戦とはそういうものである。いまの日本企業の海外への進出は、2度の遅れ、つらい挫折にもかかわらず築いた結果なのだ。2度の遅れで天然資源に頼れない以上、日本はその地の人材の活用によるほかない。それもその地のエリートを当てにするわけにはいかない。その地のエリートは英米仏に留学し、すでに多くが欧米に囲い込まれていた。のこる頼みはその地の庶民の活用しかない。

その地の庶民層の活用
　まさにそこにこそ、この日本企業の仕事方式のよさがある。日本国内でも日本企業はエリートよりもむしろ中堅層、それもやや下の、生産職場の有能な層をもよく活用してきた。その方式が海外で通用するかどうか、その地の人材の中堅層、さらに下の層を活用できるかどうか、そこに日本の企業の効率がかかる。そのことが了解されよう。

　その地の庶民層を具体的にどのように活用するか、その点まで遠く日本本社から事情も知らず指図することはできない。かかってその地に派遣された日本

の人材の働きによる。その中心は海外子会社の社長である。あさはかにも、海外社長のポストをすぐさまその地の人に移せ、という意見が盛んであった。それならば日本が勝てるわけがない。他国と同じことを、それも下手に遂行して、どうして他国の海外企業に勝てるのであろうか。日本海外企業の本国派遣トップマネジメントがその地の人材、それもやや下の層の人材をいかに形成し活用できるか、つまり他国がまだおこなっていない方策をいかに効率的に実施できるかどうか、それこそが枢要なのだ。

それゆえ、この本の第1章は海外日本企業の社長の分析となる。しかもその分析の意義は、うえにみた海外子会社の活動への貢献にとどまらない。日本大企業本体の働きをも左右する。海外子会社社長とは、日本本社のトップの人材をいかに育て選抜していくか、そのきわめて重要な場とおもわれる。大きな企業のトップは前例のない、あまり予想のつかない状況のなかで、重要なことを決断しなければならない。たとえば他国に新工場を建てるか、それをどこの国にするか、それとも撤退するか、などをあえて決断していかねばなるまい。その力量のとぼしい人が大組織のトップにいては、そこに働く人ははなはだしく迷惑する。あるいは破産し雇用を失う。

その重責を見事にはたす人材をいかに形成するか、また形成できそうな人をいかに選抜するか、それを見極めるもっとも重要な過程こそ海外子会社の社長の活動とおもわれる。海外子会社社長は、日本本社から遠くはなれよくはわからない事柄を、自分できびしく決断していかねばならない。そうしたポストを複数生き抜きこなしてこそ、はじめて日本企業本体のトップにふさわしい人材がみいだされ、形成されるのではないだろうか。実際日本企業の経営者の代表をかりに日本経団連会長に求めれば、前会長の奥田氏はながくフィリピンに駐在し（トヨタでは奥田氏のつぎの張社長も米の主要工場の初代社長をつとめた）、現会長の御手洗氏は周知のように20年も海外で働いた。この重要な人材開発を第1章が検討する。

もちろん海外子会社社長はひとりでは企業の運営ができるはずがない。ともに働く日本からの派遣社員、すぐれた現地社員が欠かせない。その日本企業の海外派遣社員につき、これまで大きな誤解があった。すなわち、英語を話せな

くては、などというあさはかな意見である。英語を話すのはよいことだが、内容のない英語をただ「流暢に」話すだけでは、なんの役にも立たない。話す内容が肝要なのだ。重要な内容を知る、すぐれた人たちを育てるよき方策が、職場の仕事経験なのである。第2章の検討するところである。

　もちろん海外派遣者の役割は、海外企業の発展段階によって進展していく。それをとらえる長期にわたる観察を、第3章がこのうえない良質な資料にもづき描きだす。日本のある上場企業の海外要員を丹念に分析した。さらに第4章は技術関係のプロジェクト担当者をとりあげた。これまたきわめて詳細な資料を活用し、そのプロジェクトの成否を左右する人材を解明した。

内外の人材開発

　ここまでは海外進出企業の日本人人材を対象にした。ただし国際化とはもちろん日本への他国企業の進出でもある。外資系企業はしばしば誤解にみちて喧伝されてきた。流動化を促進し、短期の成果で報酬をはらう、などである。しかし、どの地の企業でも、真に成果をあげようとするならば、人材への中長期の投資も当然におこなうはずであろう。外資系企業の人材への投資を、初期の採用にとどまらず、中長期にわたって立ち入ってみたのが第5章である。

　この本の視野はさらに広い。海外日本企業に働く人の圧倒的多数はその地の人である。その地の人がはたして意欲をもっていきいきと働くかどうか、それが海外日本企業の命運を決めるであろう。その意欲をその地の庶民に直接聞いたのが第6章である。苦労を重ね考えられるかぎりの人脈を活用し、他国の地でひとりひとりに会ってアンケート調査を実施した。まことに貴重な研究である。

　しかもその地にはしばしば労働組合がある。その労働組合は日本の組合とは違ってとうてい企業に協力しまい、と日本側は勝手に誤解してきた。はたしてそうか。深く立ち入れば、その地の労働組合も基本的には企業、事業所ごとの組織が中心であるようだ。そのことを米国について解明したのが第7章である。まことに貴重な分析である。

　なぜ立ち入って観察できるのか。いうまでもなくその分野の仕事に熟知した

人の分析であればこそ、といわねばなるまい。その点はこのシリーズに共通し、それぞれその業種、企業、労働組合に長年つとめた書き手がその仕事経験を丹念に解析し研究した。それというのも、ひとつの例外をのぞき、すべて法政大学夜間大学院の成果である。例外の一文はプロの仕事であるが、この企てに賛同して寄せていただいた。以下それぞれの章をもうすこし紹介していきたい。

海外子会社の社長

第1章は、日本の代表的なある上場企業の、26 の海外子会社社長を分析した。その強みはなんといっても執筆者自身が、海外子会社の社長職を複数の国で複数回つとめたことにある。その経験をもとにして核心をついたアンケート調査をおこない、そのうえに重要な事例につき深く聞きとりした。いや実際の時間の順序はまず聞きとりが先で、その知見にもとづきアンケート調査がつくられた。

それだけではない。企業の枢要な文書資料をも活用している。日本企業本体の常務会に海外子会社社長が提出する設備投資案件、その討議資料までみている。その企業からすればあまりに立ち入った分析とおもわれるかもしれないが、しかし貴重な海外活動の丹念な分析として、その企業にとってもまさに記念碑的な研究文献となるであろう。これまで海外企業の分析はないではないが、その活動を外から伺い知ることのできない資料までおりてていねいに分析した研究が、はたしてあったであろうか。しかも中核的な事例につき立ち入って聞きとりまでおこなった。

その結果、海外子会社の社長がまさにその戦略を大胆にうちたて、革新的な設備投資案件にまで仕立てあげることがわかる。また重要な人材を国内の職場の人材に声をかけて集め、さらに現地のすぐれた人材を活用する。あらゆる方策を尽くしてまことに見事な業績をあげたことが了解される。しかもそれが帰国後のキャリアにもあきらかに寄与する。こうした傾向がつづけば日本経済の時節がもうすこしつづくであろう。

海外派遣者

　第2章は調査の時点がいささか古いが、めったに得られない貴重な資料をことこまかに分析し、まことにめざましいことをみいだしている。それは、海外企業で活躍できる技能は基本的には日本の職場経験で形成する、というごくあたりまえのことである。仕事経験である以上、その形成は短日月ではできない。時間をかけ計画的に経験させていくほかない。それを東海のある企業が丹念に実行している。それを示す文書資料を分析した。

　これまで海外での派遣者は外国語ができないと困る、異文化理解ができないと困る、というありきたりの意見がつよかった。しかししゃべる力を外国語とする理解、他国の慣行を根本から異質とみるあさはかな理解では、とうていうまくいくまい。さいわいこの章の書き手は、ある事例につき1974年から81年という7年間にわたる企業内異動の人事資料を吟味できた。その結果、その企業の主要な3つの製品の流れに沿う企業内移動がみいだされた。そしてその専門分野のなかで重要な小分野を数多く経験していく。それをふまえて海外要員への需要と、供給の調整がおこなわれ、中長期の仕事経験によって真に必要とされる人材が形成されている。

　第3章は、歴史のある日本大企業の数十年にわたる海外人事資料を分析した。いうまでもなく日本企業は第二次大戦後まずは輸出、しだいにその地での生産へ焦点を移していく。それを担当する人材をいかに形成していくか。それは日本国内と海外の、広義の職能のなかでの移動である。その分析がこの章の主要内容である。専門分野を中心とした、やや幅広い仕事経験が重視されていた。

　以上ふたつの章がどちらかといえば事務系をみていたのにたいし、第4章は技術系をみる。政府開発援助プロジェクトODAの遂行にあたり、それをその場でこなす人材がまことに貴重となる。それはまさにエンジニアリング企業のプロジェクトの管理者である。その人材開発を、その経験した仕事内容からこのうえない資料で分析した。プロジェクトとは、ひとつの企業にとどまらず、さまざまな企業、さらに日本企業にかぎらず多様な国のスタッフとも仕事をする。多様なプロジェクトの多様な段階をしだいに経験して人材が開発されてい

く。そこから日本本社の管理職人材が育っていく。

外資企業の人材開発

　これまで日本企業の海外派遣者をみてきた。いうまでもなく国際化とは、日本から出ていく企業にとどまらず、日本に入ってくる企業も当然に含む。その外資企業につき、ややあやしい認識が広がっている。極度に短期的にその業績を判断しそれにおうじ報酬を払い、そこに入った人たちは企業間をめまぐるしく動く、などである。そうじて短期的な視点のみが強調される。だが、もし企業が真にその業績の向上をねらうならば、すぐれた人材の形成なしにはむつかしく、そして中核の人材の形成は中長期の視野なしにはうまくいくはずがない。

　といって中長期の視野とは、なにも新卒採用からの内部育成とはかぎらない。とりわけ日本進出の歴史がまだ短い外資企業は、初期は他社の人材育成を充分に活用しながら、その後の肝要な人材開発を自社でおこなうほかあるまい。その具体的で立ち入った解明がこの章の意義である。

　それは化粧品のいわゆる美容部員の市場だが、国産大手メーカー、外資系などがいり乱れている。外資系の戦略は、まず美容部員すなわち初期の人材形成を日本の伝統ある国産大手メーカーに依存する。そのメーカーの見事な訓練をすませた人を中途採用する。ただし、それはたんなる中途採用でおわらない。それでは日本企業にたいし勝ち目がない。職場の長すなわち店長クラス、さらにその上のクラスの人材を、もちろんその社が開発する。というのも、国産メーカーがその業態から店長の人材形成にかならずしも執心していないことを知悉するからである。そして店長クラスの人材をていねいに評価することで、この外資系企業が競争力をもつ根拠をあきらかにする。労働市場全体のバランスに注目した人材開発がここに成立する。

タイ生産労働者の仕事意識

　第6章はタイの生産労働者に直接その仕事意識、働く意欲を聞いている。しかも海外できわめて苦労して聞いた。日系企業に働くタイ人にその意見を聞くのだが、当時東南アジアはアジア経済危機の最中で雇用がゆれていた。タイの

日系企業に頼むわけにはいかず、他方、タイの労働組合に頼むのも容易ではなかった。結局、日本に留学したタイ人のボランティア組織に頼み、ひとりひとりの承諾をとって会い、アンケート調査をおこなうのである。まことに苦心のすえの貴重な236票であった。それもこうした経緯のゆえに非日系もまぎれこみ、結局188票の集計となる。涙のでるような手続きであった。

　このような面倒な手続きをあえてとってまで、なぜタイの生産労働者の意見を聞こうとしたのであろうか。これまでふたつの淵源をもつ見解がひとつにまとまり、タイ人の仕事意識を忖度してきた。ひとつはかのエンブリイをはじめとする文化人類学者たちの調査である。タイの農村の労働者の分析から、タイ人がまさに「マイペンライ」、あまり将来のことを考えずに、組織にたいしゆるく関わる方式だ、という認識である。他は、日本企業の派遣者の言い分である。タイ人は仕事意識がとぼしく、そのために日本の企業の仕事がなかなかうまくいかない、との言い訳にしたりする。

　はたしてそうか。日本企業の仕事方式では、よい品質、よい製品はひとりひとりの生産労働者のしっかりした仕事意識なしには、とうてい達成できない。いったいタイの労働者はどのような仕事意識をもっているのであろうか。それがこの章の強烈な問題意識であった。

　その結果、この調査は日本職場の労働者に優るとも劣らぬ仕事意識をみいだした。技能を向上したいという意欲、それはまた労使関係にも反映し、労働組合や会社への考え方も含め、日本の労働者とかわらない。会社こそ自分の技能の向上を図る貴重な場として意識し、技能を高めようとしている。そうした点を、ほぼ同時期におこなわれた日本労働者の意識調査結果と直接対比し、その意味を確かめている。まことに得がたい研究といわねばなるまい。

アメリカのローカルユニオン

　日本企業が海外で活動するにあたって、その地の労働組合を無視するのはむつかしい。とくに海外日本企業が発展してその地の有名企業となればなるほど、むつかしい。たとえば各地の海外トヨタのように注目されれば、その地の労働組合を無視しては仕事できない。そのとき日本のあやしい常識が妨げとな

る。日本は企業別組合で他国の労働組合とはまったく違う、とにかくその地の労働組合をなんとかして避けるべきだ、という議論である。

　だが、先入主なしにその地の労働組合をみる。そうすると、産業別組合はたんにその産業の労働条件の最低をまもるにすぎず、働く人たちにとって大切なことはほとんどその地の事業所組織、ローカルユニオンが決めていることがわかる。そのローカルユニオンにも誤解が大きい。

　この第7章がとりあげるローカルユニオンは、まさに一見日本の常識どおりの地域組織で、その地域の多くの事業所レベルの組織を統括している。それだけみると、なるほどやはり日本の常識は正しいか、となってしまう。とろが、その妥結条件をていねいにみてみると、結局企業や事業所別に微妙に労働条件が異なることがわかる。産業別労働組合についての日本の常識を打破する研究となる。

　こうしたすばらしい研究は、書き手が同種の産業別労働組合の専従スタッフとして、長年懸命に働いてきたからであろう。その目でみると、米も日も、産業別労働組合と企業や事業所レベルの組織の役割に大差ない。いずれも産業別は最低線を決め、そのうえに企業、事業所別の労働組合が上積みをかさねている。

　そうじて、こうした実際の状況をていねいに認識しなければ、たんに日本は企業別組合、他国は産業別組合、水と油の違いということでおわってしまう。それでは多くの海外企業に働く人たちの不満を解消できまい。

　珠玉のような研究を集め読者にお贈りできることを編者としてこころから喜びたい。

第 1 章

海外子会社社長の成功要因
——製造業の 1 事例を中心に

榎本 敬一

1. 問題と方法

問 題

　経済産業省の第 33 回「わが国企業の海外事業活動」によれば、2002 年度のわが国製造業の海外生産比率は 17.1％であり[1]、海外進出企業ベースの海外生産比率は 41.0％であって[2]、この数字は年々増加している。海外生産比率の増大につれて海外子会社からの配当金等の営業外黒字が営業黒字を上回るケースが増加し、とくに、大企業製造業では海外子会社の業績が企業グループ全体の業績の鍵を握っているばあいも多い。

　海外子会社の業績の良否は、海外子会社社長の能力にかかるところまことに大と思われるが、いまのところ海外子会社社長の約 8 割（石田 [1999]）は本社から派遣された日本人社員だから[3]、海外進出企業の親会社としては、海外子会社の競争力を高めるため、多くの優秀な海外子会社社長を育てなければならない。それはわが国製造業大企業が今後持続的に発展するために不可欠の条件である。

　さらに注目すべきことに、最近わが国製造業大企業で海外子会社社長経験者が本社社長になるケースも増加した。本社社長はじめ将来の経営者を選ぶ肝要なプロセスとして、海外子会社社長の経験が枢要とおもわれる。このような問題意識で本章はまず、優秀な子会社社長はどのような能力を備えていなければ

ならないかを推論する。そのうえで優秀な子会社社長育成法、さらに海外子会社社長経験者が本社経営者へと成長する条件も考察する。

　この章は優秀な海外子会社社長を「業績的成功社長」と「キャリア的成功社長」に区分する。「業績的成功社長」とは、その在任中に達成すべき経営目標（ここでは、売上高、利益の額、などの数値目標。その決定方法は後述）を100％またはそれ以上達成した社長、「キャリア的成功社長」とは、帰国後その海外経験で磨かれた能力を評価されて本社社長や役員に昇進した人たちをいう。

特　色

　海外子会社社長の成功要因を論じた先行研究は見当たらない。本章のテーマに近い研究として吉原［1984］がある。わが国中堅企業6社の海外進出事例について、聞きとりの方法で海外子会社の成功（黒字経営の定着など）要因をあきらかにしている。それによれば海外子会社の成功要因は、①知的経営資源（親会社の製品技術、生産技術、経営ノウハウなど）が現地競争企業にたいして優位にあること、②日本側が当該子会社の経営権を握っていること、③現地に関する知識があり現地人との意思疎通ができること、④不確実性にたいして進出前に対策を講じておくこと、以上4つである。

　それにたいして本章では、吉原［1984］が成功要因として子会社の人的資源、とくに子会社社長の能力に注目していないのにたいし、海外子会社の成否が海外子会社社長の能力に大きく依存するとみる。そして業績的成功社長の能力の内実およびそれを発揮させる「場」の条件をあきらかにしようとする。能力の内実があきらかになれば、その形成法はおのずとあきらかになろう。くわえて業績的成功社長がキャリア的成功社長に成長する条件もあきらかにしようとする。キャリア的成功社長を輩出することは当該企業グループ全体としての国際競争力強化につながるとおもうからである。

　海外子会社経営は、現地事情が国内にくらべてはるかにわかりにくい。本社にも現地事情に精通した人がいないなかで好業績をあげさせるため、本社は子会社社長に優秀な人材を選び大幅な権限を委譲して、かれにすべてを任せざるを得ない。

社長の能力として必要なものは、「戦略策定力」と「実行力」である。そのうち、まず必要となるのが「戦略策定力」である。「戦略策定力」とは、将来にわたる機会と脅威および現在の経営資源の強みと弱みを把握したうえで、経営目標達成のためになにをするか（たとえば、新製品投入、新生産方法開発、新市場開拓など）を決め、それを実現するために経営資源（人材、設備、資金、技術、販売方法、社内組織など）をどう再構築するか、それを構想する能力である。仮説提出力あるいは計画作成力といえるかもしれない。そしてその「戦略」を実際にやり遂げるために必要となる能力が「実行力」である。

さらに本章は、海外子会社社長の成功要因として、親子会社関係（権限委譲のていど、キャリア・スポンサーの有無、本社方針、内なる国際化など）と子会社の外部環境（所在国のインフラや政治的安定度、所有形態、需要と競争）などの「場」が子会社社長にとって極端に不利でないことをあげる。

仮　説

優秀な海外子会社社長とはどんな能力を備えた人か、かれらが帰国後本社のリーダーとなるための条件はなにかに迫るため、前者について「与件変更仮説」と「信頼性の好循環仮説」を、後者について「キャリア的成功仮説」を設定した。

与件変更仮説：「業績的成功社長には戦略策定力がある。着任時、あらたな経営目標を達成するための戦略を練り、それにあわせて子会社の経営資源（人材、設備、技術、資金など）を変更（再構築）する。そのことによって社長在任中に達成すべき経営目標をクリアーする」。これを与件変更仮説とする。

海外子会社社長は、着任時、前任社長から、①それまでの経営戦略、②子会社の経営資源、③親子会社関係、④子会社の外部環境などを引き継ぐ。上記①、②、③、④は子会社社長にとって任命された時点での与えられた経営環境だから、これらを「与件」という。与件のうち③、④は子会社社長としてみずからの努力で変更することがむつかしい。しかし、新任社長はかれの目標を実現するため①、②の与件を変更できる。戦略や経営資源の変更・再構築は可能であるし、子会社を取り囲む外部条件は刻々変化するから、それこそが社長の

役割である。

信頼性の好循環仮説:「業績的成功社長には実行力がある。実行力の裏づけとして親会社からの信頼と現地人スタッフからの信頼を集め、さらにその信頼性の好循環を発生させている」。

　子会社社長には戦略策定力があるだけでなく、それを実現する実行力が必要である。本章では、製造業の典型的な経営資源である設備に注目し、設備投資を代理指標として社長の戦略策定力と実行力をみていく。子会社が設備投資をおこなう際、子会社は資金供給や人材派遣などの面で親会社の支援を得ることがどうしても必要である。過去のキャリアなどによって子会社社長の戦略策定力を親会社が認めていれば、かれの戦略および資源再構築案は本社常務会などを通過し、資金や人材を親会社から引き出すことができる。海外子会社社長が親会社から信頼を得ていれば、現地で計画した設備投資を円滑に進めることができる。そのことによって、子会社社長は現地人シニア・スタッフや日本人派遣社員からも信頼され、現地でリーダーシップを発揮できる。リーダーシップを発揮し、子会社社員の協働によって業績が向上すれば、親会社からの信頼はさらに高まる。このようなサイクルを「信頼性の好循環」という。業績的成功社長は信頼性の好循環を発生させているとおもわれる。さらに、社長自身にたいする信頼性の向上は、帰国後かれのキャリア的成功にとっても有利な条件となろう。

アンケート調査の設計

　上記ふたつの仮説およびキャリア的成功仮説検証のため、A社の製造業海外子会社のなかから主要15社（先進国7社、発展途上国5社、NIES諸国3社）を選び、その社長経験者35名（1社につき2名以上選んだばあいもある）に23問90項目にわたる質問紙調査表を発送した。そのうち26名から回答を得た（以下この26名を「回答社長」という）。なお、A社の2000年3月時点での海外生産関連指標は、海外生産歴35年、従業員数国内1万4000人、海外4万人、海外製造子会社90社、海外生産比率20％余である。

　アンケートの個々の質問設定にあたっての考え方を説明しよう。アンケート

のおもな目的は、社長の戦略策定力と実行力を測定し、それと業績的成功度との関係をたどるデータを得るにある。戦略策定力とは、目標達成のためになにをするかを決め、そのために経営資源をどう再構築するか、それを構想する能力である。

　実行力とは、対本社交渉力、現地リーダーシップ、異文化コミュニケーション力、計数にもとづく全般的管理能力をいう。ここで全般的管理能力とは月次利益管理、月次決算などの数字から、業務が計画どおり進捗していないばあい、どこに隘路があるか、将来どんな問題の発生が予測されるかなど問題点を素早く発見し、解決策または問題発生予防策を実行する能力である。戦略策定力の代理指標として設備投資を採用し、設備投資の規模、その革新性などについて質問した。実行力の個々の構成要素につき代理指標を用い、その強さを測定した。日本人派遣社員、現地人シニア・スタッフの能力は、それらにたいする社長の満足度を代理指標として測定した。

　「場」のひとつ、親子会社関係は、権限委譲度、キャリア・スポンサーの有無、本社の支援方針、内なる国際化のていどを聞いた。また、「場」のもうひとつ、子会社の外部環境については、立地場所のインフラ、所有形態すなわち100％子会社か合弁会社か、製品にたいする需要と競争などを質問した。アンケートの最後に入社以来当該海外子会社社長就任までの略歴を記載してもらった。

2. アンケート調査の結果

与件変更仮説の検証

　この仮説を検証するため業績的成功度と戦略策定力の関係をみる。業績的成功度に関しては「業績的大成功社長」、「業績的中成功社長」、「業績的小成功社長」という区分を、戦略策定力の代理指標である設備投資の規模および革新性に関しては「大戦略」、「中戦略」、「小戦略」という区分を導入する。業績的成功度は結果であり、戦略はその結果を得るための手段である。回答社長26名を下記定義と認定方法により、業績的大成功社長、業績的中成功社長、業績的小成功社長の3種類に区別する。

業績的大成功社長：難度の高い経営目標を任期中または離任直後に100％以上達成した社長、またはそれに近い業績をあげた社長をいう。「難度の高い目標」の判定についてつぎのふたつの基準を設けた。いずれかの基準をこえていれば「難度の高い目標」である。第1の基準は、着任時売上高または税引前利益を離任時年度に倍増させること、あるいは累積損失額、借入金残高などを半減させること、第2の基準は、在任中平均して増収率ないし増益率を年20％以上とすることである。

　難度の高い目標を達成するために、通常大規模なそして革新性の高い設備投資をともなう。ちなみにA社における海外子会社社長の経営目標決定プロセスは下記のとおりである。

　海外子会社社長は、着任時点から3ヶ月以内にその子会社の長期（通常3～5年間）経営計画を本社へ提出する。そこには財務的経営目標およびそれを達成するための戦略、それにともなう経営資源再構築構想が書き込まれる。現地から提出された経営計画は本社の担当事業部で審査され、主要子会社のばあいは、それを担当事業部長が本社常務会に諮る。そこで妥当と認められれば、それが当該子会社の長期経営計画となる。このような経営目標設定プロセスからみて、海外子会社の長期経営計画はかなり妥当性を有するものとおもわれる。

　業績的中成功社長：難度中ていどの経営目標を在任中にほぼ達成した社長である。「難度中ていどの目標」とは、たとえば任期中売上高50％増、税引前利益50％増などの財務的経営目標で、それを100％以上達成した人をいう。あるいは難度の高い目標を50％以上達成した社長をいう。業績的中成功社長も前任社長までの戦略を見直して新目標・新戦略を策定し、その実現のために経営資源の再構築をおこなっている。しかし、結果的に業績が大成功社長におよばないのは、戦略実施過程で生じる不測の事態への対応がうまくいかなかったからであろう。

　業績的小成功社長：任期中に着任時の経営目標をほとんど達成できなかった社長である[4]。難度の高い目標であったか、難度中ていどの目標であったかは問わない。未達におわった原因はかならずしも子会社社長の能力不足とばかりはいえず、合弁相手方の方針変更、カントリー・リスクの発生、当初計画の失

敗、本社事業部の力不足などいろいろあり得るが、目標未達社長はすべて小成功社長と認定した。上記認定基準により26名の回答社長を業績的成功度によって分類すると、大成功社長4名、中成功社長18名、小成功社長4名となる。

戦略の大きさの定義

　海外子会社社長の戦略の大、中、小を設備投資の大きさと内容で認定する。

　大戦略：高い目標を達成するための新製品開発など、革新的でかつ大規模な戦略である。それは大規模な設備投資をともなう。具体的にはつぎの条件をすべて満たす設備投資をおこなった場合、これを革新的かつ大規模な戦略、すなわち大戦略と認定する。その条件とは、①長期的な（2～3年さき）環境変化を見越した設備投資、②設備投資の目的が材料内製化、新製品開発、工場移転など従来の経営戦略の枠組みでは考えられなかったような新しい戦略に関わるもの、③1年間におこなわれた設備投資の金額がその年度の売上高の20％以上であること、以上である。

　中戦略：環境変化の先読みにもとづく革新的設備投資を、在任中1回以上、年間売上高の10％以上～20％未満の規模でおこなうことである。従来製品の需要増に対応するための設備投資のように環境の先読みでもなく戦略的革新性もないばあいは、売上高の20％以上の設備投資をおこなっていても、これを中戦略と認定した。

　小戦略：任期中着任時の与件を大きく変えず、その枠内で業績改善に努力したばあいをいう。したがって小戦略社長は大規模な設備投資をおこなわず、おおむね経営目標を達成していない。

　大戦略、中戦略、小戦略を認定する資料は、アンケート調査結果以外にもA社経理部資料を参照した。子会社別業績を本社常務会に報告するための資料であって年1回作成され、当期業績を含め3年間の業績がわかる。これをアンケート結果と照合することで、その子会社がいつ、どのくらいの規模で、どんな目的の設備投資をおこなったか、その効果がでたかどうか、その状況を知ることができる。

図表 1-1　業績的成功度と戦略策定力

	人数	大戦略	中戦略	小戦略
大成功社長	4	4	0	0
中成功社長	18	10	8	0
小成功社長	4	0	1	3

業績的成功度と戦略

　業績的成功度と戦略の規模の間にどのような関係があるかをみるため、図表1-1を作成した。

　図表1-1によれば、業績的大成功社長はすべて大戦略を実施し、業績的中成功社長は大戦略または中戦略を実行している。大戦略または中戦略を用いた社長は、ひとりをのぞいてすべて経営目標を達成している。小成功社長4人中3人は設備投資をおこなっていない。中成功社長も18人中10人が大戦略を実施している。にもかかわらず、その業績改善度が業績的大成功社長におよばないのは、その実施過程で不測の事態が発生しその対応に時間とコストを要したからである。戦略策定能力の指標として大戦略、中戦略、小戦略をとれば、図表1-1から業績改善度の高い社長ほど戦略策定力がすぐれていること、あるいは戦略策定力がすぐれている社長ほど業績改善度が高いことが読みとれる。すなわち、海外子会社社長の業績的成功度と戦略策定力との間には強い正の相関がある。以上により与件変更仮説は支持された。

信頼性の好循環仮説の検証

　長期雇用を前提とする企業では、原則として勤務年限と能力におうじて職位の高さが決まる。職位の高さは個人にたいする信頼性の代理指標とみることもできる。そうすると業績的成功度と海外子会社社長赴任直前職位との関係は密接と予想される。実際はどうなのか。それを図表1-2でみた。

　業績的大成功社長全員および業績的中成功社長18名のうち4名は、赴任直前職位が高い。職位「中」または「低」社長で大成功社長になったものはいない。もっとも多いのは職位「中」で赴任した社長である。その人たちは大半が業績的中成功社長である。ここから読みとれることはつぎのことである。

図表 1-2　業績的成功度と子会社社長就任直前の職位

	人数	高	中	低
大成功社長	4	4	0	0
中成功社長	18	4	12	2
小成功社長	4	0	2	2

注:「高」は事業部長（本社部長）または事業部次長（本社部次長）以上の職位を、「中」は事業部内部長（または本社課長）以上の職位を、「低」は事業部内課長（または本社課長代理）以上の職位をあらわす。A社では優秀社員で課長になるのは、入社後約10年、部長到達は入社後約20年である。回答社長の職歴から作成した。

　業績的大成功社長および業績的中成功社長の赴任直前職位がおおむね「中」以上であることは、かれらが過去、1事業部または複数事業部にまたがるプロジェクト——たとえば、電力事業部、通信事業部、電子機器事業部が共同である国に生産子会社を設立するプロジェクト——に関わり、そこで主導的役割を果たした経験があることを示している。そのことによってかれの戦略策定力や実行力は、赴任前すでに上司から信頼を獲得していたことがうかがえる。プロジェクト・チームの目標を達成するために、上司、他部門上司、同僚、社外の関係者などを動かす術を心得ている必要がある。それゆえ海外においては異文化コミュニケーション力さえつければ、海外子会社社長として必要な能力をすべて備えている。

　小成功社長は赴任直前、本社での職位が「中」または「低」である。すなわち、かれらの戦略策定力や実行力への信頼性がまだ確立しないうちに海外子会社社長に就任した、と推定できる。業績的成功度と就任直前職位との間には強い相関がある。

対本社交渉力

　業績的成功度と対本社交渉力の関係をみるために図表1-3を作成した。本社との交渉力、あるいは本社の子会社社長にたいする信頼度をみる代理指標として常務会による設備投資案件稟議の承認状況をとった。

　図表1-3からつぎのことがわかる。業績的大成功社長も中成功社長も、結果的には本社常務会で大型設備投資関連案件が100％承認されているのにたいし、小成功社長は4名中3名が提案内容の一部否認という結果になっている。

図表 1-3　業績的成功度と対本社交渉力

	人数	即承認100%	承認100%	一部否認
大成功社長	4	1	3	0
中成功社長	18	5	13	0
小成功社長	4	1	0	3

注：A社では、子会社によるある金額以上の銀行借入れ、第三者に対する保証、増資、子会社の重要人事などが本社常務会審議の対象となる。設備投資案件はその金額をこえる資金調達をともなうケースが多いから、常務会の議題になりやすい。常務会へは海外子会社社長が出席して提案理由などを説明する。即承認100%とはすべての稟議が1回目の付議の際無条件で承認されること、承認100%とはすべての稟議が1回目で通過したとはかぎらず、2回目以降の審議で承認されたケースを含む。すべての稟議のうち、条件付きまたは一部修正のうえ承認された稟議、または一部否認された稟議があったばあい、一部否認とした。アンケートでは、在任期間中常務会に付議された設備投資案件稟議の数（通常4～5回）、即承認100%の回数、承認100%の回数、一部否認の回数を聞いた。

1回目の付議で即100%承認されることは、本社から子会社社長への信頼が厚い証拠であるし、2回目以降の付議であっても稟議内容が100%承認されるということは、当然子会社社長が信頼されている証拠である。100%承認とは、本社として当該設備投資に関連した資金と人を可能なかぎり、子会社の希望どおり子会社に提供することであって、現地での設備投資は円滑に進む。設備投資が期待どおりの効果をだせば、日本人派遣社員からも現地人社員からも子会社社長への信頼が深まる。

対本社交渉力の理由

　アンケート対象社長全員について、自分自身で対本社交渉力がある、つまり本社からの信頼があるとおもうばあい、その理由を聞いた。図表1-4である。

　業績的大成功社長はすべて「前キャリアで信頼を得ていたから」という理由をあげる。自由記載欄に「戦略策定力がすぐれているから」という記載はなかったが、「前キャリアで信頼を得ていたから」とは、前キャリアでの戦略策定力や実行力を評価されていたからとの意味を含む、と解釈できるであろう。中成功社長は、信頼を得た理由として前キャリアよりも現在の業績と答えた人のほうが多く、3分の1以上が報告、プレゼン、融和などをあげている。ここから業績的中成功社長は、現地で高業績をあげそれを本社にうまく伝えること

図表 1-4　対本社交渉力の理由と業績的成功度　　複数回答

	人数	前キャリア	現在実績	報告	プレゼン	融和
大成功社長	4	4	2	1	1	0
中成功社長	18	7	12	6	7	8
小成功社長	4	1	1	3	1	0

注：人数欄以外のセル内の数字は、それぞれ表頭の理由で本社から信頼されていると答えた社長の人数である。「前キャリア」は子会社社長就任前のキャリアですでに信頼を得ていたから、をいう。「現在実績」は現在その子会社の業績が伸びているから、「報告」は月次の予算対比実績分析などを定期的に報告しているから、「プレゼン」は常務会説明などのプレゼンテーションが論理的で明快であるから、「融和」は派遣日本人間、現地人シニア・スタッフ間、日本人と現地人間、子会社の組合と経営者間で揉めごとがないから、という意味である。

によって信頼を得ようとしていることがわかる。

現地でのリーダーシップ

　海外子会社社長が現地で好業績をあげるためには、子会社社員を掌握しリーダーシップを発揮しなければならない。まず現地人シニア・スタッフ、すなわち役員、部門長など現地人幹部から信頼されていなければならない。そこで業績的成功度と子会社社長に対する現地人幹部からの信頼性の関係をみるため図表 1-5 を作成した。

　図表 1-5 によれば、指示徹底度の高い社長の割合は大成功社長がもっとも高い。人事受容度はいずれの社長もそれほど高くない。大成功社長の 2 分の 1 が受容されたと答えているのにたいし、中成功社長のそれは 3 分の 1 にすぎない。現地人幹部にたいする評価（その結果としての報酬、昇進など）は、いずれの社長についてもスムーズに受け入れられている割合は少ないけれど、それはむしろ常態であって、重要な現地人幹部が離職するとか、かれらのモラールが下がるということがなければ、かれらから社長が信頼されていると考えてもよいとおもう。

　長期勤続・モラール度は、いずれの社長についても高いから、離職やモラールの大幅低下は起こっていないとおもわれる。中成功社長より大成功社長のほうが指示徹底度、人事受容度が高いから、業績的成功度と現地リーダーシップの間に相関関係があるといえよう。

図表 1-5　業績的成功度と現地リーダーシップ

複数回答

	人数	指示徹底度	人事受容度	長期勤続・モラール	情報連絡度
大成功社長	4	2	2	3	3
中成功社長	18	4	6	11	6
小成功社長	4	1	0	3	3

注：人数欄以外のセル内の数字は、表頭のそれぞれの代理指標について、そのていどが高いと答えた社長の人数を示す。

「指示徹底度」は、社長指示、たとえば、顧客の要望に「それはできない」とただちに反応せず、ほんとうにできないかどうかよく検討してから回答すること、クレームを製品開発などにつなげる努力をすること、安全第一を心がけて作業すること、仕事の連携を考え、自分の守備範囲に閉じ込もらぬことなどが、少なくともシニア・スタッフ・レベルで徹底し、これらが実践されているかという指標である。これをみるためアンケートでは、営業から技術への検討依頼の増減、事故数の増減、複数持ち場をこなせるワーカーの数の増減などを聞いた。これらの数字がふたつ以上の指標において着任時・離任時比較で倍以上好転していれば、指示徹底度が高い、と認定した。

「人事受容度」は、社長の現地人シニア・スタッフにたいする人事評価が受け入れられたかどうか、という指標である。これをみるため、人事評価についてクレームした現地人幹部の人数、クレームの強さ、すなわち評価に不満で辞めた現地人シニア・スタッフがいるかどうかなどを聞いた。クレームがきたシニア・スタッフ数が全シニア・スタッフ数の2割以下なら、人事受容度が高いと判定した。

「長期勤続度およびモラール度」は、現地人シニア・スタッフのうち、会社設立以来勤続している人、または5年以上勤続している人の割合を聞き、これら合わせて8割以上であれば長期勤続度が高いと判定した。年間無断欠勤回数、遅刻回数の多い人の割合が1割以下ならモラール度が高いと判定した。

「情報連絡度」は、社長が現地人シニア・スタッフから事故その他の重要情報をすぐ知らされなかったケースがあったかを聞き、社長として情報連絡に不満がなければ、情報連絡度が高いと判定した。

現地人幹部から信頼される要因

　子会社社長が現地人幹部から信頼される要因はなにか、それが業績的成功度とはたして関係するのかを考えたい。図表1-6を作成した。

　図表1-6によると、すべての大成功社長が本社との交渉力に自信をもち、情報公開を促進し即断即決を心がけ、人事評価やコンフリクト解決の際の公平性にもつねに配慮している、とおもっている。しかし、業績的中成功社長は本社との交渉力（本社からの信頼）に自信をもっている人の割合が3分の1以下となる。しかし、結果的にみずからの提案が100%親会社に認められており、かれらも信頼は得ていると考えられる。そのうえ3分の1以上が情報公開、即断即決、公平性を心がけているから、現地でリーダーシップを発揮できたとみて差し支えなかろう。小成功社長も情報公開、即断即決、公平性を心がけ、現地人幹部からの信頼を獲得しようとしているが、親会社からの信頼がいまひとつで、現地リーダーシップが発揮できず目標達成できなかったかと推定できる。

図表 1-6　現地人シニア・スタッフからの信頼——社長自身の認識

複数回答

	人数	対本社交渉力	情報公開	即断・即決	公平性
大成功社長	4	4	4	4	4
中成功社長	18	4	10	7	8
小成功社長	4	0	3	1	1

注：人数欄以外のセル内の数字は表頭の代理指標について、そのていどが高いと自認している社長の人数を示す。「対本社交渉力」は、設備投資計画等の実施にあたり、本社から資金や人材を希望どおり引き出せたかどうかを聞いた（図表 1-3「業績的成功度と対本社交渉力」参照）。「情報公開」は、現地人スタッフに業績に関する数字や会社の運営方針をタイムリーに公開しているか、「即断即決」は、いたずらに本社の意向を伺うことなく、現地会社の視点で自律的にテキパキ物事を決めているかどうか、「公平性」は、現地人シニア・スタッフの人事評価にあたって、自分だけの判断ではなくしかるべき他の現地人の意見を聞くとか、被評価者についての文書による行動記録を参照するとか、公平な評価をしようと努めているかどうかを聞いた。

図表 1-6 から現地リーダーシップと業績的成功度との間には相関関係があると考えられる。

異文化コミュニケーション力

日本人海外子会社社長はだれでも異文化のなかで仕事をしている。かれはまずその異文化を理解し、現地人とコミュニケーションを図らなければならない。それなくして業績的成功は成らず、日々の生活も成り立たない。図表 1-7 はその点をみるために作成した。

図表 1-7 から大成功社長は異文化コミュニケーション力があると考えられる。中成功社長も異文化コミュニケーション力に問題はないといえよう。小成功社長は本社からの人の派遣など支援を受けてコンフリクトを解決しているケースが多いのではないか、とおもわれる。大企業の海外子会社であっても、子会社そのものは規模も経営スタイルも中小企業であって、コンフリクトに直接社長が関与することも多い。これらの個々の問題を適切に処理できなければ問題が拡大し、業績の足を引っ張ることになる。問題を解決できれば、現地人からも日本人派遣社員からも本社からも信頼される。個々の問題を適切に処理するための異文化コミュニケーション力は、いわゆる語学力の問題というよりも、相手国文化等も理解したうえでの状況把握力、論理構成力、忍耐力などの問題であろう。このような能力は OJT でしか身につかない。図表 1-7 から業績的成

図表 1-7　業績的成功度と異文化コミュニケーション力

複数回答

	人数	社内会議の効率「良」	コンフリクト介入「多」	解決「多」
大成功社長	4	3	4	3
中成功社長	18	11	15	8
失敗社長	4	2	2	1

注：人数欄以外のセル内の数字は、表頭の項目について「良」または「多」と答えた社長の人数である。
　「コンフリクト」とは、仕事に関するなんらかの利害の対立、または争いごとのなかで社長が重要と判断したものをいう。コンフリクトの例としては、社内部門間——営業と技術など——の対立、福利厚生、賃金、労働時間について労使間のコンフリクト、解雇や人事評価についての個人と会社の間のコンフリクト、経営方針について合弁相手との間のコンフリクト、騒音防止などについて地域との間のコンフリクト、販売条件、仕入れ条件または品質クレームなどについて取引先との間のコンフリクトがある。
　社内会議の効率「良」とは、社長と現地人幹部が同時に出席する会議総数のうち、予定時間内に、目的を達成した会議回数が80%以上あったばあいを指す。社内会議の効率「良」の場合、社長に異文化コミュニケーション力があると判定した。
　コンフリクト介入「多」とは、社長が重要と判断したコンフリクトに、社長が直接関与した割合が80%以上のばあいを指す。
　解決「多」とは、社長が直接関与したコンフリクトのうち、かれの希望する方向で解決できたものが80%以上であったばあいを指す。解決「多」の場合、社長に異文化コミュニケーション力があると認定した。

功度と異文化コミュニケーション能力の間には相関がある、といえる。

　さきに子会社社長の実行力の構成要素として、以上のほか計数による全般的管理能力（月次利益管理、月次決算などの計数にもとづく問題発見能力）をあげたが、これについては回答社長ごとの差を明確に把握できず業績的成功度との関係もあきらかにならなかった。

子会社幹部の優秀性

　本社からの派遣社員であれ現地人であれ、子会社幹部の優秀さと業績は直結するとおもわれる。社長の業績的成功度が高いほどより多くの優秀な子会社幹部を抱えていたのかどうかをみるため、図表 1-8 を作成した。

　社長が優秀でもそれを助けるスタッフが優秀でなければ、経営目標の達成はむつかしい。大多数の社長は日本人派遣社員のリクルートを本社に要望し、現地人シニア・スタッフはみずから面接して採否を決する。優秀な現地人社員、とくに幹部については昇進、報酬などに細心の注意を払い社内にとどめるよう努力する。図表 1-8 によれば、大成功社長、中成功社長、小成功社長いずれも

図表 1-8　業績的成功度と日本人派遣社員および現地人幹部の優秀性

	人数	日本人派遣社員		現地人シニア・スタッフ	
大成功社長	4	満足	2	優2以上	3
		やや不満	1	優1	1
		不満	1	優	0
中成功社長	18	満足	14	優2以上	9
		やや不満	2	優	8
		不満	2	優0	1
小成功社長	4	満足	4	優2以上	1
		やや不満	0	優1	3
		不満	0	優0	0

注：日本人派遣社員欄の満足、やや不満、不満は、子会社社長が社長在任期間の半分以上の期間を通じていっしょに働いた日本人スタッフに、満足、やや不満、不満であったことを示す。現地人シニア・スタッフ欄の優2以上、優1、優0は、現地人シニア・スタッフのうち、専門分野で能力が高く、かつ会社運営方針にも協力的な人が社長在任期間の半分以上の期間を通じて、ふたり以上いた、ひとりいた、いなかった、ことを示す。

日本人派遣社員に大きな不満をもっていない。またほどの社長も優秀な現地人シニア・スタッフをひとり以上確保している。中成功社長のひとりだけ優秀な現地人幹部がいなかったと回答しているが、その弱みは日本人派遣社員がカバーしたのであろう。図表1-8は、業績的成功社長にとって優秀なスタッフを持つことが必要で、優秀なスタッフを確保することは社長の重要な能力のひとつであることも示している。そうじて業績的大成功社長、中成功社長については信頼性の好循環が発生していることが確認できた。

キャリア的成功仮説の検証

　検証すべき第3はキャリア的成功仮説である。この仮説を設けた理由は、海外子会社社長経験者のうち、帰国後本社または主要国内子会社で経営トップまで昇進した人はどんな人かをあきらかにしたいからである。

　キャリア的成功仮説：「海外子会社社長経験者がキャリア的に成功する条件は①海外子会社社長就任前のキャリアが優秀で、②キャリア・スポンサーがおり、③業績的成功社長で、④帰国後国内ビジネスへの再適応が速いことである」。

　回答社長を、キャリア的大成功社長、中成功社長、小成功社長の3つに区分

し、それぞれについてどのていどキャリア的成功仮説に含まれる4条件を満たしているか検証する。キャリア的大成功社長、中成功社長、小成功社長の定義は以下のとおりである。

キャリア的大成功社長とは、キャリアの最終段階で本社社長または常務、専務、副社長など役付役員、または主要子会社社長にまで昇進した人をいう。キャリア的中成功社長とは、キャリアの最終段階で本社役員またはそれと同等の職位まで昇進した人（本社事業部長、主要子会社役付役員、小規模子会社社長など）をいう。キャリア的小成功社長とは上記以外の人である。

アンケート回答者のなかに現役の海外子会社社長が5名含まれているが、キャリアの最終段階に達していないので、便宜上キャリア的中成功社長と認定した。回答社長26名をキャリア的成功度により分類すると、キャリア的大成功社長5名、中成功社長13名、小成功社長8名となる。

仮説の背景：仮説の第1条件、子会社社長就任前キャリアとは、入社から海外子会社社長就任直前までのキャリアである。就任前キャリアの評価プラス社長在任中の評価がつぎの職務や職位を決めるから、海外子会社社長在任期間よりはるかに長い就任前キャリアが優秀であることは、キャリア的成功にとってきわめて重要である。

第2条件、キャリア・スポンサーとはその人の上司（かならずしも直属上司でなくてもよい）であって、かれの能力を認めかれを抜擢、昇進へ導く力を有する人物である。キャリア・スポンサーは、その人を海外子会社社長に推薦し、海外滞在中公私にわたる心配の種をとりのぞき、帰国後はその人の能力に見合ったポジションへの昇進を支持してくれるなど、その人のキャリアに重要な影響を与える。

第3条件、業績的成功社長でなければならない理由は、多くの場合海外子会社社長が本社ではミドル・マネジャー・クラス（入社後20年前後）であって、そこから上の経営職（取締役以上）へ上がれるかどうかの決定的分岐点にいるからである。

第4条件、帰国直後の本社ビジネスへの再適応問題の一面は、海外子会社社長として大きな権限をもってみずから決断実行しその結果に対して責任をとる

図表 1-9 キャリア的成功の4条件とキャリア的成功度

	人数	就任前キャリア		キャリア・スポンサー		業績的成功度		再適応速度	
キャリア的 大成功社長	5	特優	4	有	5	大成功	4	速	5
		優	1	無	0	中成功	1	中	0
		ふつう	0			小成功	0	遅	0
キャリア的 中成功社長	13	特優	0	有	11	大成功	0	速	8
		優	8	無	2	中成功	12	中	2
		ふつう	5			小成功	1	遅	3
キャリア的 小成功社長	8	特優	0	有	3	大成功	0	速	2
		優	2	無	5	中成功	5	中	2
		ふつう	6			小成功	3	遅	4

注：「就任前キャリア」とは海外子会社社長就任前のキャリアである。回答社長の就任前キャリアが優秀かどうかは、昇進速度や彼の同僚、上司などへの聞きとりによって判定した。「特優」とは昇進の節目でいわゆる第1選抜であったか、海外子会社社長就任直前職位が「高」（図表1-2参照）であったもののことである。かれは所属部門内でリーダーシップをとるばかりでなく、プロジェクト・リーダーとしての優れた能力を社内で広く認められている。「優」とは専門領域の仕事については所属部門の内外で信用があり、部内管理業務も無難にこなしているもののことである。ただし、他部門同僚や上司への影響力は特優者ほど強くない。プロジェクト・リーダーとしての経験はあり社内で一定の評価を受けている。「ふつう」とは所属部門内では専門知識を認められ管理業務もこなしてきたが、他部門への影響力はないもののことである。プロジェクト・メンバーとしての経験はある。

再適応速度、「速」とは帰国後すぐ再適応できたこと、「中」とは帰国後6ヶ月以内に再適応できたこと、「遅」とは帰国後6ヶ月をこえてもうまく再適応できなかったことをあらわす。

という仕事スタイルから、帰国後は同僚、上司、その他関係者と調整を図りつつ多くの仕事をスピーディーにこなす、という仕事スタイルへの転換を図らなければならないということである。その転換の遅速がその後のキャリアに影響をおよぼす。

キャリア的成功の4条件と成功度

　キャリア的成功仮説の4条件とキャリア的成功度との関係をみたのが図表1-9である。

　図表1-9はつぎのことを示す。第1に、業績的成功がキャリア的成功につながる可能性は高い。業績的大成功社長4名はすべてキャリア的大成功社長になり、業績的中成功社長は18名中1名がキャリア的大成功社長、12名がキャリア的中成功社長、5名がキャリア的小成功社長となっている。業績的成功社長（業績的大成功社長プラス中成功社長）がキャリア的成功社長（キャリア的大成功社長プラス中成功社長）となった割合は約81％である。サンプル数が少

ないので確言はできないが、業績的成功がキャリア的成功につながる可能性は非常に高い。

その理由の一端は、長期のキャリアを通じて、とくに海外子会社社長経験を通じて、多くの人を動員しなければならない仕事、いわゆるタスク依存度の大きい仕事（金井［1993］）を経験し、そのためにパワー・ギャップを克服する能力を身につけたからであるとおもわれる。パワー・ギャップとは、自分なりにあたらしいことを起こそうとするばあい、そのために必要な権限やパワーの量が手持ちの量より少ないことである。

キャリア的大成功社長は、赴任前のキャリアでプロジェクト・リーダーなどを経験した際、その目標を達成するために部下、同僚、上司、他部門上司など関係者をどのように総動員すればよいかを学び、海外では外国人も巻き込んで多くの人々の力を結集する能力を一段と磨いた。そのような動員力は、海外子会社社長であれ本社役員であれ、リーダーとしての中核的能力である。海外子会社社長経験者のばあいこの能力がキャリア的成功の原動力になっているのではなかろうか。

第2、キャリア的成功度と子会社社長就任前キャリアの優秀性との相関関係はきわめて強い。キャリア的大成功社長5名中就任前キャリア「特優」のものが80％（4名）、キャリア的中成功社長13名中就任前キャリア「優」のものは61％（8名）であるから、就任前キャリアとキャリア的成功度の相関は強い。就任前のキャリアにおける評価が、トータルとしての評価のなかでかなりの重みをもつからであろう。

第3、キャリア的成功度とキャリア・スポンサーとの相関もきわめて強い。キャリア的大成功社長はすべてが、キャリア的中成功社長はその約84％が、キャリア・スポンサーを持っている。キャリア的小成功社長の約62％はキャリア・スポンサーを持っていない。それは、海外子会社社長のキャリア的成功にとって、キャリア・スポンサーがなくてはならない存在であることを示している。

第4、帰国後の再適応の速さとキャリア的成功度の間には相関がある。アンケートで「帰任後、仕事の権限が小さくなってやりにくいと感じられました

か？」、「国内での新しい仕事環境にすぐなれましたか？」と聞いたのにたいし、キャリア的大成功社長は全員が「そう感じなかった」、「すぐ慣れた」と答えている。一方、キャリア的中成功社長、小成功社長は約7割の人が「そう感じた」と答え、そのうち半数が「慣れるのに時間がかかった」といっている。それはキャリア的成功社長が、帰国時点でパワー・ギャップを克服する能力を充分身につけていたことを示す証拠として興味深い。

以上によりキャリア的成功社長は、就任前キャリアが優秀で、キャリア・スポンサーを持ち、業績的成功社長であって、帰国後再適応が速いことがあきらかにされた。よってキャリア的成功仮説は支持された。

3. 聞きとりの結果

X社長の経営目標と大戦略

本研究で設定した3つの仮説、「与件変更仮説」、「信頼性の好循環仮説」および「キャリア的成功仮説」はアンケート調査によって支持されたが、さらに聞きとりによってその内実をあきらかにすべく、2名の業績的大成功社長かつキャリア的大成功社長に話を聞いた。

まずA1社X社長の事例をとりあげる。A1社はアメリカの航空機用電線の専門メーカーで、A社が1988年に買収し100％子会社にした。2000年3月現在、従業員数360名ほど、うち社長を含む日本人派遣社員は4名である。ちなみにX社長は1988年よりA1社に駐在し、海外子会社の社長は3度目というベテランであった。帰国後本社役員、さらに主要国内子会社の役付役員をつとめた。

買収時のA1社の売上げは年間40億円ていどで伸びは鈍く、利益の水準も芳しいものではなかった。しかもかなりの累積損失を抱えてのスタートとなった。X社長の財務的な経営目標は着任当時の売上げを倍増し、累積損失を解消してA1社を黒字体質の会社にすることだった。かれはその手段として現在の単品生産から製品多角化への道を選び、9年間かけてそれを達成した。その結果、売上げは実際に倍増し、期間損益は94年から黒字になり、98年には累

積損失が解消した。見事な業績といわねばならない。その業績を生み出したX氏の大戦略は、より具体的にいえばつぎのようなものだった。

人事刷新：A1社の前社長とX氏との社長交代は事情により買収後1年を経ておこなわれたので、その間X氏は会長として人事刷新を推進した。旧A1社の営業、品質保証、製造の各部長を解任し、あらたに3名の現地人を採用した。かれらはその後A1社に長くとどまり会社の発展に貢献した。さらに技術開発要員8名を採用し、将来の製品多角化に備えた。しかし一般社員は解雇せず、赤字期間中もインフレ補償分も含めて、給与支払いは滞りなくおこなわれた。

さらにX氏は着任直後本社から設備機械の専門家H氏を招聘し、かれに旧A1社から引き継いだ設備機械をA社仕様に変更させた。設備機械のなかにA社の生産ノウハウが詰まっているからである。

また着任2年後、A1社企画部長としてA社経理部からK氏を招いた。かれはA1社にA社の利益管理方式を定着させた。そしてある金額以上の見積もりは客先提出前に経理部がチェックする体制を敷いた。これによってそれと気づかず原価割れの見積もりをするとか、おなじ製品について販売先により異なる見積もりをするとかの事務ミスがなくなった。そのうえK氏の努力により、月次管理資料が迅速に提出されるようになったので、計画対比の実績分析が速やかにおこなわれ、実績が遅れている場合の対策も早く打てるようになった。K氏は材料仕入れ価格についても将来の購入量増加を根拠に値引き交渉をおこない、これを成功させた。さらに売掛金の回収期間を短縮して運転資金を生み出した。

設備投資：X氏は着任後1年目の1989年から1995年までの間に図表1-10のような設備投資をおこなっている。

図表1-10によれば、X氏はかなり大きな設備投資（1989年の投資は売上高の25％相当）をし、それをテコとして最終目標を達成したとみられる。しかも、材料内製化以外の投資を社長就任初期からおこなっている。ということは、そのときすでにかれの頭のなかには、長期経営目標（売上倍増、累損解消、黒字体質化）およびそれを達成するための戦略（A1社の製品多角化、新製品開発）が描かれていたということである。

図表1-10　X氏在任中の設備投資

金額単位：億円

	機械	本社建物	工場建物	研究施設	増産	新製品	内製化	金額
1989	○	○	○	○	○	○		10
1991	○					○	○	7
1993	○			○		○	○	8
1995	○					○		5

　そしてA1社の売上げがまだ少なく、赤字経営がつづいている（1993年まで税引前利益は赤字）にもかかわらず、本社常務会がこのようなリスクの多い大規模設備投資を承認したのは、かれがすでに2回も海外子会社社長を経験し、そのときの業績的成功によってかれが本社に信頼されていたからとおもわれる。リスクの多い大型設備投資の常務会通過にあずかって力があったのは、かれの直属上司ばかりでなくキャリア・スポンサーであった。

　材料内製化の目的は材料のコストダウン、製品の品質保証、新製品開発への貢献である。X氏は、設備投資の推進を現場で指揮させるため、A1社の西部工場長（2工場のうちのひとつ）として、本社工場で折り紙つきの生産エンジニアM氏を指名して招聘した。M氏は、材料内製化のための設備投資がシナジー効果を発揮しながら複数の目的を達成するように段取りをおこなった。のみならず新製品の見込み客を訪問しかれらのニーズを汲み取り、試作品をつくって見込み客からコメントをもらうという作業を丹念に繰り返し、新製品の市場導入に成功した。その結果、A1社の製品構成はX氏離任時には大きく変化した。汎用品と航空機中心から、エレクロニクス、自動車、情報通信へと多角化した。

　このようにしてA1社は、約9年かけて内部管理体制を整備し、新製品開発・製品多角化に成功し、その長期経営目標を達成した。そのことに大きく貢献したのは、X社長が就任後採用した現地人営業部長、品質保証部長、製造部長、そしてA社本社から招聘したH氏、K氏、M氏であった。本社としてかれらのような優秀社員をA1社へ出すことはつらいが、あえてA1社へ出向させたのもキャリア・スポンサーの後押しがあったからであるし、そもそも9年という例外的に長い間、本社がA1社およびX氏を一貫して支えた背後には、

キャリア・スポンサーの慧眼があったからである。X氏は聞きとりのなかで何度もこのことに触れた。

Y社長の経営目標と大戦略

つぎにA2社Y社長の事例をみる。A2社はA社が1986年アメリカに進出したわが国自動車メーカーにたいし自動車用ハーネスなどを供給するため、アメリカに新設した子会社である。2000年3月末現在、従業員数は正社員のみで2000人ほど、臨時工を含めて6500人、うち社長を含む日本人派遣社員は11人であった。

Y氏（大卒、事務系）は、入社以来一貫して本社勤務をつづけ業務部部長、取締役自動車部長を歴任後、入社30年目にして海外子会社A2社の社長となり、アメリカに4年間滞在した。その間、A2社の累積損失一掃というかれの長期経営目標を達成し、アメリカからメキシコへの工場移転もやり遂げて、A2社発展の礎を築いた。帰国後A社役付役員、国内主要子会社社長になった。

Y社長はA2社の3代目社長である。1986年設立以来、A2社では、初期トラブル、生産性の悪さ、円高による原材料高騰などによる赤字決算がつづいていたが、Y社長の着任当時（1992年）から売上増、生産性向上などにより期間損益は黒字に転じ、売上げも年々増加しつつあった。しかし、まだ累積損失が27億円もあった。そこで、Y社長は「1996年末累積損失一掃」という長期経営目標を設定した。そのためには、在米日系自動車メーカーからの値下げ要求に応えつつ、増収増益を重ねて累積損失を解消しなければならなかった。日系自動車メーカーからの値下げ要求に応えられなければ、日本国内での納入先自動車メーカーとの関係を損なう、という心配もあった。だから、コスト・ダウンによる製品価格値下げはA2社にとって至上命令であった。かれは、コスト低減の決め手は現在アメリカにある工場をメキシコに移すことだ、と考えた。というのは、自動車用ハーネスは労働集約的製品であり、労働コストはメキシコではアメリカの7分の1ていどだったからである。

予想される困難は多々あったが、Y氏は工場のメキシコ移転を決断し、同時

図表 1-11　Y 社長在任中の設備投資

金額単位：億円

	機械設備	工場建屋	研究設備	品質向上	新製品開発	金額
1992 年	○				○	10
1993 年	○	○		○	○	40
1994 年	○	○		○		30
1995 年	○	○	○	○	○	30

にアメリカ工場ではあらたに部品事業を立ち上げて雇用を維持する構想を打ち出した。雇用維持は進出地州政府との約束でもあったからだ。そのためにかれは在任中つぎのような設備投資をおこなっている。

　図表1-11によれば、1992年にまず部品（A社にとって新製品）事業を立ち上げ、1993年以降アメリカ、メキシコ両工場で機械設備、工場建屋、品質向上などのための設備投資を毎年おこなっている。メキシコにおいては、一挙に設備を増強しても、その瞬間にメキシコで従来と同じ量の、同じ品質の製品ができるわけではなく、メキシコでは機械設備に見合う数だけの労働者を訓練しなければならない。それで労働者の訓練状況にあわせて徐々に機械設備、工場建屋の増設・増築を進めたのだとおもわれる。設備投資に関して最初の稟議を常務会にかけたとき、Y氏の全体戦略について了承が得られているとしても、大型設備投資のつど、増資、借入れの必要があり、そのたびに中間報告もかねてかれは何度も常務会説明をおこなっている。その際、かれの案件は即承認100％であった。

　これら設備投資案件は投資金額も大きく売上高の20％以上にあたり、メキシコ工場では、新規に一定期間内に1000人単位で一定レベル以上の技能の生産労働者を養成しなければならない。そのことに失敗すれば、大きな損失を出すことも考えられる。このようなリスクの大きい大戦略が100％認められたのは、本社におけるキャリア・スポンサーのバック・アップがあったおかげであるし、かれの子会社社長就任前キャリアが「特優」であって、かれの戦略策定力をキャリア・スポンサーが信頼していたことも一因であろう。聞きとりのなかでY氏自身もそのことに言及していた。

　かれにたいする現地での信頼は、本社にたいして発言力があることのほか、

①アメリカ工場の雇用を維持しながら工場のメキシコ移転を考えていること、②トップセールスによってかれ自身が日系自動車メーカーへの売上げを増やしていること、③さまざまな会議（なかには顧客に参加してもらう社内会議もある）を通じて社員と情報の共有化を図っていること、④経営の現地化に努めていること（たとえば、アメリカ工場では企画部長、営業部長、経理部長以外、すべての部門長に現地人を据え、実質的な権限を与えた）、⑤アメリカの労働慣行を知ったうえで、「社員間の連携プレイ」、「品質のつくりこみ」、「改善」などを辛抱強く、繰り返し教えていること、などによっても培われた。

　Ａ２社では製品が労働集約的製品なので労務の安定が最優先課題であり、これについては本社も支援がむつかしい。Ａ２社でも外部からの働きかけもあり労働者の間で組合化の動きが活発化した時期があった。Ｙ氏は経営目標達成のために会社が組合化されないことが絶対条件であると考え、組合化阻止に腐心した。

　結局Ｙ氏は組合化阻止に成功したが、その理由として、①有能な組合化阻止対策専門家を雇用できたこと、②会社が勤労条件、フリンジ・ベネフィットなどについて組合以上のことをつねに考え、それを実現するよう努力してきたこと、③ハーネス生産のメキシコ移管をアメリカ工場の雇用を維持しつつおこなったことをあげている。このことによって労務が安定し、大戦略を実施できた。工場のメキシコ移転によりＡ２社の価格競争力がつき業績が上がったので、かれにたいする本社の信頼はさらに向上し、それが帰国後のキャリアにもつながったとおもわれる。

4. 能力発揮の「場」

　ここまではもっぱら海外子会社社長の能力と彼の業績的成功またはキャリア的成功との関係をみてきた。しかし、一般的には、海外子会社社長に戦略策定力があり実行力があったとしても、かれにそのような能力を発揮させるための望ましい環境ないし「場」がなければ、業績的成功もキャリア的成功もないのではないかとおもわれる。そのような「場」として、親子会社関係（権限

委譲、キャリア・スポンサー、本社方針、内なる国際化）と外部環境（主として市場の需要と競争）をとりあげる。与件変更仮説のところでのべた与件③、④である。「場」についてあきらかにしたい点は、第1に、A社の内外において業績的成功社長を生むための望ましい「場」は整っていたのかどうか、第2に、整っていた場合、「場」と業績的成功度の間にどのていどの相関があるか、ということである。

親子会社関係

　親子会社関係とはA社の内部環境に関わるものであって、一般的には海外子会社管理方式といわれることもある。この関係を権限委譲、キャリア・スポンサー、本社の支援方針、内なる国際化の各面について検討する。

　権限委譲：子会社社長がその能力を発揮するためには、本社からの充分な権限委譲を必要とする。A社のばあい、社内規定上ある金額以上の銀行借入れ、第三者のための保証、増資、子会社の重要人事については、本社常務会の承認が必要となっている。これは子会社社長の権限を形式的に制約するものである。また、事実上の制約要因として、子会社の取締役会や株主総会における親会社出向役員の現地側提案にたいする反対、親会社内での子会社経営についての非公式な批判などがある。

　しかし、業績的大成功社長、中成功社長は、アンケートで「これらの制約要因は、事実上制約要因となっていない」と答えている。というのは、さきの図表1-3でもあきらかなように、かれらの稟議は結果的にすべて100％承認されているし、承認されたあとはすべてを海外子会社社長に一任する、というのがA社本社の態度だからである。業績がよければ事実上の制約要因も存在しないに等しい。

　このばあい、本社常務会は現地側と本社側の情報共有化を図る場として機能しており、情報を共有したうえで設備投資などの案件を承認した以上、本社はその効果がでるよう積極的に応援しなければならない立場になる。その意味でA社における海外子会社管理方式は、権限を本社に集中させ海外子会社は本社指示を実施する手足にすぎないという、いわゆる「本国志向」型（Perlmutter

[1969]）ではない。A 社の事例では、回答社長のほぼ全員が「権限委譲について不満はなかった」といっているので、権限委譲度の差による業績の差は、跡づけることができなかった。

キャリア・スポンサー：大戦略実施にあたってのキャリア・スポンサーの重要性については既述のとおりである。キャリア・スポンサーの有無による業績的成功度の差はさきの図表 1-9 からも明確に看取できる。

本社の支援方針：本社の海外子会社長期支援方針にぶれがなければ、海外子会社社長は長期（3～5 年）経営方針に則って戦略を立て、それを実施することができる。洞口 [1997] は、日本の多国籍企業の傾向として、初期投資後 5 年間赤字がつづいたら撤退するという行動パターンがみられ、撤退しないで生き残るためには組織の再編が必要である、という趣旨の仮説を主張しそれをデータで裏づけているが、A 社の事例では 5 年間以上赤字がつづいても、全面的に撤退したケースは 1 例もない（ただし、A 社海外子会社同士の合併など組織の再編はあった）。

本社に子会社支援の資金的余裕があり、将来現地で競争優位が見込めるなら、子会社を長期支援するのが A 社の基本的態度である。A 社の事例では、ほとんどの回答社長が「親会社は当該海外子会社にたいし長期的な支援方針をもっていた」と答えているので、長期支援方針に関する子会社別の差異はなく、この点が子会社社長の業績的成功度に影響したことを確認することはできなかった。

内なる国際化：内なる国際化とは、①本社の受皿事業部内または役員会メンバーに海外駐在経験者が多く、海外事情をよく理解している、②現地人スタッフが直接本社技術者などと、または現地人役員が本社役員などと英語または現地語で意思疎通できる、③海外駐在員の待遇に関する本社の人事規定が他社にくらべ遜色のないものとなっている、などを意味する。当然のことであるが、内なる国際化は進んでいるほうが望ましい。

A 社の現役員の 3 分の 1 は海外経験者（2 年以上の海外勤務経験者）であり、その比率は急速に高まりつつある。A 社の場合、内なる国際化について、回答社長の 3 分の 1 が「現段階では、やや不満」と答えているが、それと業績

的成功度との関係は明確にならなかった。

子会社の外部環境

　外部環境のうち重要なものは立地国のカントリー・リスク、工場所在地のインフラ、対象とする市場での需要の大きさと競争の激しさ、などである。A社のばあい、回答社長の在任中カントリー・リスクが発生したり、需要急減、または強力な競争相手出現などによって、長期的に業績が低迷したケースは、カントリー・リスクについての1例をのぞきない。逆に、「濡れ手で粟」の幸運に恵まれた社長もいない。回答社長の多くは、コスト低減、品質改善、市場開拓努力などで競争力を強化し、需要を増やしている。大成功社長のひとりは現地の通貨価値急減というカントリー・リスクでさえ、それを逆手にとって（製品の日本向け輸出などにより）業績を改善した。したがって、A社の海外子会社社長については、外部環境について大きな差はなく、それと業績改善度の関係を確認することができなかった。

そうじて

　親子会社関係については、①権限委譲はどの社長にたいしても充分おこなわれている。②キャリア・スポンサーの有無は業績的成功度と相関関係が強い。③本社の長期支援方針はどの社長にたいしても堅持されている。④内なる国際化のレベルが事業部により大きく異なることはないし、国内のどの部署についてもそれは急速に進んでいる、などの事実があきらかになった。

　外部環境については、需要や競争について回答社長ごとに極端な有利・不利はみられず、長期的に乗り越えられないほどの差はない。所在国や所有形態も業績改善度とはそれほど関係がない（アンケート分析の結果これらのことが読みとれる）ことがわかった。ここから「場」について、A社の海外子会社社長は一様に業績的成功社長を生むための望ましい「場」を与えられていた、といえる。

　しかし、キャリア・スポンサーの有無以外、「場」の諸要素と業績改善度の関係はあきらかではなかった。むしろ、「場」と業績的成功度の間に相関関係

はない、という結論に傾く。したがって、本章で業績的成功要因の主役は子会社社長の能力である、と考えることは一定の妥当性を有するとおもわれる。

5. 形成と活用

その形成

　これまで優秀な海外子会社社長を、便宜上業績的成功社長とキャリア的成功社長に区分して論じてきたが、以下優秀な子会社社長を業績的成功社長と定義しておく。業績的成功社長は戦略策定力と実行力を備えていなければならないから、その能力形成法として企業は子会社社長就任前に戦略策定力と実行力を身につける「場」を、個々の従業員に与える必要がある。そのような「場」として、a）企業は個人が目標に向かって創意工夫しながら自律的に行動できるようなネットワーク組織、b）さらに長期雇用と内部労働市場を重視した人事制度を用意することが望ましい、と考える。なぜそう考えるか。

　a）自律性から説明しよう。海外子会社はまさにそれにふさわしい場とおもわれる。海外子会社においては、その社長が創造性、自律性を求められていることはもちろん、日本人派遣社員も現地人シニア・スタッフも、最初からそれぞれの分野の専門家として雇用されているのであり（かれに代わる人材は通常いない）、その分野については全面的に任されているので、自律的な行動がより強く求められるからである。

　またb）長期雇用と内部労働市場を重視した人事制度を強調するのは、部下、同僚、上司から子会社社長への信頼や、逆に子会社社長の、かれらの技術や人間性への信頼は、おたがいに長期に同一企業で働かないかぎりなかなか生まれない、とおもわれるからである。各個人はそのような「場」を利用して戦略策定力と実行力を鍛え、信頼性を高めていく。

　さらに説明しよう。個人が目標に向かって創意工夫しながら自律的に行動できるようなネットワーク組織の例として、A社におけるプロジェクト・チームをみたい。

フィージビリテイ・スタデイ・チーム

　たとえばA社のある事業部で海外子会社設立案が持ち上がったとする。いったん事業部としてこれを真剣に検討するということになれば、事業部長はその実現可能性検討チーム、フィージビリティ・スタディ（Feasibility Study）・チームを立ち上げ、そのリーダーを指名する、あるいは起案者がチーム・リーダーを買って出てもよい。リーダーは、自部門から技術者、経理部から長期事業計画（事業の採算計算）、資金調達の立案担当者、海外営業部から市場調査、販売計画立案担当者、法務部から現地法制度調査担当者など必要な人材をピック・アップして、かれらとかれらの上司にたいし、期限（たとえば3ヶ月）を切ってチーム・メンバーになるよう依頼する。

　チーム・メンバーは、そのプロジェクト進行中は、固有の業務（たとえば経理部○○課長など）とチーム・メンバーを兼務する。作業が始まると、リーダーはプロジェクト・メンバーにそれぞれの機能を発揮させつつ、プロジェクトをとりまとめる。この間海外出張、会議、個別の情報交換などを通じてメンバー間で情報が共有されるばかりでなく、メンバーの出身部門間でも情報が共有される。このようなメンバーの自律的協働の結果、フィージビリテイ・スタデイ（F／S）が完成しプロジェクト・チームとしてGoの結論が出れば、通常はこれを常務会にかける。

　実際に子会社を設立する際は、できるだけチーム・リーダーまたはチームのメンバーから社長を選ぶようにする。チームのリーダーやメンバーは人事部の発令ではなく、メンバーはリーダーが自主的に選んだ、あるいはみずから志願してメンバーに加わった人たちである。したがってF／Sチームは、その活動にたいして出身事業部など縦割り組織の指示命令はいっさい受けない。F／Sが完成すればチームは解散されるが、3～4年後子会社の成否がはっきりし、F／Sチームとしての成果が明確となる。チーム・メンバーとしての人事評価をする際、その活動だけを切り離して人事評価がおこなわれることはない。しかし、メンバーの上司は当然、プロジェクト・メンバーとしてのかれの活動を含め、かれのトータルな活動にたいして評価する。

　メンバーは、とくにプロジェクト・リーダーは、このようなプロジェクトに

参加することで同僚、上司、他部門上司、ときには社外関係者など多くの人々を動機づけ、かれらの自律的協力によって一定の成果を生み出すようなチーム運営の能力を磨く。かれはプロジェクトを通じて社内外の人脈を形成し、それが成功すれば同僚や上司からの信頼もかち得ることができる。

　海外子会社社長も、関係者を動員しかれらを意識づけ、資金を動かして目標を達成するという意味では、その行動パターンや必要とされる能力において、子会社設立プロジェクトのリーダーとかわらない。

活　用

　さきにみたように回答社長のうち4名の業績的大成功社長は、全員キャリア的大成功社長になっている。業績的中成功社長も18名中13名がキャリア的中成功社長であり（図表1-9）、かれらも、帰国後部門長または同レベルの職位において名実ともに経営者層の一員として活躍している。経営者として活躍できれば、企業としては海外子会社社長経験者を活用していることになるし、そうなれば本人も海外子会社社長経験が大いに役立った、と感じるであろう。事実、キャリア的大成功社長や中成功社長のほとんどは、海外子会社社長経験がその後のキャリアで大いに役立った、と回答している。

　わが国製造業大企業は、近年国内外一体で事業をみていかなければ生き残れないわけだから、これら大企業の経営層がキャリア中期に海外子会社社長として海外ビジネスの経験を積み、それによって視野を広げ、異文化コミュニケーション力を磨き、かなりの困難やリスクがあっても、みずからの戦略策定力と実行力によって、それを克服できるという自信をつけることは、その後どのようなキャリアを歩むにしろ、きわめて望ましい。海外子会社社長経験は、その後の経営者形成への、きわめて重要な訓練といえよう。

　業績的中成功社長18名中5名と業績的小成功社長4名中3名はキャリア的小成功社長であるが、もしかれらが海外子会社社長体験から深く学んでいれば、分権化された部門のリーダーとして、または分社化後の国内子会社社長として、あるいは国際提携や海外子会社管理のスペシャリストとして活躍する余地は大きいとおもわれる。

問題は海外子会社社長個人がその経験から深く学んだかどうかである。深い学びは、つねに仮説（戦略の策定）とその検証（実行と反省）というプロセスを踏みつつおこなうこと、あるいはつねに plan - do - see を意識しながら事を進めることによって可能となろう。

企業として海外子会社社長経験者活用にあたって注意すべきは、海外子会社社長経験者の帰国時における国内ビジネスへの再適応である。それを公私にわたりうまく支援できるかどうかが、かれらを活用できるかどうかの鍵である。どのような支援をすべきかはケース・バイ・ケースで異なろうが、社長経験者の子女の教育問題について支援したり、社長経験者を帰国直後にライン（社長経験者は行動力を身上として困難を乗り越えてきたからスタッフには向かない）のヘッドに据えるなどはその一例である。

6. 要約と課題

要　約

本章をまとめればつぎの5点をとなろう。

第1に、海外子会社社長が業績的成功を収めるために、なにをしなければならないか、そのためにかれはどのような能力を具備すべきかをあきらかにした。業績的成功社長はみずから設定した長期経営目標（数値目標）達成のために新戦略を策定し、その戦略を実現するために前任社長までの経営資源を再構築（変更）する。かれはそうするための戦略策定力も実行力ももっている。

実行力とは、主として経営資源再構築のための大規模かつ革新的設備投資の実行力である。その実行力は、対親会社交渉力、現地におけるリーダーシップ、異文化コミュニケーション力、計数による全般的管理能力などから構成される。現地で実行力を発揮するためには、社長個人にたいする親会社および現地人スタッフからの信頼が必要であるが、業績的成功社長は過去のキャリアあるいは現在の実績にもとづいてその信頼を獲得している。

第2に、業績的成功度と戦略策定力および実行力の間には、強い相関関係がある。すなわち、①業績的成功度を大成功、中成功、小成功に区分して、その

業績的成功度と戦略策定力の関係をみると、社長の戦略策定力が高いほど業績的成功度が大きい（逆も真、与件変更仮説参照）、②おなじく業績的成功度と実行力の関係をみると、対親会社交渉力、現地リーダーシップ、異文化コミュニケーション能力などが高いほど業績的成功度が高い、以上のことがあきらかになった。

第3に、業績的成功社長がキャリア的成功社長になるためには、つぎの条件の整備が必要とされる。すなわち、①海外子会社社長就任前のキャリアが優秀であること、②キャリア・スポンサーを持っていること、③業績的成功社長であること、④帰国後の国内ビジネスへの再適応が速いこと、以上である。

第4に、海外子会社社長が業績的成功を収めるために、親子会社関係ならびに外部環境としては、①親会社から子会社社長への権限委譲が充分おこなわれていること、②子会社社長は本社内にキャリア・スポンサーを持っていること、③赤字子会社の黒字転換、累積損失解消などのためには、親会社の長期支援方針がぶれないこと、④内なる国際化が進んでいることなどが望ましい、そして需要と競争については極端に不利な状況が生じないことが必要である、という結論が導かれた。ただしキャリア・スポンサーの有無をのぞいて、これらの環境条件と業績的成功度の関係はあきらかにならなかった。それは回答社長ごとに環境条件の差を明確に把握できなかったからである。

そして最後に、うえの発見にもとづいて優秀な海外子会社社長を育成する方法は、社員にＡ社におけるプロジェクト・チームのような仕事の「場」を与えること、と論じた。そこではメンバーの各人が自律的に行動しながら、チームとしては明確な目標に向けてひとつの方向へ収斂していく。たとえば、ある製品の大幅コスト・ダウンを目的とするプロジェクト・チームのばあい、リーダーはあたらしいアイデアを創発し、多くの関係者を巻き込み、かれらの協働を促進しなければならない。こうした活動が成功し評価されることで、優秀な海外子会社社長が育つ。

海外子会社社長経験者をどのように活用すればよいかについては、帰国直後のかれらの国内ビジネスへの再適応を、企業は細心の注意を払って支援すべきとのべた。

のこされた課題

　以上海外子会社社長についてのべたことは、なにも海外子会社社長にかぎらず、およそ革新的組織のリーダーの条件およびその育成一般に通用するものとおもう。ただ、最近は長期雇用と内部労働市場が崩壊しつつあるので、組織はその核としてまたはネットワークの結節点としての少数の人材（正社員）と多くの部品的人材（非正規社員）から構成されることになる。そのばあい、上記は核としての人材育成にのみ通用することとなろう。

　のこされた課題ももちろんある。本章は、海外子会社が立派な業績をあげ得るかどうかはその子会社の社長の能力しだい、という前提で出発しているので、社長の能力を中心とした研究となった。そして、社内環境、社外環境と業績的成功度との関係を明確にトレースできなかった。その理由は、①本章がA社のみの事例研究であるから社内環境については回答社長ごとに差があまりないこと、②外部環境についても回答社長ごとに極端な差はなかったこと、による。しかし、現実には海外子会社の業績は、子会社社長の能力以外に、子会社の日本人派遣社員や現地人シニア・スタッフの能力、さらにはその子会社の社内環境（親会社の子会社管理方式など）や外部環境（需要と競争など）にも、当然影響されるであろう。その点本章の追跡は不充分である。

　また、優秀な海外子会社社長形成法については、A社のプロジェクト・チームの例をあげただけで体系的に整理されておらず、アンケートや聞きとりで証拠固めをしていない。さらに、海外子会社社長の帰任時、国内ビジネスへの再適応について企業側が具体的にどんな支援をすればよいのか、もうすこし調べる必要があると感じている。これらが今後にのこされた課題である。

注：
1) 海外生産比率の値は、現地法人売上高÷国内法人売上高×100で計算される。
2) 海外進出企業ベースの海外生産比率は、現地法人売上高÷本社企業売上高×100で計算される。
3) 日本企業が経営権を有する海外子会社では、日本人社長の比率は8割以上であるとおもわれる。たとえば、A社の製造業海外子会社（2000年3月末現在90社）においては、日本人社長比率は、99％（ひとつの例外がある）である。
4) 業績的小成功社長は、目標こそ達成できなかったが、多少とも業績を向上させて任期を

全うしその会社をつぎの社長へバトンタッチしたので、その意味で「小成功社長」と呼んでおく。

第2章
海外派遣者の人材開発
——仕事経験の重要性

中村　恵

1. 問題と方法

問　題

　この章は、海外派遣者の人材開発にとっていかに企業内の中長期の仕事経験が重要か、という問題を考察する。ある1事例についてめったに披見できない貴重な資料を分析して問題に迫った。なぜこの問題をとりあげるのか。

　近年日本企業の海外進出の動きが活発である。その企業の海外進出とは、モノやカネの海外への移動だけではなく、ヒトの移動もその多くは含んでいる。そのなかで、ホワイトカラー層の海外派遣者の選抜と育成という問題がある。それが問題となる背景はほかでもない。このホワイトカラー海外派遣者は、進出先の法人で重要な職務をになうばあいがしばしばである。そうでないばあいでも、通常現地では派遣者の比率が少ないので、なんらかの意志決定に参画する度合は日本にいたばあいより多いかもしれない。そうしてみれば、進出した海外法人の業績の一端は、このホワイトカラー海外派遣者という人的資源によって支えられるということができるだろう。否、進出先での仕事内容や従業員構成いかんによっては、かなりのウエイトを占めるばあいが多いかもしれない。この海外派遣人材をいかに育成しているかは、進出企業の海外展開を成功させるうえで、重要なポイントのひとつとなるだろう。

　この海外派遣者の人材開発あるいは選抜と育成という問題は、近年盛んに

議論にのぼせられてはいる[1]。しかし、その議論はおもに海外派遣者の資質といった観点からなされているにすぎないようにおもわれる。いわく語学能力が重要か否かといったことから始まって、現地にどれほど溶け込めるかといった個人の性格をめぐる議論になっている。もちろん語学能力や個人の性格における「国際性」といったものが重要ではない、というのではない。

だが、これらの議論には、ひとつあまりにも大切な論点が見逃されているようにおもえる。仕事という観点である。海外法人にたとえどのような立場で派遣されるにせよ、派遣先ではある具体的な仕事を派遣者はおこなうのであって、経営管理一般といった曖昧な概念ではこの点をつかむことができない。むしろ、派遣者の選抜もそのための教育訓練も、ともに現地での具体的な仕事内容を考慮したうえでなされる、と考えるのが妥当であろう。

このように考えると、海外法人での仕事と本社での仕事にどのような関係があるか、といった点が非常に重要になる。おそらく海外での仕事と本国での仕事それ自体が著しく異なる、と考えることは無理があろう。異なるとすれば、派遣者の職務範囲の広狭といったところか。だとすれば海外での仕事には日本での仕事経験をベースにすることが充分可能と考えられる。そうすると派遣者の教育訓練といっても、職場を離れたOff-JTだけではなく、いわゆるOJTによってもなされるだろう。とくに仕事や職場を移動することによって経験を深めるという、企業内キャリア形成を通じてのOJTに注目する必要があろう。この企業内キャリア形成という点こそ、ここで対象とするホワイトカラー層の重要な属性と考えられるからである[2]。

こうした仮説にもとづいて海外進出経験のある企業B社で聞きとりをおこなった。計3回訪ねることができた。聞きとりでは、いわゆる事務系ホワイトカラーに焦点を絞った。販売法人をも考慮に入れれば、比較的長期にでる派遣者の多くはほぼ事務系ホワイトカラー層だからである。ここではこの聞きとりの結果を分析してみたい。なお、聞きとり時点は1987年12月から1988年1月と古いが、なお示唆するところが少なくないと考える。

事例の性格

　ここで対象とするB社は、中京地区に所在する大手の自動車部品メーカーである。同地区にある巨大自動車メーカーにエンジン関連やいわゆる足廻り関係を中心にした部品を納入している。部品メーカーとはいえ、資本金は聞きとり時点で100億をこえ、売上高も3500億にのぼり、従業員数は1万人に近い。部品メーカーとはいえなかなかの巨大企業といえるだろう。なお、B社の特徴のひとつは、その製品群に、自動車部品とは別に家庭用・工業用ミシンやベッドなどの住機製品を含んでいる点である。もっともその比重はごく小さく、売上高の5％ほどにすぎないが、キャリアを分析するばあいにこのことは記憶にとどめておいてよい。

　B社の海外進出は1967年にアメリカに駐在員事務所を開いたのを始まりとしている。そして1970年最初の海外現地法人を設立し、聞きとり時点では、現地法人9社、駐在員事務所9ヶ所を有している。現地法人の業態別内訳は、アメリカ、メキシコ、台湾と工場が3つ、あとヨーロッパ、東南アジア、オセアニア、南米に販売法人が6つである。駐在員を含めて日本からの派遣者は75人ほど、うち事務系ホワイトカラーは半数強の39人である。現地法人は、自動車部品主体のところと、家庭用・工業用ミシンなど住機製品主体のところと両方ある。

2. 海外派遣要員の需要と供給

海外人材登録制度――供給

　まずB社の海外派遣者の選抜に関係する制度的な側面についてのべておこう。この企業は、海外事業所からの派遣者の需要にあわせてその供給を調達するために、ある制度を導入している。「海外人材登録制度」と呼ぶ。この制度は導入されてからまだ2年しかたっていないが、その導入目的は徐々に達成されつつあるという。

　その名のごとくこの制度は、基本的には海外派遣者の候補者を社内に登録しておく制度である。対象はおもに次長以下全員である。ちょうど聞きとりをお

こなった年度がその登録更新時期にあたっていた。その経緯を尋ねることを通して、登録の手順をみよう。

　まず、登録者名簿によって現登録者の確認を各部署の長がおこなう。一般職および係長については課長が登録を確認する。つぎに課長は、現在登録されていないものについて、人事部が作成した新規登録者候補者リストと、課長が登録されるべきだと判断する者を対象にして検討する。ここで人事部の候補者リストは以下の基準によって選考されている。年に1回直接人事部のほうに各個人から提出されるレポートがあり、そのなかで各人の現在の仕事の状況、異動経験や異動希望などと同時に、海外勤務への希望の度合を聞いている。その度合の高い人がまずリストアップされる。さらに、社内の英語検定で一定級以上に達している人もくわえられ、最後に人事部として登録が必要と考える人が追加されている。

　人事部では、この候補者リストにのぼった人は原則的に全員登録されるのが望ましいとしているが、課長が何人か削る場合もある。またそれとは逆に、課長が独自の判断で人事部リストに載っていない者を追加することもある。その後、各部署の課長または係長が本人と面接し、新規登録者については海外人材カードを作成して部長ないしは次長に提出する。そこでは基本的に確認がおこなわれるだけで、そのカードは人事部に最終的に提出されることになる。

　人事部は、上がってきた登録者全員について登録クラスを確定する。登録クラスは海外派遣の要請度におうじてつけられる。クラスは3つに別れ、Aクラスは「1990年度までに海外へ派遣する予定があるもの」であり、Bクラスは「具体的予定はないが、近い将来派遣する可能性があるもの」となっている。Cクラスは、A、B以外のものである。

　この登録クラスは、さきほどのべた各部署で作成される海外人材カードを参考にして、人事部が決定する。この海外人材カードには、本人の簡単なプロフィールや社内の英語検定の級のほか、上司からみた本人の現状の能力レベルが5段階で評価されている。レベル5ならば「海外においても一流として通用する」とされ、レベル4は「わずかの訓練で海外に通用する」、レベル3では「ふつうで1年ほどの訓練が必要」、2は「現在この方面に関わっておらず、

2年は訓練が必要」、1では「まったく未経験でかなりの訓練が必要」と定義されている。

その能力とは、総合能力だけではなく、やや具体的ないくつかの項目にわたっている。自動車部品の営業要員についてみれば、その項目は関係商品知識、貿易実務、財務基礎、営業企画、原価見積りなどの実務能力と、説得力・交渉力、営業マインドといった、抽象的だが上司だからこそわかる重要な能力、そして国際コミュニケーションとして英語力と海外に溶け込む能力を聞いている。

以上のような手続きをへて、海外派遣要員の供給が特定化され、かつストックされることになる。では、需要側の要因については、どのように把握されているのだろうか。

海外派遣要員の需要

B社では、海外派遣者の交代要員に必要とされる能力、それに望ましいとされる出身部署を各海外法人・駐在事務所ごとに特定化する作業をおこなっている。ここで必要とされる能力とは、個人の性格、資質に関わるものではまったくない。はっきりと仕事上の能力である。具体的には、さきにみた海外人材カードで聞かれていた実務能力分類を採用している。ある事業所のどの職種の派遣要員は、その能力分類のうちどの能力を求められるか、そして求められる能力はどのていどが望ましいか、それを予定被交代派遣者ごとに目安として決めている。一覧が作成されており、そのうち派遣需要の比較的多い販売要員のケースをつぎのページに掲げる。図表2-1である。

この表で、必要とされる能力にはマル印が打たれている。二重マルの項目はとくに重要度の高い能力であり、そこには海外人材カードでみた能力のレベルでいう要求水準も記入されている。

一般的にいってマルの打ち方、要求能力レベルの違いはケースによってさまざまである。しかしかならずしも説明不可能ではない。ケースの違いはほぼ派遣先の事業所の性格と、必要とされる要員の具体的な要求レベルの違いにもとづいている。事業所の性格の違いは、必要とされる商品知識の項目をみると鮮

図表 2-1　海外派遣要員の需要要件

(自)：自動車部品
(住)：住機製品

No.勤務地	被交代者氏名	望ましい役職	(自)商品知識	(住)商品知識	貿易実務	財務基礎	営業企画	原価見積	説得交渉	営業マインド	望ましい出身部署
1	ア	係長	◎4	○	○	○	◎4		◎4	○	(自・住)営業・企画
2	イ	係長	◎4				◎4				(自)営業
1	ウ	一般	◎3		◎3		○		○	◎3	(自)営業
3	エ	係長	◎4	○			◎4	○	◎4	○	(自・住)営業
4	オ	係長		◎3			◎4		○		(住)営業
5	カ	係長	◎3	○			○		◎3		企画
6	キ	一般		◎4	◎3				◎3	◎3	(住)営業
7	ク	課長		◎4			◎4		○		(住)営業
8	ケ	一般	◎4						○	◎3	(自)営業
9	コ	係長	○				◎4		◎4	○	(自・住)営業
7	サ	一般	◎3		○				○	○	(自)営業
10	シ	係長	◎3	◎4			◎4		◎4	○	(住)営業
1	ス	一般	◎3		◎3				○	◎3	(自)営業
11	セ	一般		◎4			◎3		◎3	○	(自・住)営業
9	ソ	一般	◎3						○	◎3	(自)営業
12	タ	一般		◎4	◎3		◎3		○	◎3	(住)営業
13	チ	係長	◎3	◎4		◎3	◎3		◎4	○	(住)営業
1	ツ	一般	○	○	○		○			◎3	(自・住)営業
14	テ	一般		◎3			◎3		○		(住)営業
15	ト	係長	○	◎4			○		○		(住)営業
9	ナ	一般		◎3			○		○		(住)営業
16	ニ	係長	◎4			○	◎3	◎3		◎3	(自)営業
14	ヌ	一般	◎3		○		○	◎3	◎3	○	(自)営業

出所：I社人事部資料
注：この表は大まかにはI社資料にもとづいているが、一部語句を省略、または修正してある。

やかである。ここでは商品知識をB社の製品群のうち、自動車部品と、家庭用・工業用ミシンないしはベッドなどの住機製品とに大別し、チェックしている。マルの打ち方は、両方についているばあい、どちらかひとつに打たれているばあいに分かれる。

　基本的には、これは事業所が扱っている製品群いかんに対応している。自動車部品のみを扱っていれば、自動車部品の商品知識にマルが打たれるのである。さらにより特徴的なのは、原価見積りという能力に関してである。工場を

持つ海外法人への要員に基本的に要求されている。勤務地14、16がそうである。なお、この事業所の性格は「望ましい出身部署」にも反映されている。基本的には営業部門であるが、やはり自動車部品か住機かによって営業の分野を特定している。

　要員の要求レベルの違いは、この図表で「望ましい役職」という項でかなり代替している傾向がみられる。それは販売要員にとって基本的な技能要件である商品知識と営業企画という項をみてもわかる。商品知識でみると、係長以上も一般も、自動車部品か住機かのどちらかにかならず二重マルがついている。しかし、要求能力水準は、係長以上では2例をのぞいて全員レベル4以上を要求されているのにたいして、一般層では12例中8事例がレベル3でもよいとされている。さらに、営業企画の項もすべての事例にマルがついているが、そのうち係長以上は11例中10例が二重マルであるのにたいして、一般のばあいは12例中4例にすぎない。

　興味深いのは営業マインドという項である。4事例をのぞいてすべてマルがついているが、二重マルの入れ方がまったく逆である。係長以上では二重マルがわずか2例なのにたいして、一般では1例をのぞいてすべて二重マルになっているのである。このことは、係長以上は営業努力をおこなう必要がない、ということではけっしてないとおもわれる。なぜならば、聞きとりでは、営業出身の海外派遣者は、たとえマネジャーとして赴任しても、前線の営業に携わるのがしばしばだ、というからである。

　だとすれば、これはむしろ一般層の派遣要員選抜のスクリーニング要因のひとつとみるべきではなかろうか。さきにみた商品知識や営業企画力の面では、一般層の多くがレベル3の能力でもかまわない、とされていたこととも関連しよう。商品知識や営業企画などは、現地に行っても訓練で能力を伸ばし得る。問題は、その訓練を積極的に受けようとする意欲のほうである。ここで、そうした訓練がおもにOJTによると仮定するならば、それは実際に販売に携わることにほかならない。だとすれば、そうした販売活動への意欲こそが重要になろう。そのことを「営業マインド」と呼んでいるのではないだろうか。

　なお、これとやや類似のマルの打ち方がされているのは、貿易実務の項であ

る。3例をのぞいてすべての事例にマルが打たれているが、二重マルは一般層だけで12例中6例である。この業務を基本的には一般層がおこなうからであろう。財務基礎については、マルの頻度も低く二重マルも1例だけである。経理要員が別に存在しているからだ、とおもわれる。事実、ここでは掲げていないが、その経理要員の表をみると、財務管理は必須の項目になっているのがわかる。例外なく二重マルである。

　のこった説得・交渉という項はやや微妙である。全事例にマルは打たれており、必須の項であることをうかがわせるが、二重マルの割合は係長以上でも一般層でもほぼ半々であり、断定的なことはいえない。各海外事業所内の事情が作用しているのであろうか。この項に関しては、ここではこれ以上の言及は差し控えざるを得ない。

　以上、B社が海外派遣者の需要要因をいかに把握しようとしていたかをみてきた。そこでは、個人の性格や資質といった観点からではなく、基本的には海外事業所での仕事上の要請から派遣者の需要をつかもう、としていたことがわかった。つぎにみるべきは、以上の需要要因とさきにみた供給要因とをいかに結びつけるか、ということになる。

海外派遣要員の需給調整
　聞きとりをおこなっているとき、まさにB社では海外派遣要員の需給調整が進行しつつあった。その時点でそれがどのようにおこなわれているかをみることを通して、この点を描写してみよう。

　その当時、人事部では2年さきの交代派遣要員を決定しておく、という作業にとりかかっていた。その作業は、まず海外人材に登録されている社員のなかから、さきにみた海外事業所での需要要件を満たしているものをピックアップすることに始まる。登録更新をおこなった段階で、現在登録者は700名にのぼっている。そのなかから交代が必要になると予想される各海外事業所の被交代者の需要要件にあった者を、それぞれのケースについて重複をいとわず、リストアップする。1ケースについて十数名リストに上がることも珍しくない。

　つぎは、そうしてリストアップされたものを2～3名に絞り込んでゆく。そ

のとき考慮される条件は、候補者の海外へ出たいという希望の強さと、性格適性である、という。海外への希望の強さは、1年に1回人事部に個人から直接上がってくるレポートの最新版を参考にする。さきにみたように、このレポートは、個人に海外勤務への希望の度合を聞いている。それが比較的強い人が登録されているわけであるが、そのなかでも度合は異なっており、より希望の度合の強い者が選好される。性格適性については、入社時の適性検査の結果を用いている。個人のさまざまな性格の側面を、海外勤務に向いているかどうかという観点から点数化して、個人別に把握している、という。

　おもに以上の方法で2～3人に絞り込んだあとは、その候補者たちが現在所属している各部署との折衝になる。ここからがもっとも労力を使うところである。通常、候補者が課長以上のばあいには、担当部長や担当役員をも含んだ検討事項となってしまう。だがそれ以下の層が候補者の場合は、まったく人事部と当該部署との個別交渉になる。すんなりとは当該部署がOKをしてくれないばあいも、もちろんある。その候補者に抜けられると、当該部署にとって大きな人材損失だ、と主張されるケースが多い。部署の長がイエスといわなければ、まずその候補者を海外に派遣することは不可能だ、という。したがって人事部も当然反論、説得を試みなければならない。そこで人事部がしばしば主張することは、ここで海外に出ておかなくては、長い目でみてその候補者のキャリアにとってマイナスだ、という点である。ひとつの部署の利害関係からだけではなく、海外法人を含めた企業全体からみて、どのような人材を育てておくべきか、ということを考えてほしいと訴えるのである。それでも、しばしば交渉は困難をきわめるという。

　とはいえ、以上のような過程をたどって最終的には需給は調整される。しかし、問題はここでおわったわけではない。実は人事部にとって最大の問題がのこっている。それは、海外事業所の需要条件にそった海外派遣要員をいかに育成しておくか、という点である。このことは当然派遣要員の供給の側面と重なる。うえにみた供給は結果としてのそれであって、その供給された派遣要員の候補者の能力が、いかに開発されてきたかは捨象されていた。ここでは、その能力開発の内実こそが問われなければならない。

さらにこれは海外からの需要要因とも関係する。先述した派遣要員に必要とされる能力を示した表は、具体的な仕事能力をあるていど特定したという意味で、重要な示唆を与えてくれたが、かならずしもそのすべての能力を掲げていないかもしれない。図表に書かれていないある能力が、あるいは前提されているかもしれない。また、各海外事業所の派遣者への需要要件が、表に書かれていたものだけでは実は満たされない、というばあいもあるだろう。

これらのことをふまえると、尋ねられるべきは、まさにB社における教育訓練である。そして、仕事に関する教育訓練の基本がOJTにあると仮定するならば、B社事務系ホワイトカラーの仕事の経歴、すなわち企業内キャリア形成の実態こそが探られなければならない。

3. 企業内キャリア

キャリア管理表

実はB社人事部では、こうした海外人材の育成を図るための一環として、事務系ホワイトカラーにつき、1977年入社組から全員の異動経歴を掌握している。キャリア管理表を作成しているのである。そのうち1977年から1981年までの入社組、計74名の異動経歴をみることができた。5年分74名だけだが、キャリアという視点からみると、比較的長く勤続し異動経験も多くあったほうが分析しやすいとおもわれたからである。この74名の異動経歴をもとに、そして人事部での聞きとりの結果をおりまぜて、B社の企業内キャリアの特徴と、その意味を考えてみたい。おもに人事部長に3回話を聞くことができた。なお現在海外に派遣されている人が7名、海外人材として登録されている人が26名いる。ただ、資料の性格から、ほぼ管理職直前までの早期キャリアを対象にしているといえよう。

1977年入社組以降のキャリア管理表は、以下のような形式で記載されている。一例を図表2-2として掲げる。キャリアの流れを描いた線の下には、配属部署が記入されている。部名と課名、ないしは工場名と課名が記してある。線の上には、その配属部署で担当した仕事の内容が、やや大ぐくりであるが、書

図表 2-2 キャリア管理表

氏名	経歴 '77 '78 '79 '80 '81 '82 '83 '84 '85 '86 '87 '88 '89 '90
A	(債権／債務管理)　　(仕入先選定) (労働組合専従) 　経理・会計　　　　購買・資材　　労働組合
B	(新製品生産大日程計画)　(情報システム維持管理) 　B₆工場・工務　　経営企画・電算　情報システム・開発
C	(部品調達計画)(部品調達計画) (販売・受注活動) B₁工場・工務　B₂工場・工務　自動車部品営業1　自動車部品営業1
D	(総務) (作業日程計画) (仕入先選定)(価格交渉／価格管理) B₃工場・工場管理　B₃工場・工務　購買・B₃工場部品　購買・B₃ 工場

出所：I 社人事部資料
注：実際の管理表をやや加工している。

かれている。部署の異動がなくても仕事の内容が変わっている場合もある。おそらく課内の異動がそれに対応しているとおもわれる。なお、年度が記載されているので、ひとつの部署に何年ほどいたかもわかる。

　キャリアの特徴をみいだすために、つぎのような作業をおこなった。ひとつは74名の最初の配属先の集計である。なお念のためにいえば、この最初の配属先とは、いわゆる工場実習などを終了したあと、つまり入社数ヶ月後の本配属の部署を指している。もうひとつは、74名が経験した全異動をとりだし異動マトリックスにまとめることである。ここでは、異動は部間および部内（つまり、課間）の異動のみをみた。課内の異動（あるいは、仕事内容の変更）は、それをくわえるとやや煩雑になるとおもわれたので捨象した。つまり、キャリア管理表における線の下だけに注目したわけである。なお、マトリックスは部を単位として構成した。したがって、部内（課間）の異動は、それがどのような内容の異動であれ、マトリックスでは対角線上に記載されている。マトリックスの各セルには、そのような異動の回数が記入されている。

この作業上の仮定は、以下のごとくである。最初の配属先の集計と異動マトリックスになんらかの傾向が認められたならば、いわば、最初の配属先で初期条件が与えられ、かつその後の異動のパターンがわかるわけであるから、配属先の連鎖という意味でのキャリアのパターンが推測されるだろう、と考えたのである。そして、この推測を最終的に確かめるため、最後に再びキャリア管理表に戻り、その推測をもとに各人のキャリアを点検することとした。

最初の配属先

　74名の最初の配属先をみてみよう。図表2-3にまとめてある。入社年度ごとに何名がどの部署からスタートしたかがわかる。この表から、あきらかな傾向を読みとることができる。まず、工場部門からスタートした人が全体の約半分を占める。74名中36名である。もちろん、工場部門といっても現場の作業をしていたわけではない。現場の作業日程を計画・調整したり、進捗状況をみて納期が守られそうかを管理したりする、いわゆる工務と呼ばれる仕事であることが多い。そのなかには、全体の生産のためには、どの部品や材料をどれほど調達したらよいかを計画する仕事も含まれる。

　つぎに多いのは、経理部からスタートするケースである。計13名がそうである。しかも77年が1名という点をのぞいて、毎年3名ずつコンスタントに配属されている。単年度でみると、単独の部署としてはつねにもっとも多く配属されているのが注目に値する。

　さらにここで注目されるべきは、購買部と自動車部品営業部である。そこにはこの74名のなかのだれも最初の配属先ではなかった。このうち購買部とは、製品を生産するために必要な部品、資材、材料などの購入、仕入れを担当している部門である。組織図上は、工場とは別に存在しているように書かれてあるが、実際にはその職場は工場のなかにある。つねに生産に関係する仕事だけに当然であろう。

　この購買の仕事は、通常ふたつに分かれる。ひとつは市販されている資材、材料などを調達する仕事である。もうひとつはいわゆる下請けないしは外注先のメーカーから部品や半完成品を調達する仕事である。そうした下請けメー

図表 2-3　最初の配属先

部署名＼入社年度	1977	1978	1979	1980	1981	計
経　　　　　理	1	3	3	3	3	13
購　　　　　買						0
経　営　企　画			1	1		2
総　合　企　画	1	1			1	3
情 報 シ ス テ ム						0
人　　　　　事		1	1		1	3
情　報　広　報			1			1
国　際　規　格						0
生　産　管　理						0
B1 工　　場	1	1	2	2	2	8
B2 工　　場		1	1	2	2	6
B3 工　　場	1	1	2	2	2	8
B4 工　　場		2				2
B5 工　　場		1	2	1	2	6
B6 工　　場	1	1	1	1	2	6
自 動 車 部 品 営 業 1						0
自 動 車 部 品 営 業 2						0
自 動 車 部 品 企 画						0
ベ　ッ　ド　営　業			2		1	3
ベ ッ ド 企 画・管 理				1	1	2
家 庭 用 機 器 部				1		1
家 庭 用 機 器・企 画			1			1
家 庭 用 ミ シ ン 営 業						0
住　宅　用　機　器						0
工 業 用 ミ シ ン 営 業				1		1
ア パ レ ル 機 器					1	1
コ ス ト セ ン タ ー			2			2
貿　　易　　部				1	1	2
車　　　　　体					1	1
品　質　保　証	1					1
B　　販　　売	1					1
年　度　計	7	12	19	16	20	74

出所：図表 2-2 とおなじ

カーの主要な部分をB社は協力会として組織しており、その数は100社近い。そして、協力会に組織していないメーカーを含めると、使う下請けメーカーは300社ほどになる、という。そして、それら下請けメーカーからの部品調達こそが、購買部のもっとも重要な仕事になる。その仕事の内容は、店頭でものを

買うのとはまったく異なる。価格の交渉、品質のチェック、納期の管理などが必要になる。そのためにはB社の工場の生産工程にも通じていなければならないし、また下請けメーカーの生産技術や工程も知っていなければならない。そのうえで、交渉の巧みさが要求される。なかなかに、熟練がいる仕事なのだという。そこに新入社員は配属されていない。

　もうひとつの自動車部品営業部は、基本的に自動車メーカーG社との取引となる。ここでは、購買部とは役割が逆転する。G社の購買部がB社からその製品である部品を購入する。そこの交渉がB社の営業部の仕事となる。G社の購買管理はつとに有名で、事実その購買部員は優秀な人が多いという。この自動車部品営業の仕事も、やはりかなり能力を必要とすることとなる。そして、やはり最初の配属先とはなっていない。

　このようにみてくると、B社におけるある人事ポリシーが浮び上がってくる。事務系ホワイトカラーの部署のなかで、B社がG社の一次部品メーカーであるという企業性格を考慮すれば、いまみた購買部と営業部の重要性が認められる。そこで、購買部や営業部の仕事は、たんなる購入、販売といったものではなく、製造技術や生産工程の知識をも必要とする、やや総合的な仕事であることもわかった。であるならば、まず工場部門に配属することの意義も理解できるだろう。そこで多くがつく工務の仕事は、その性質上まさに製造技術や生産工程の知識が必要なのである。その経験をふまえて購買部や営業部に異動していけば、工場部門での工務などの仕事は購買部、営業部の仕事内容の重要な一部のOJTとなるだろう。そのような考え方が成り立つのではないだろうか。人事部長への聞きとりでは、こういうポリシーをたしかにとってきた、との答えであった。

育成の視点

　人事部長はこの配置政策にはもうひとつの含みがある、という。それは、海外派遣要員の育成という観点であった。海外に出て取引に携わるばあい、国内での取引以上にB社の生産システムや製造工程、製造技術に通じていなければだめだ、という。それも頭で理解しているだけでは通用しなくて、ぜひ工場

部門の体験が必要なのだ。それは、言語のハンディキャップがあるからこそ、よけいにそうである、とされた。そうしたことをたとえば英語で説明するためには、いわば工場のしくみを体得しておくことが重要なのであろう。言語能力とは、読み、書き、話すということだけではなく、いかに物事をよく理解しているかにかかっていると考えれば、大いに納得できよう。そうした点も考慮して、工場部門から始めるキャリアを組んだのである。

だが、1977年以前の入社組には、実際にはたとえば自動車部品営業が最初の配属先であった人も少なからずいた、という。そして、最近ではやや考え方を変えて、営業に直接配属する人を何名か出しているともいう。とくに最近の事例の理由はやや興味深い。

工務の仕事はある特定の1工場内での仕事であり、1工場で扱う製品群は、同じ自動車部品でもその種類が限定されている。しかるに自動車部品営業でひとりが扱う製品群は、はるかにその種類にバラエティがある。そうしたバラエティにとんだ製品群を、工場ですべて経験することは不可能なので、はじめからいきなり営業に入れて修行させるという方法もあり得るとのことであった。

営業といっても、さきにみたように、それは製品をめぐっての高度な交渉であり、それを有利に進めるために、自社の工場との間で、製品の品質、コスト、製造技術、工数面などの情報交換は欠かせない。しかも、その交換は工場でおこなわれるのだ、という。つまり、営業の仕事にとって、工場の経験は重要なOJTの一環になるが、その工場の経験がなくとも、営業の仕事自身のなかでそのOJTの内容の一部を経験することができる、ということになる。営業部の仕事にとって、工場との接触はむしろ日常的だからである。それゆえ、最初の配属先を工場とするか、営業から始めるかという選択には自由度がある、と考えられるかもしれない。

だが、この自由度といっても、たんに最初の配属先という観点からだけでみるのは片手落ちであろう。それは何十年にわたるかもしれない企業内での職業的人生の、ほんの入り口のことにすぎない。すでに工場の経験が営業での仕事に生かすことができる、と示唆されていた。それは、文字どおり企業内キャリアをいかに組むか、あるいは組まれているか、という問題領域に入っている。

その分析の手がかりは、つぎにみる異動マトリックスの吟味にある。

異動マトリックスの分析

　ホワイトカラーの場合、企業内キャリアはしばしば部間異動や課間異動によって示すことが可能である[3]。ここの異動マトリックスは部を単位として構成し、74名が経験した全部間・部内（課間）異動を集計して、それぞれの異動の頻度をみた。なお、課間および課内異動は、一括して部内異動として、対角線上にその頻度が記されている。図表2-4がその異動マトリックスである。その分析の方法は、ごく大ざっぱに図表2-4をみることによりたい。大まかな傾向を読みとることが、さしあたってのここでの目標になるからである。

　まず、最初の配属先でもっとも多かった工場部門をめぐる異動をみよう。3点ある。第1、工場内での異動頻度が多いということである。個人ごとにみてみると、さきにのべた工務のなかで作業日程計画の仕事から部品調達計画の仕事に移っているケースや、その工務の仕事から予算や利益計画の仕事に移っているケース、あるいは原価関係の仕事で、標準原価を決める仕事から原価のあらたな設定をおこなう原価企画の仕事に移っているケースなどが認められる。

　第2、部間異動に関わる。さきに推測されたように、まさに工場から自動車部品営業部および購買部への異動が比較的多く認められる。その逆の、自動車部品営業部ないしは購買部から工場へ異動しているケースはわずか1例しかない。

　第3、工場からのおもな異動先である営業部および購買部内で、また異動の頻度が高いということである。購買部を例にとれば、購入計画をたてる仕事、仕入れ先の業績や技術水準などを評価しどのメーカーから仕入れるかを決定する仕入れ先選定の仕事、そして仕入れ先との価格交渉をおこなう仕事などの間を異動している。幅の広い経験が必要なことをうかがわせる。

　最初の配属先で、つぎに多かった経理部をめぐる異動はどうだろうか。そこでは、経理部から購買部への異動3例を除いて、ほぼすべて経理部内の異動である。経理部へ向かう異動も、人事部からと貿易部からの各1例ずつしかない。したがって、経理部にいったん配属されると、かなり長期間経理部内です

第2章 海外派遣者の人材開発　75

図表2-4　異動マトリックス

異動元＼異動先	経理	購買	総合企画	情報システム	人事	情報広報	国際企画	生管	B1	B2	B3	B4	B5	B6	自部品営1	自部品営2	自企画	ベッド企画・管	ベッド営	家営企	家・営	住機営	工機営	アパレル	コスト	貿易	車体	品質	B販	海外
経理	18	3																												3
購買	5																													
総合企画		1	3		5	1																								
情報システム			3	2																										
人事	1	2			3																									
国際広報					3																									
国際企画																														
生産管理					1			1																						
B1工場	3				1				5	1				2	1															
B2工場	2							1	4	1				3	2			1												
B3工場					2				9			1		4	1															
B4工場								1	6					2	1		2													
B5工場	2				2			1	3					1	2															
B6工場					1			1					5		1															
自動車部品営業1												1			7	2	1													
自動車部品営業2															3	7														
ベッド企画・営業										1							1	2	1											
ベッド企画・管理																														
家庭用機器部												1								1										
家庭用機器部企画																				2	1									
住宅用ミシン営業																			1		1									
工業用ミシン営業																					1		2							
アパレル機器																							1	2						
コストセンター	1																								5					
貿易部																												2		
車体																											4	1		
品質保証																											1	2		
B販売																													1	
海外																														

出所：図表2-2とおなじ

ごし、異動は部内での異動にかぎられる、と推測できよう。個別にみてみると、原価計算から財務管理、一般会計から原価計算、原価予算から利益予算などといった部内異動が実際認められる。なお、注目すべきは経理部から海外に派遣されているケースが3例あることであろう。74名中7名しか現時点での海外派遣者はいなかったのであるから、その7名のうち3名が経理部から出ていることになる。実は、経理要員は販売要員についで重要な海外事業所からの需要人材なのである。そのことが効いている。

製品の共通性

つぎに特徴的とおもわれるのは、B社の自動車部品以外の製品のひとつであるベッドに関係した部署をめぐる異動である。部署は3つある。そのうちふたつは、ベッド営業という部署とベッド企画・管理という部署である。残りのひとつは、実は工場である。B4工場がそれである。この工場だけが、そこから自動車部品営業部ではなく、ベッド企画・管理の部署への異動があることでもわかる。ちなみに、B4工場以外はすべて自動車部品のみを生産しており、B4工場はベッドのほかにミシン、編機、アパレル機器、住宅関連機器などを生産している。ここで、そのベッドをめぐる異動に戻ると、それは基本的にベッド営業、ベッド企画・管理それぞれのなかでの異動と、おたがいの間の異動に集中していることがわかる。つまり、ベッドという製品の共通性のなかで異動がおこなわれている。

このことはある意味をもつであろう。最初にみた工場から営業ないしは購買への異動も、実は自動車部品という製品の共通性のなかでの異動、ということもできるのだ。扱う仕事の対象に共通点があれば、異なった部署に移っても元の部署での経験を生かせる可能性が高い。少なくとも製品が変わり一から商品知識を習得し直すばあいよりは、その訓練コストは安くつこう。そのような配慮がなんらかの形で働いたとしても、不思議ではないだろう。

この推測が正しいものとして、扱う製品の共通性という観点からのこりの異動をみてみると、家庭用機器・企画、家庭用ミシン、住宅関連機器といたいわば家庭用製品のなかの異動と、工業用ミシン、アパレル機器といった工業向

け製品のなかの異動が、ごく薄くではあるが、存在するようにみえる。それらの売上高に占める比率が非常に小さいので、配属される人も少なく、したがってあらわれる異動も頻度が低いのであるが、やはり共通性をもった製品群に関係する部署間の異動ということができるだろう。扱うあるいは関係する製品の共通性を考慮して異動がおこなわれるという側面が確認できる[4]。

　あと、2点についてのべておきたい。ひとつは、経営企画ないしは総合企画と称されるいわゆる企画スタッフ部門と、情報システム部と称される部署のなかで異動が集中しておこっている。人事部での聞きとりによれば、この異動をたどった人はほとんど長期経営計画の策定に従事した人である、とのことであった。それ以上のことは、残念ながらわからなかった。

　もう1点は、海外派遣者に関する。74名中海外派遣者7名、うち3名は経理部から出ていることはすでにみたが、このマトリックスからさらにのこりの4名全員が貿易部から海外に派遣されていることがわかる。そしてよくみると、この貿易部へと異動がおこっている部署がある。B5工場とB6工場である。このふたつの工場は、自動車部品のなかでもトランスミッションなどいわゆる足廻り部品を生産している。近年海外進出して設立した現地工場が足廻り部品を生産しており、その海外法人へ4名が貿易部から派遣された。その4名がB5工場およびB6工場出身者であった。おなじ足廻り部品工場を経験しているということで意図的に貿易部に回され、貿易実務等を学ばせたあと、派遣をしたのだという。この時点では、海外人材登録制度もまだ整備されておらず、需要にあった人材を急ぎ養成した、という面が大きい。

　このように、異動マトリックスをみてくると、いくつかの比較的明白なキャリアパターンが浮び上がってきたようにおもわれる。まず（イ）自動車部品工場部門からスタートし、自動車部品営業ないしは同購買部へ異動していくキャリアがありそうにみえた。つぎに（ロ）最初の配属先として2番目に多い経理部でのキャリアがあった。そこではほとんどが一貫して経理部に所属し、そのなかで課などを変わることを通して訓練を積んでいるようであった。3番目には（ハ）自動車部品以外の製品群で、比較的共通性をもつ商品グループに関係する部署のなかでの異動があった。ひとつはベッドで、もうひとつが家庭用機

器、そして工業向け機器のグループだった。最後に（ニ）いわゆる企画スタッフ的な部門群のなかで積まれたキャリアが存在しそうであり、さらに意図的に海外派遣者を出すための工場から貿易部経由の異動があった。したがって、最終的に、74人の個別の異動経歴と照らしあわせて、そのパターンを確認することにしよう。

キャリアの類型

　うえで推測されたキャリアパターンを、個別の異動経歴と見あわせていくと、その推測はほぼ間違っていない、ということがわかった。その結果、それぞれのパターンに何人含まれているかをみたのが、図表2-5である。

　まず、自動車部品工場から自動車部品営業というパターンが、やはりもっとも多く74名中15名である。さらに同工場から同購買部というパターンが7名で、自動車部品両方あわせれば74名中22名にもなり、これらのキャリアパターンがB社の中核的なそれであることがわかる。

　つぎにうえの推測どおり、経理部一貫型とも呼べるキャリアを有しているのが9名と多くを数えた。最初の配属先が経理部であった人が13名であったが、のこりの4名のうち3名は経理から購買部への異動であり、あと1名は経理から工場への異動をおこなっていた。しかし、その仕事の内容をみると、購買部でも価格管理や仕入れ先選定の仕事であり、たとえば仕入れ先選定が下請けメーカーの業績評価などを含むことを考えれば、経理での仕事、ないしはそこで得た知識を活用できる仕事についていた可能性が高いかもしれない。

　また、工場へ異動していた1名も実は工場での仕事は原価計算や予算、利益計画となっていた。聞きとりによれば、経理部での原価関係の仕事と工場での原価関係の仕事はやや異なる、という。経理部では原価は積み上げるものだが、工場ではその原価を実際に変えていく仕事が加わる、という。その意味で両者は似ているようにもみえるが、その仕事のための適性は異なる場合があると考えられている。しかしながら、少なくともここでは、むしろその共通性に重きを置いた異動であったようである。したがって、以上の4名もいわば経理畑キャリアであるということができるかもしれない。

図表 2-5 キャリア類型と海外人材登録状況

キャリア類型	人数	うち「海外人材」登録者	登録レベル 1	2	3	海外派遣者
自動車部品工場―営業型	15	9	0	2	7	0
自動車部品工場―購買型	7	2	0	2	0	0
経 理 一 貫 型	9	1	0	1	0	3
経 理 ― 購 買 型	3	0	0	0	0	0
ベ ッ ド 一 貫 型	3	1	0	0	1	0
家 庭 用 機 器 型	2	2	0	1	1	0
工 業 用 機 器 型	5	3	0	1	2	0
経営企画―情報システム	7	2	0	2	0	0
人 事 部 経 由 型	5	3	0	2	1	0
B5・B6 工 場 ― 貿 易	4	1	1	0	0	3
そ の 他	14	2	0	1	1	1
計	74	26	1	12	13	7

　つぎに共通した性格をもつ商品グループ内の異動について目を向けてみると、ベッド一貫型が3名、家庭用機器タイプが2名、工業用向け機器タイプが5名存在している。数はその他のバラエティにとんだ単独の異動のタイプとさしてかわりがあるわけではないが、聞きとりでは、この商品群内異動タイプが、現実にはたしかにつねに何ケースかある、とのことであった。意図的にそのような異動をさせてきたわけではないというが、商品知識などを活用できるという意味で、異動させやすいとは考えられているようである。

　さて、すでにうえで示唆されたように、経営企画と情報システムとの間だけで異動している人が7名いる。このことと経理畑のキャリアの存在を考えると、いわゆるスタッフ的な部署だけで異動させているかにみえる。しかし、これはかならずしも正しくはない。それは人事部がからんだ異動をみるとわかる。人事から経理へという異動も1名いるが、あとは人事部から購買部、工場から人事部という異動をみせている。

　これは人事部でも多様な部門の経験が必要だという考えを反映している。あるいは人事部内だけのキャリアでは、逆説的だが、その人事部の仕事もうまくまわすことができないともいえる。それは、さきにみた海外派遣者の需給調整の過程で観察したように、人事部の仕事も、しばしば他の部署との交渉を必要

とする。交渉で有利に立つためには、相手側の事情をよく知っていなければならない。そのように考えると、人事部の人間には他の部署からの人間も必要としようし、また人事部から他の部署へ出ていくということも要請されよう。こうした点が人事部をめぐる異動では考慮されているのである。簡単にスタッフ部門内異動のパターンの存在をいうわけにはいかない。

　以上みてきた以外に「その他」のパターンに分類されているものが14例存在するが、上記のキャリアパターンからの類推で説明可能なキャリアを有している人が何人かいる。それは自動車部品工場から生産管理部や自動車部品企画部門への異動などにみられる。工場と生産管理部との間には、当然密接な関係があるだろうことは容易に推測できる。また、後者は自動車部品という共通製品でつながった異動とみてよいだろう。

　しかし、またうえでの論理では説明がむつかしい異動を経験している人もいるのも事実である。それはおもに商品群が異なる分野へ異動しているケースである。ベッド営業から自動車部品の購買へ移ったケースや、家庭用機器と工業用向け機器との間の異動、そして自動車部品工場からアパレル機器の営業に異動したケースなどである。しかしながら、こうした異動はこの74名のかぎりでは、きわめてまれな例、ということができる。実際に数例にすぎなかった。

　人事部長の話では、B社は自動車部品だけでなく他の製品も取り扱っているのだ、ということを認識させるためにも、異なる商品群間の異動をおこなうことはある、という。もっともそうした異動がまれ、というようには考えていないようであった。だとすれば、勤続10年ぐらいまででではそうした異動が少ないと解釈するべきかもしれない。

選抜とキャリア

　のこるはこうしたキャリアと海外派遣者の選抜との関係である。さきにB5、B6工場から貿易部をへて海外に派遣された人たちが4名いる、と述べた。その人たちは、海外人材登録制度が整備されていない時期に派遣されたのであった。それゆえ、需要にあわせて急いで要請するためにそのような異動をたどったのであったが、現在ではその登録制度が発足している。そこに登録され

ている人がどのようなキャリア類型に入っているか、興味がもたれる。

そこで、図表2-5をみると、基本的に考察されたキャリアパターンのなかに大半の登録者が存在していることがわかる。登録者26名中24名がそうである。しかも、海外派遣者需要の多い自動車部品関係の工場から同営業部へのキャリアを有している人たちにもっとも多く9名、家庭用・工業用ミシン関係のキャリアのなかにも5名と比較的多く登録されている。とくに、ミシン関係のキャリアでは、それに該当する人数に比して、登録者が多い。このキャリアの海外派遣者需要からみた重要性が確認できよう。

これと比較して、対照的なのは、経理畑のキャリアからは、海外派遣需要が強いにもかかわらず、そして比較的多くの人がそのキャリアをたどっているにもかかわらず、登録者がわずか1名という点である。聞きとりによれば、たしかに経理部では海外志向が弱く、海外勤務を望む人が少ないという。しかし、現実には海外法人で経理の人間の需要は多い。現実に、経理部の3分の1ほどが、現在海外に派遣されているとのことであった。逆にそういう状況であるから、これほど多くの経理部キャリア組が多いのだ、という。海外派遣で抜けた穴を埋めるために、多くを経理部に配属させてきたが、その海外からの需要を満たすためという側面もある。したがって、経理部で登録者が少ないという問題は、現在人事部の頭を悩ましているようであった。

だが、そうした例外をのぞいて、登録者は海外派遣需要の多いキャリア群に集中しながらも、基幹的なキャリア全体にほぼ分散して存在している、といえよう。その意味で、キャリア形成を図りながら、海外事業所からの需要の3倍ほどは海外人材をプールしておきたいとするB社人事部の意図は、実現しつつあるといえるかもしれない。

4. まとめと結語

B社における海外派遣者の選抜と育成の問題を尋ねることを通して、事務系ホワイトカラーのキャリア形成の実態を探ってきた。そこで海外派遣者は、その需要をみてもまた供給からみても、その選抜と育成は国内、海外双方での仕

事という側面に強く規定されていた。よくいわれるような個人の資質や性格などの面は考慮されないわけではないが、仕事の要素につぎ二次的なものとなっていた。そして、その仕事の要素を海外派遣者の供給に反映することは、なんらかの意味で関連したいくつかの部署を経験する、という意味での企業内キャリア形成の問題としてとらえられていた。

そこで、B社における事務系ホワイトカラーの企業内キャリアを分析してみると、いくつかの基幹的キャリア群を認めることができた。まず第1に、企業の性格、つまり自動車の一次部品メーカーというB社の性格に規定されていた。すなわち、親メーカーへの営業と下請けメーカーからの購買という仕事を含んだキャリアがもっとも重要視されていた。さらに、ある商品群の範囲でのキャリア形成という側面もみられた。自動車部品もそうであるし、その他にB社の商品であるベッド、家庭用機器、工業用機器それぞれのなかでキャリアを積ませる傾向がみられた。そして、海外派遣者需要の内容が直接、間接にそのキャリア群間の配分に影響していた。自動車部品や家庭用・工業用機器では積極的に、そして経理部キャリアでは海外需要が多いにもかかわらず、海外志向者が少ないという意味で消極的に影響していた。

よく、日本のホワイトカラーはひんぱんな異動のなかで多様な経験を積むジェネラリストと表現される。だが、その経験の実態は、ごく一部の産業の事例をのぞいてかならずしもくわしく調べられてきたわけではない[5]。この報告は自動車部品メーカーという製造業のケースについて、ややくわしく観察した。みてきたように、ある企業内のキャリア形成は、ただざまざまな異動経験をもたせるというものではなく、そこには企業の性格や扱う商品群、ひいては海外派遣者の具体的な需要といったいくつかの事柄が規定要因として働いている。このことは大いに強調されるべきだろう。

とくにある仕事上での知識をつぎの仕事に生かしうる可能性といったいわゆる技能上の関連に考慮がなされているようであった点は、やはり注目に値しよう。ただ、それはモノをつくるといったいわば目に見える技能ではなく、やや抽象的な関連ではあったが、具体的に仕事の内容を聞けば、論理的に説明され得るものであった。この点は重要で、今後のホワイトカラーの企業内キャリア

の研究においても、さらに検証されるべきであろう。

　ただし、ホワイトカラーは、多くがそのキャリアのなかで管理職に昇進していくことが期待される。この報告はその管理職以降のキャリアをまったくみていない。そこでのキャリアには、一般層のそれとは異なる要因が作用しているかもしれない。今後の課題であろう。

注：
1) この問題を扱った労作として石田 [1985]、白木 [1998] などがある。
2) 中村 [1987]、中村 [1991c] は、おもにアメリカの文献のサーベイによって、ホワイトカラーの企業内キャリアに関わる諸論点を整理している。また、同様のサーベイとして山本 [2002] がある。
3) こうした考えにもとづき、ホワイトカラーの企業内異動の実態をみた他の文献として井上 [1982] がある。
4) 多様な製品を生産・販売している大メーカーの営業職が、特定の商品群のなかでキャリアを形成することがあるのは、中村 [1991a] でも指摘している。また、扱う製品（商品）の共通性を意識して販売職・営業職の企業内キャリアを形成しているケースはスーパー、百貨店、総合商社など他産業の事例にも認められる。川喜多 [1983]、中村 [1983]、冨田 [1986]、中村 [1991b] など参照されたい。
5) なお、こうした日本のホワイトカラーのキャリアの幅を意識的に調べたものとして小池 [1991] が、またその蓄積にもとづき欧米との国際比較をおこなった業績として猪木・小池 [2002] がある。

（本章は中村 [1989a] に若干の加筆・修正をほどこしたものである。なおこの中村 [1989a] をもとにした研究報告が 1989 年日本労使関係研究会議でなされ、中村 [1989b] として公表されている。）

第3章
海外派遣者のキャリア
——長期にわたる分析

山形 英果

1. 問題と方法

問 題

　戦後の日本経済は積極的な製造業の輸出に支えられて発展した。その輸出活動が現地での生産・販売・開発活動になっている。海外市場でビジネスを展開するのは、国内と違って予想をこえる困難がある。その困難を克服しながら、海外市場で日本企業の製品・サービスを認知させていく過程では、これに携わる人的資源に要求される特別な条件があったであろう。その要件を実際について検討したい。

　海外での人材の要件を知るには、ひとつの重要な前提がある。それは海外で事業を展開する企業の、現地における組織と機能の進化である。実績のない市場で、自社の製品やサービスを浸透させてゆくために、組織とその機能をどう築き上げてきたか、という点である。そこにはめざましい進化があり、その進化におうじてどのような人材が必要となるのかが決まってくる。それはどのような要件か、そしてその要件がどのていど充足され、人材がどのようにして育成されていったのか、それを解明したい。

　まずわたくしのビジネス経験にもとづいた仮説を記そう。前提となる組織と機能についてだが、国際的に事業を展開する企業は、その歩みにおうじてシンプルなものから複合的なものへと進化してゆく。最初の現地拠点は市場開発機

能をもった駐在員事務所の現地進出から始まる。これがやがて販売機能を自前で掌握する販売子会社の設立に発展し、駐在員事務所はこれに吸収される形でその役目を終える。

つぎは現地でものをつくり販売する生産・販売会社を目指す。この間、自前で生産する代わりに、技術を供与しOEM (original equipment manufacturer) 供給を受けることもあろう。そして、やがて自前で生産するのみならず、現地のセンスとニーズで商品を開発する機能をとり込んでビジネスシステムの最小単位を完成させる。もちろんこれだけではおわらない。このさきには「現地化」という大きな課題がある。このような発展が、ひとつの国にとどまらず、いくつもの国・地域へと広がりをみせ、いわゆる多国籍化へと向かう。

このような企業国際化の進化が、これに携わる「人」の具備すべき要件を先導する。たとえば現地拠点のトップマネジメントをみると、ビジネスシステムが未完成の段階では、マーケティング機能先行で、営業系主導型にならざるを得ない。だが現地のビジネスシステムが完成度を高めてくると、営業複合系、管理系（いずれも後出）が必要とされ、現地へ派遣される経営者の質への要求度も高くなってゆく。

しかし、現実には国際化の初期に適格な人材を充分に確保することはできない。くわえて日本の場合、語学能力に神経を使うため、ただでさえ少ない仕事能力の適格者が、この篩にかかって足りなくなってしまい、語学堪能者を過信してしまう。充分な適格人材の確保がむつかしいとなれば、これはという人材を何度も駐在させるようなこともあったであろう。そのあたりの実態はどんなものか。もちろん語学は重要だが、仕事についての固有技術（技術者にかぎらない）が、結局は決定的に重要であることを、企業は経験から学ぶのである。

このような背景から、派遣者をあるていどの業務経験で選抜するものの、現地での役割に必要なキャリア的要件の充足状況は、海外進出の初期には各職系（職種の系列、後出）とも低く、その意味で、確実な事業展開の可能性についてはかなりリスクがある。このリスクはしかし後追いしながら人的資源を充足していき、企業の国際化が進むにつれ、いずれは漸減していくものである。また、このリスクを薄める知恵が、人の組合せによるキャリアの補完である。営

業系トップと財務系スタッフ、管理系トップとマーケティング系スタッフ、技術者のプロジェクトチームといった具合で、人材不足を乗り切るのである。

このような時期をへて、企業は国際化の経験を蓄積し、各職系に上位職位への人材プール、キャリアパスが形成され、資格要件を満たした人材を供給できるようになる。

方 法

検討する方法は、おもにひとつの事例について利用可能となった貴重なデータの分析である。ただし、その前提となる海外進出の進化の段階については、これまでのすぐれた先行研究を援用する。国際化のいわば後進国の日本も、いずれはおなじ道をたどると思われるからである。

ここでいう貴重なデータは、人材の要件と充足状況を、ある事例についてこのうえない深さで示す。その事例をかりにC社と呼んでおく。従業員数7000ほど、1910年代前半に設立という歴史ある上場企業で、輸送機器用の主要部品を主体に、4つの事業を展開している。貴重なデータとは、C社が海外担当課を設置した1947年初頭から1993年半ばまでの46年にわたる、海外派遣者の人事記録である。ホワイトカラー社員を対象とする。駐在先、駐在期間、職務経験（ただし所属部課）、調査最近時の資格と昇格時期を拾いだした。このデータは現役だけでなくOBもカバーしているが、1970年以前は対象者を確実に拾いだすコンピューターシステムがなく、OB会名簿や関係商社員へのインタビューなどで補った。同時に、海外事業所別に人のシークエンスを確認する方法を併用したので、対象者の90％以上は確かめたと推定する。データサイズは海外派遣者202名である。

2. 海外事業活動の進展過程

4つの段階

まず重要な前提、海外事業活動の進展過程を探りたい。その進展過程で企業の組織や機能がどのように変化していくのか。その点についてよく知られた業

績として、かの Ondrack［1985］がある。先進国の欧米企業を調査し、さらには国際化における人的資源管理の先行論文も豊富に引用し体系をつくった。多国籍企業 MNE（Multinational Enterprise）の進展段階を4つのモデルとして示した。すなわち主要なポストを本国人が占める自民族中心型（Ethnocentric）、現地の人も管理職を占める多元／双務型（Polycentric/Bilateral）、第三国人も含め世界の重要なポストを占める地域型（Regiocentric）、そして出身国にかかわらず世界のあらゆるポストにつく全地球型（Geocentric）である。

もっとも自民族中心型は MNE というには未熟であり、全地球型はある意味で理論的すぎる。現実の場では、地域型が MNE の頂点にある姿で、現に日系企業でいえばソニーやホンダの世界複数本社制がこのイメージにあう。Ondrack［1985］の4モデルを現実のケースと引きくらべると、それは MNE がたどる進化の系譜と理解することができる。進化とは、時間の経過をともなった、企業の経験の蓄積による「機能の多様化、複雑化、柔軟化と、その過程」をいう。すなわち、環境への対応力を向上させる、企業の自律的な営みである。

ほとんどの企業が国際化の初期にとる原始的な形は自民族中心型であろう。いま MNE の代表のごとくいわれる企業も、その後の成長で時間をかけ手順をへて、多元型→地域型→全地球型のパスをたどったのであろう。少なくとも、われわれ企業人の経験からいえば、いきなり地域型や全地球型の MNE が生まれた、とは信じられない。むしろ、業種や業界地位、経営資源の良否、多寡といった制約から、国際化はしても自民族中心型に長くとどまらざるを得ない企業が多いのではあるまいか。この4モデルは進化の系譜と考えるのが自然で、進化した企業群は個体発生が系統発生をたどるごとく、それぞれに時間をかけて変化してきたものと考えられる。そして、MNE モデルに対応する人材、とくに管理者群の資格要件は、モデルごとに変化する。

企業は成長を求めて事業の場を拡大する。その広がりを追求するとふたつの壁にぶつかる。第1の壁は、自前の管理者でコントロールできる限界、すなわち「管理者の数」の壁、第2は、直接受容できる異文化の壁、すなわちコントロールできる「異文化の数」である。自民族中心モデルと多元モデルの間に

は、主として第1の壁、多元型と地域型の間には第2の壁があり、それぞれこれらの壁を乗り越えることによって、企業活動はみずから国際企業の新種を生んできた。

この壁を乗り越える要点は、本社集権→現地分権、自民族固執→国籍無関係というように、経営資源の確保・維持に関する制約条件の緩和にある。壁は乗り越えられるとしても、それだけではおわらない。事業にはもともと理念がある。この理念を多様な文化のなかで維持し、継承するための配慮が同時に必要で、こればかりはたんに事業経営のスキルだけではなく、「思想をシェアできる人」を通じてやっていくより方法がないのである。その意味で、本社所在国の異文化受容度が問われるのだが、同時に現地出身の管理者のそれも問われることになる。

C社海外事業の進展過程

まずC社の海外進出活動の時間的変化を図表3-1に集約した。C社は、1947年いち早く海外担当課を設置し、輸出を再開した。1955年「部」に昇格し、翌1956年秋以降つぎつぎと海外駐在員事務所が開設され、海外現地での駐在員による事業活動がスタートした。図表3-1にみられるごとく、市場によっては初期の段階——駐在員事務所の改廃から進展しないものや、まだ、進化の途上とみられるものがあるが、主要な市場、北米では駐在員事務所開設、販売会社の設立、そして進出から20年をへて、ついに生産販売会社へと、組織機能が拡大してゆくさまが読みとれる。

機能的な拡大は組織構造的な拡大をともない、それにつれ本国との関係も、より上位組織の管理下で意思疎通が図られるようになる。集約すると図表3-2のようになる。

1994年時点では、もっとも規模の大きい北米の生産・販売会社においても、技術系はもちろん社長、副社長、財務、販売分野には本国から人を送り込んでおり、オンドラック・モデルでは、典型的な自民族中心型のレベルである。以上の進展段階を前提にして、人材の要件をみていく。まず海外派遣者の派遣前の職務経験から検討しよう。

90

図表 3-1 海外事業活動の進展段階――C社

市場							
		1956	1960	1970	1980	1990	1994
アジア・大洋州	BKK・駐在員事務所 ────────────────────────						
	NIS 駐在員事務所 ──── EPT 駐在員事務所 ──────────						
				YDS・駐在員事務所 ───────────────			
					TQ ─ TA ─── 統合⇒ 販売子会社 ────	
					(一部閉鎖) DDS駐在員事務所(再開) ───	
欧州・中近東	GBH 駐在員事務所 ────────── DDS 駐在員事務所(移転) ────── NOL駐在員事務所(移転) ⇑ RG						
	RHT 駐在員事務所 ──────────── ATH(移転) ────── PHF						
							RF 販売子会社
	TRB・駐在員事務所 ───────────────────						
北米				ALU 駐在員事務所 ───── 統合⇒ VTM 合弁生産会社		
				SLU 販売子会社 ─────── 生産・販売子会社 ────			
				CVY駐在員事務所 ─────────── ホールディング Co. 傘下		
						統合⇒ 販売子会社 傘下	
アフリカ			EDA 駐在員事務所 ─── JAN 駐在員事務所 ─── 統合⇒ NMA駐在員事務所 DEJ駐在員事務所				
			JOH 駐在員事務所 ──────				
中南米		ANB 駐在員事務所 ───── GCS 駐在員事務所 ──────────				
		MNP 駐在員事務所 ────── MNP駐在員事務所(再開) ───				
技術供与 (主にアジア)			ETA ────────── TG ────				
					KNT ──── TKH ────	

注：横線（実線）は、駐在員事務所、破線：子会社、複線：技術供与先との関係）は、拠点が存在した（または、していている）期間を示している。アルファベットは、地域を示す略号である。

図表 3-2　海外の進展段階の要約

発展段階	駐在員事務所	販売子会社	生・販（子）会社
現地の所管機能	マーケティングの一部機能	マーケティング、販売、物流、サービス（駐在員事務所吸収）	生産、販売、物流、サービス、の一体化。（一部の）商品開発、販売子会社吸収
本国所管部門	本社海外部門の課レベル	本社海外部門の部レベル	本社海外部門の本部レベル、または製品事業本部レベル。規模によっては、担当役員

3. 海外派遣前の職務経験

派遣前職務経験の重要性

　海外駐在員は入社したとき、駐在員として採用されたわけではなく、また、入社と同時に海外へ出たわけではない。職務経験と適性観察をへて海外へ派遣される。この職務経験（前歴と呼ぶ）を全サンプルについて調べてみた。縦軸に前歴（経験月数）、横軸に派遣時期をとり、202サンプルをプロットする。図表3-3である。すべて「初回派遣（文字どおりはじめての派遣）」で、2回目以降の派遣はこの図にはない。右上がりの三角形が出現する。

　さきの図表3-1と照合しながら派遣者の前歴期間をみると、現地組織の機能、構造が進化するのにつれて、前歴の長い、すなわちキャリアの長い人材の派遣が増加していることがわかる。

　プロットされたデータを、派遣の時期別に前歴期間の最短、最長、平均の3数値をみれば、図表3-4となる。1960年代後半から、前歴の平均がそれまでより格段に長くなっている。前歴期間が長ければその職種の習熟度が深く、おそらく経験した職種数も多くなると推測される。さらに1980年代に入って一段と長くなることがわかる。図表3-1と対比すれば、1桁の人数の駐在員事務所の時代から、販売子会社を擁し他国に技術も供与する多様な国際化が10〜15年かけて拡大し、人的資源の需要も質量両面でこれにつれて膨らんでゆくさまがうかがえる。

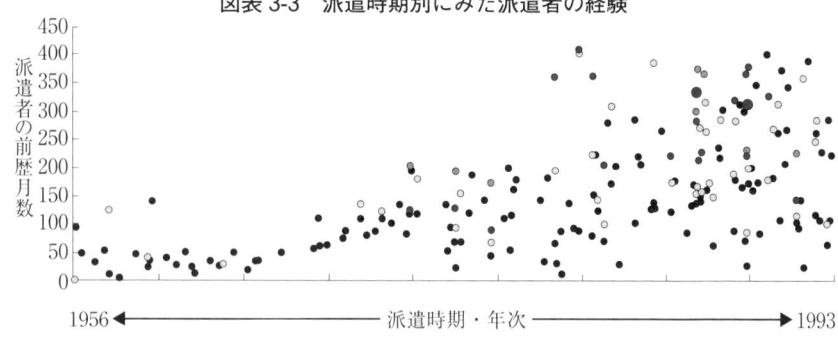

図表 3-3　派遣時期別にみた派遣者の経験

(縦軸：派遣者の前歴月数　0〜450／横軸：派遣時期・年次　1956 ← → 1993)

図表 3-4　派遣時期別にみた前歴の長さ

時　期	最　短	最　長	平　均
'56 ～ 60	6	124	47.3
'61 ～ 65	13	140	39.7
'66 ～ 70	50	136	82.5
'71 ～ 75	70	181	118.6
'76 ～ 80	14	204	126.4
'81 ～ 85	71	410	193.9
'86 ～ 90	65	365	217.0
'91 ～ 93	24	389	205.8

注：1956 ～ 60 年期の前歴最短 6 ヶ月のケースは期途中入社者で、即戦力として起用したものである。

職系別にみる

　C社のばあい、海外駐在員の役割は職系に分けてみるとわかりやすい。職系とは似た職種をまとめたもので、つぎの図表3-5によってほぼ見当がつこう。くわしくはあとで説明する。202名の対象者を職系別にみれば、つぎの人数となる。

　前歴の数と長さは、なにを目的に、どんな人を派遣するのか、を示唆しよう。そこで前歴を職系別に分解してみる。職系：1（マネジメント）、2（管理スタッフ）、3（マーケティング系スタッフ）につきそれぞれ図表3-6、3-7、3-8に描いた。縦軸の所属部課数であらわした前歴、横軸に派遣時期をとった。

　時期からみると、まず先兵としての職系3：マーケティング・セールスプロ

第3章 海外派遣者のキャリア 93

図表3-5 職系別海外派遣者数

職系	役割	バックグラウンド	対象者数
1	マネジメント(社長、EVP・SVP)	事務・技術	11
2	財務・経理・管理スタッフ	事務	17
3	マーケティング・セールスプロモーションスタッフ	事務・技術	65
4	フィールドサービススタッフ	技術	37
5	技術指導(技術移転)スタッフ	技術	55
6	技術情報収集・OEMコンタクトスタッフ	事務・技術	16
7	コンピューターシステムスタッフ	技術	1

注:職系7はサンプル数が1なので、以下の分析から割愛する。

図表3-6 派遣時期別にみた前歴数——職系1

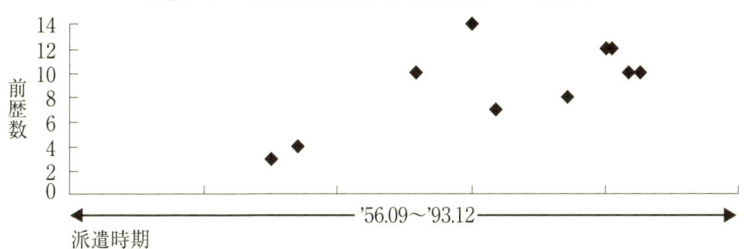

図表3-7 派遣時期別にみた前歴数——職系2

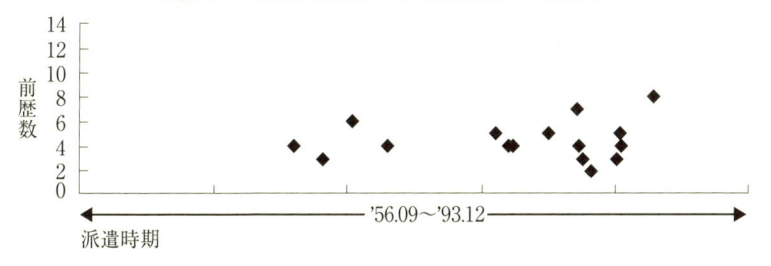

　モーションスタッフが派遣され(1956年)、しばらくして職系1:マメジメントが(1969年1月)、そしてこれを追いかけるように職系2:管理スタッフが(1969年11月)派遣される。

　職系1:マネジメント系の初期派遣者2例は、販売子会社誕生時のいわゆる「販売責任者」で、マネジメント系ながら職系3の流れにある。以降、販売会社から、機能的に複合化する生産・販売統合会社の開設に向けて、幅広く深さ

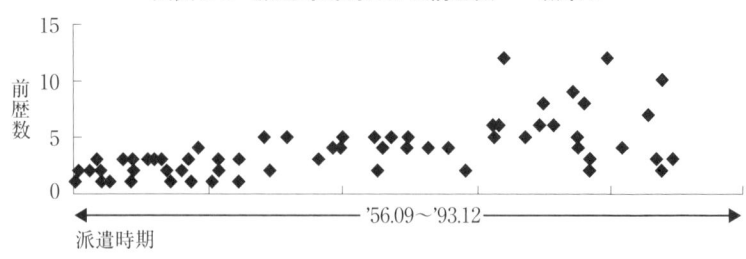

図表 3-8　派遣時期別にみた前歴数──職系 3

派遣時期　'56.09〜'93.12

のある前歴が求められたことがみてとれる。なお図は省くが、経験月数でみても傾向は変わらない。

　職系 1 は職歴（前歴）数が全派遣者平均で 8.8 と多く、全サンプルの前歴期間平均も 282.5 ヶ月ともっとも長い。幅広い経験が要求されるのは当然だが、それだけにとどまらず、自民族中心型の企業ではたんに仕事のエキスパートであるだけでなく、その間の仕事を通じた人間関係や、企業の文化にも精通している必要がある。とくに本国との折衝能力、進出先での文化受容度、現地の従業員への説明能力は重要な要件である。

　職系 2 は管理スタッフだが、経理・財務が仕事の中心で、状況によって人事や総務的な仕事を兼務する。この分野はあるていどの実務専門知識が必要で、国内でも、販売子会社要員が不足がちである。全管理スタッフは前歴数 4.4、期間平均 206 ヶ月で、マネジメント系の初期派遣者をのぞくと、職系 1、2 とも派遣時期による前歴数のばらつきは少ないが、職歴あたりの経験期間はやや長い。

　職系 3 は、C 社のような企業には海外進出のどのステージでも必要な職種で、派遣者も多くサンプルが 65 もあるので、前歴数に加え前歴期間も併記した。

　それが図表 3-9 である。それによれば職系 3 の前歴数平均値は時代をへるごとに増加傾向がみえる。そして、それはさきの図表 3-6 と図表 3-8 から管理スタッフと同レベルとみてよい。なお職系 3 の前歴期間は 70 年代と 80 年代に顕著に長くなり当初の 4 倍になった。

図表 3-9　派遣時期別にみた前歴数と前歴期間——職系 3

時期	'56〜60	'61〜65	'66〜70	'71〜75	'76〜80	'81〜85	'86〜90	'91〜93
数	1.9	2.4	3.2	3.9	4.0	6.8	5.7	5.0
月	47.3	40.4	59.0	106.4	131.5	182.3	195.6	205.2
サンプル	11	13	5	7	6	8	10	5

図表 3-10　派遣時期別にみた前歴数と前歴期間——職系 4

時期	'56〜60	'61〜65	'66〜70	'71〜75	'76〜80	'81〜85	'86〜90	'91〜93
数			4.0	4.8	3.5	3.3	3.8	4.5
月			80.0	127.0	100.1	125.6	176.5	197.5
サンプル			1	6	8	7	11	4

　なお、職系 3 は、各地の駐在員事務所の開設が相次いだ 1961〜65 年までは、入社後 5 年以下という比較的前歴の短い者でまかなわれた。その点は他の職系とは大きく異なっている。ちなみにこの間の職系 3 派遣者の学歴をみると、派遣者 24 名中外国語の専門教育機関出身者や米国留学経験者があわせて 12 名おり、語学能力がひとつの前歴として注目されたことがうかがえる。なお、このような学歴の持ち主は事務系駐在経験者 100 名中 16 名で、初回派遣は 1965 年までに集中し、以後は 5 年にひとりていど、1986 年以降はなく、とくに派遣者の語学能力にこだわった形跡はみられない。語学能力よりも、しだいに職能が重視されるようになったものとおもわれる。この 16 名中 14 名はその後複数回の派遣経験者となった。

技術系をみる

　つぎに技術者固有の職系 4、5 をみよう。職系 4 は、製品のアフターサービスやクレーム処理、市場の評価情報を収集する、いわゆるフィールドサービス・スタッフである。職系 3 が活動を開始し、市場に製品があるていど出回った時期（1970 年 12 月）に派遣する。職系 3 が駐在を開始して 14 年後である。少し遅いが、この間職系 4 の業務は出張ベースでおこなわれていたのであろう。図表 3-10 は職系 4 の前歴数と前歴期間の、派遣期間別平均値を記した。前歴数は 4 を中心に安定しているが、前歴期間は徐々に延び、当初の倍になっ

図表 3-11 派遣時期別にみた前歴数と前歴期間――職系 5

時期	'56～60	'61～65	'66～70	'71～75	'76～80	'81～85	'86～90	'91～93
数		1.0		3.3	4.6	4.7	4.0	3.8
月		31.0		115.2	183.8	273.8	240.1	203.3
サンプル		1		6	5	9	21	13

ている。製品の種類が拡大し、使い方も多様化して、対応にそれ相応の経験と知識が求められるようになったものである。

　職系5は、技術を供与するために派遣される技術者である。この職系は、相手方に確実に技術を移転することが仕事で、それだけの技術を身につけている者でないと用をなさない。図表3-11に前歴数と前歴期間を派遣時期別に示した。それによれば前歴数は4を中心に安定的だが、前歴期間は1970年代後半以降急上昇した。これは、時間の経過とともに高くなるというよりは、レベルの変化であり幅も広がっている。途上国の技術供与先が増えたこと、供与する技術が日本ではすでに過去ものとなっているが、現地では発展に即して必要とされる技術で、これを指導できる技術者が比較的年配者であることに起因する。また、1980年代後半に入って派遣者が急増したのは、念願の生産販売会社が立ち上がり、技術革新で細分化した最新の技術を移転するために、それぞれの専門家を派遣したことに起因する。技術供与はたんに技術情報をコピーした一片の紙の受け渡しではなく、技術者の息吹や体温、信条を添えて伝えていくものなのである。

職系6をみる

　最後に職系6をみる。この系は他とかなり違った状況を示している。職系6は技術系と事務系に分かれる。技術系は前歴数が平均2.1、前歴期間が117.3ヶ月と各系のなかでもっとも少なく、つまり初回派遣が早く、同じ職系6でも事務系とは違ったパターンを示している。図表3-12で派遣時期別に前歴数を記した。技術系の業務は輸送機器OEMの最新動向について主として技術情報を収集することだが、同時に、早期に先進市場とくに欧米の市場に直接触れ、技術者の世界に閉じ込もることなく、広く世界を知ることで、将来の中核

図表 3-12　派遣時期別にみた前歴数──職系 6（技術系）

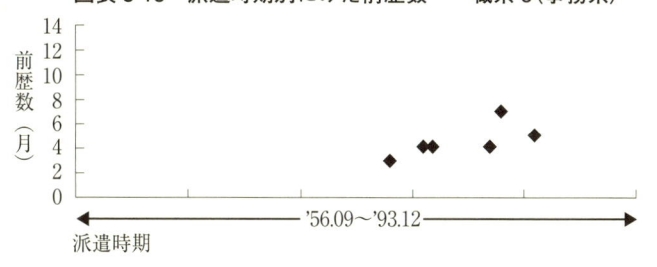

図表 3-13　派遣時期別にみた前歴数──職系 6（事務系）

技術者を育てようとする、育成の意図があり、「選抜」の趣きが強い。派遣先も、この趣旨にそってドイツと北米西海岸にかぎられている。

　一方、事務系は、駐在開始が他の系に比しぐっと遅く（1979 年 9 月）、前歴数 4.5、前歴期間 137.2 ヶ月と技術系にくらべるといずれも多い。しかも、全員、北米へ、派遣されている。図表 3-13 に派遣時期別に前歴数を示した。このグループも、最初は「育成」の狙いをもっていたが、しだいに技術系のそれとは異なり、緊迫感溢れた OEM コンタクトの実戦部隊と化した。OEM コンタクトとは、輸送機器メーカーとの直接取引に関わる業務に携わることをいう。1980 年代初頭から重要視されるようになった米国向け輸出機器への現地サービス体制づくりから、日系 OEM の対米進出を睨み、トランスプラントとの取引準備など、駆け出しにはできない複雑・多岐な使命を負ってきた。もともと、OEM コンタクトは難しい仕事とされ、この部門は「人材」にうるさいといわれている。それゆえ技術系のそれとは違った意味で、「選抜」の趣きがある。

図表 3-14　派遣時期別にみた修得期間──職系 3、4、5

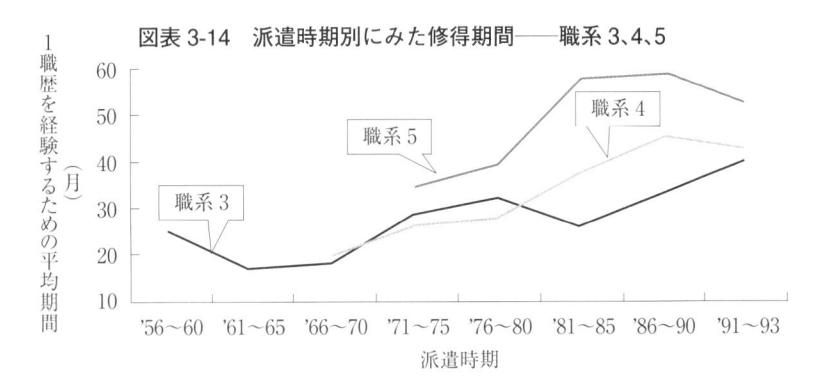

縦軸：1 職歴を経験するための平均期間（月）
横軸：派遣時期　'56〜60　'61〜65　'66〜70　'71〜75　'76〜80　'81〜85　'86〜90　'91〜93

（グラフ中ラベル：職系 3、職系 4、職系 5）

まとめると

以上職系別に分析の結果を述べてきたが、ここでまとめてみる。

職系 1 は、前歴の数、前歴期間ともに他の職系とは異なり、前歴数は 8.8 ともっとも多く前歴期間は 282 ともっとも長い。そして派遣時期が下がるほど数、期間ともに増加する。

職系 2 と 5 はほぼ同様な特徴を示す。前歴数は職系 3、4、5 と同じレベルにあるが、前歴期間は 200 ヶ月余で、他の職系とは違う。派遣時期が下がっても前歴数は増えないが、前歴期間は長くなる。

職系 3、4、6（事務系）はほぼ前歴数、前歴期間ともに似る。前歴数は 4 ていど、前歴期間は 110 〜 140 ヶ月である。派遣時期によって差異が生じる。職系 3 と 6（事務系）は派遣時期が下がるにしたがい前歴数、前歴期間ともに増加する。他方、職系 4 はふたつとも変化しない。

職系 6（技術系）は前歴数ではあきらかに他の職系より少なく 2.1 と最小だが、前歴期間は職系 3、4、6（事務系）とかわらない。派遣時期が下がっても前歴数は増加しないが、前歴期間はすこし長くなる。

そうじて職系 4 以外は、前歴数、前歴期間の 2 要素の、両方またはいずれか一方が増加している。その理由はあるいはひとつの職務を経験する期間が長くなったことが影響しているかもしれない。そこでサンプル数の比較的多い職系 3、4、5 について、派遣時期別に 1 職歴を経験するために費やした期間（習得期間）を図にしてみた。なおここで 1 職歴とはひとつの部課に所属した期間を

いう。

　ふたつのことが読みとれる。ひとつはどの職系も時期が下がるにしたがい修得期間が長くなる。もっとも、この点はおなじ部課のなかで経験する職務数が増えた可能性をも意味しよう。ふたつには職系別の差異である。職系3、4は似通った傾向を示すのにたいし、職系5は、1職歴を経験するための期間がおなじ技術系の職系4よりも10～20ヶ月長いことを示している。職系4が基本的な技術素養を身につけたのち、実際の製品使用現場での情報にできるだけ多く接して技術レベルを向上させることが重要で、いわば臨床医的な職系である。他方、職系5はものづくりの現場のあらゆる状況を知りつくし、生産を体系化する職系、いわば基礎医学の権威を目指す職種、その違いがある。

4. 職系別にみたキャリア

前歴と職系

　職系ごとにその仕事経験すなわちキャリアを立ち入ってみていく。ふたつの目的がある。ひとつはそれによって人材の要件をより具体的に解明したい。うえでは前歴数や前歴期間をみたが、その内容をまだみていない。それは同時にもうひとつの目的にもかなう。それはその人材要件をどれほど、どのようにして満たしたか、いかに育成してきたかを検討することにもなる。人材形成の根幹は仕事経験にあり、その内実にすこしでも接近したいからである。仕事経験はキャリアとしてあらわれ、派遣前のキャリアすなわち前歴を探りたい。前歴を4つに分類する。

　「純営業系」とは、営業活動を直接担当する部署はもちろん、これをサポートする営業スタッフの経験を有する者を指す。「営業複合系」とは、営業分野の経験にくわえ、管理部門・事業（部）スタッフの経験を有する者を指す。「管理」は、ここではひとつにまとめているが、実際には本社と事業（部）スタッフが含まれている。個人の所属部課歴から経歴を区分した。「技術系」も、厳密には本社と事業分野の区別があるものの、ここではすべて事業分野の「技術」とし、基礎研究から技術サービスにわたる[1]。

図表 3-15　前歴と職系

単位：人

前歴分類	職　系							合　計
	1	2	3	4	5	6事	6技	
純営業系	1	1	52			4		58
営業複合系	7	7	12			2		28
管理系	2	9	1					12
技術系	1			37	55		10	103
合　計	11	17	65	37	55	6	10	201

　201名の前歴と職系は図表3-15のとおりである。この他、複数回派遣で、系が変わった者が15名いるが、その表は注に掲げる[2]。

職系 1：マネジメント

　図表3-15によって職系1からみていく。海外派遣初任対象者11名のうち、純営業系、営業複合系をあわせると8名と、営業経験者が70％余となる。営業複合系は、営業以外の分野を経験しているわけだが、ここでは企業経営に必要とおもわれる経営企画、経理財務、人事労務、関連会社管理のいずれかひとつの経験者は4名で、管理系の2名を加えても6名にしかならず、必要とおもわれるキャリアのある者はようやく55％である。職系変更組をあわせると、22名中9名しか該当者がなく、41％に低下する。

　望ましいキャリアをもった人材配置という点ではやや心許ないが、生産・販売会社設立以前は販売子会社主体の海外展開が長く、営業複合系11名中9名は、複合系といえども230ヶ月以上の営業経験がある。C社の海外展開の歴史と対比したとき、その間の事情をまさに反映した布陣だったのであろう。しかし、職系変更組が営業中心とはいえ、すでに海外におけるビジネス経験という貴重な前歴をもっていることは評価してよい。

　これからのC社は生産販売会社として、多くの現地の人を雇用し、みずからもそこで生きていく企業市民となったわけで、これからは自社の都合だけを考えたマネジメントではたりない。まずは現地のマネジメントとの一体化を図り、社内の人たちに、国際企業としての「人となり」をしっかり理解してもらう。地域からその存在を認知してもらうための働きと、それを成し遂げる能

図表 3-16　経験職種──職系 2

経験職種	営業複合系	管理系
経理財務と資材購買系	4	1
経理財務系		8
経営企画系	1	
人事労務系	2	

力を、派遣されたマネジメントは問われるのである。これは、前歴にはあられない個人的な信条、人柄、品格といったもので、職系1には不可欠の要素である。

職系 2：管理系

　現地での経理・財務、企画（マネジメント補佐）を主とした業務だが、海外に出ると経理・財務系には税務もついてまわる。生産販売会社ともなれば、原価計算、原価管理にも関わることになる。また、必要におうじ人事や総務分野の仕事も兼務することがある。日本からの派遣者のソシアルベネフィットの手続きや住宅問題、同伴子女の就学、医療上の対応といった家族の暮しの諸問題も、仕事の一部になることがある。事前の習熟はあまり期待できないことで、現地で最善を尽くすしかない。経理・財務、税務については、国内でも一定の専門知識と経験が必要とされるが、さらに、現地の法律や規定、手続きに関する知識が求められる。

　実際、派遣者の職歴をみると、管理系はもちろん営業複合系でも圧倒的に経理財務系の経験者が多い。この職種では、遅くとも入社10年で予算（活動計画）、決算（活動成果）、資金管理（企業の健康状態）の3つは経験して、企業活動の全体観を身につける。17名中、1970年代前半に派遣された2名をのぞき、この職系の派遣者は89％が中核業務に求められるキャリアをクリアしている。

　企業活動の成果は、最終的には貨幣情報の形で集約されるが、その途上で集まる関連情報の量は膨大である。それだけにマネジメントとの密な連携はきわめて重要で、マネジメントの補佐役として、また、おなじ境遇で働く同僚のた

めに、職歴にはあらわれない「気配り」が求められる職種でもある。該当者の経歴をまとめると、図表 3-16 になる。そして職系 1：マネジメントへのキャリアパスが設定されている。

職系 3：マーケティング、セールスプロモーション

　この職系はすべて営業系のキャリアをもっている。ただし「接客」的な営業だけでは不充分で、商品・市場戦略、市場の競合状況、自社製品の特性、製品開発の手順、生産設備上の制約条件、物流システムなどを充分承知している必要がある。営業スタッフを経験すれば、かなりの部分はカバーされるが、製品企画、生産管理、物流管理、それに管理系の経理部門でも、とくに工場原価、原価企画などの業務経験が望ましい職系である。

　純営業出身者がどのていど上記の条件を備えていたかは定かでないが、一応適格だとすれば、その経験した職種を整理した図表 3-17 の記すところでは、この職系で派遣された者はほぼ望ましいキャリアを有していたことになる。前歴期間 19 ヶ月とやや短い純営業系がひとりいるが、C 社の海外進出の歴史のなかでもっとも早くもっとも多く派遣者を出したこの職系は、キャリアについての考え方を確立してきたのであろう。この職系から、職系 1 と 2 へのキャリアパスが形成されている。

職系 4：フィールドサービス

　基本的には技術者の仕事だが、1 名だけ「事務系」出身者がいる。この職系の業務は、製品の実際の使用条件を調査したり、競合商品の状況についての情報を収集するなど、いわゆる市場情報を収集すること、消費者の苦情・疑問、重要なクレームに対応し分析して関係部門へこれを伝達する。さらに営業関係者・顧客の技術研修をおこなうなど、多岐にわたる業務を担当する。したがって、この業務に望ましいキャリアは製品別の構造設計、材料技術、製造技術、設備技術、製品評価・品質保証の経験で、これらはいずれもたがいに密接な連携を必要とするが、これらのうち 2 分野を経験していることが望ましい。実際はどうか。その経験分野をまとめた図表 3-18 によれば、37 名全員のうち 34

第3章 海外派遣者のキャリア 103

図表3-17 経験職種——職系3

経験職種	対象者	キャリアの評価
営業専業／営業系スタッフ	52	営業専業系が、要件を満たしていれば、いずれも望ましいキャリア。
営業・管理系スタッフ	5	
営業・営業系スタッフ・管理系スタッフ	7	
管理系スタッフ・営業系スタッフ	1	

図表3-18 経験分野——職系4

区分	組合せ	構造	材料	製・技	設備	評価・品保
1分野のみ		19	1			2
2分野	構造と		2	1	1	9
3分野	構造・製技と					2

名が構造設計経験者である。2分野を経験したものは40％ていどだが、1分野のみの経験者といえども前歴期間が平均155ヶ月（約13年相当）で、それほど大きな不都合はないとみられる。この職系から、職系3：マーケティング・セールスプロモーション、職系5：技術指導（技術移転）、へのキャリアパスが形成されている。

職系5：技術指導

　C社の技術を技術供与先に確実に移転することが使命である。技術移転は、とくに「ものづくり」の場合、ペーパーで技術情報を受け渡せばすむものではなく、たとえば図面上には描けない設備の微妙な調整や、材料の熟成状況判別、といったノウハウがかならずついてまわる。また、現地作業者の訓練も重要な役割で、設備にだけ堪能ではかならずしも充分ではなく、いくつかの技術分野での経験が必要である。

　必要とされる技術分野は、設備・製造技術、構造設計、材料技術のうち、2分野で、さらに管理技術の経験があれば申し分ない。設備技術と製造技術はこの職系では不可分なので、1と数えている。

　実際には図表3-19の示す状況となっている。さらに図表に示したほかに、製品評価・品質保証の経験者が3名ある。結局ひとりで必要な職歴をもつ者は26名、派遣者の約半分である。したがって技術移転を確実におこなうには、

図表 3-19　経験分野──職系 5

区分	組合せ	設備／製技	構造設計	材料技術	管理技術
1 分野のみ		14	4	5	2
2 分野	設備・製技		2		14
	構造設計			1	4
	材料技術				2
3 分野	材料・構造				1
	材料・設／製				1
	設／製・構造				1

複数技術者による技術移転チームを編成することとなる。他の職系へのキャリアパスはこの時点ではみられない。

職系 6：技術情報収集

　職系 6 は技術系と事務系に分かれる。技術系の使命は、直接取引の輸送機器メーカーに C 社の存在感をアピールすることが重要だが、それとのコンタクトを軸に先進諸国の将来方向や技術情報を収集することである。同時に、その業務の遂行を通じてものごとにたいする感度を磨き、異文化社会の生活スタイルや価値観にまで視野を広げ、自己の体験的成長を果たすことにある。したがって必要なキャリア、業務よりも自身のセンスと意欲である。この職系の該当者は 10 名中 8 名が構造設計系、2 名が材料技術系と出身はきわめて明快である。人選は、日頃の仕事ぶりから、これという人物を技術幹部が協議し選抜する。派遣は若いうちにおこなわれるので、前歴数は各職系のなかでもっとも少ない。職系 4 からのキャリアパスが 1 例ある。

　ほかに事務系もある。その使命は職系 6 の技術者と共通して、直接取引の輸送機器メーカーに C 社の存在感をアピールすることが第一だが、それとのコンタクトを軸に、北米、欧州に進出する日系 OEM の現地での「企業と人の」動向を知ること、現地での取引窓口を確保すること、対米・対欧輸出製品の現地サービス体制を整備することなど、国際化の先兵としての役割をになっている。したがって本国で OEM を担当している部門から、日頃の仕事ぶりをみて気の利いた中堅を送り込む。重要なキャリアは OEM 部門での実績とポテンシ

図表 3-20　複数回派遣者と職系

初回派遣の職系	2回目以降の職系	対象者数
2/3	1	11
3	2	1
4	3	1
4	5	1
4	6	1

アルとなる。当然、全員営業系で将来を嘱望されている。他の事務系職系よりは、「技術情報」にたいする理解度と情報の価値を見分ける「感度」が要求される。技術系にくらべ前歴数、前歴期間とも多くなる。

複数回派遣者

　海外派遣は1回かぎりと決まっているわけではない。本人の能力、適性、会社のニーズで2回以上派遣された者がいる。今回の調査では、7回を最高に計56名（派遣者の28％）が複数回の海外駐在を経験している。おなじ任地に再び赴いたケースもいくつかある。職系別に実態をみると、職系1、6、7はこの時点では再派遣はない。職系3は派遣者の半分以上、職系4は3分の1が再派遣されている。事業展開をするうえで、市場がどこであれ需要の多い職種だからであろう。さらに複数回派遣で職系が変わったケースが15名あることがわかる。うち2名は職系が2度変わった。それを図表3-20に示した。

　ここでは、職系2は職系1（マネジメント）へ、職系3（事務系スタッフ）は職系1（マネジメント）と職系2（管理系スタッフ）へとキャリアパスが形成されている。職系4（技術系スタッフ）はより幅広い経験・知識を必要とする職系3や、また職系5、6へ進むキャリアパスが形成されている。

複数回派遣されるまでの間隔

　複数回派遣者が比較的多い職系3、4、5につき再派遣されるまでの期間を調べた。ただし初回の派遣時期ごとに10年間隔でみている。再派遣された時期別ではない。

　まず、職系3では、図表3-21に示されるように、国際化の先兵である1950

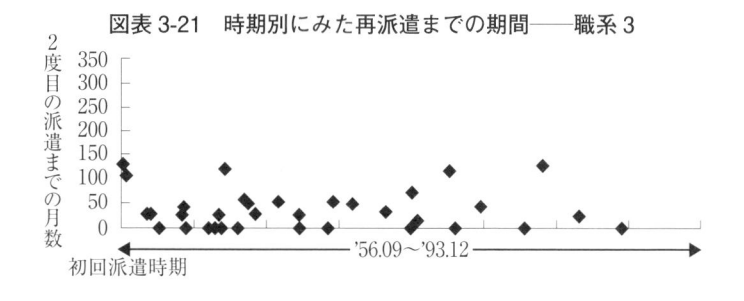

図表 3-21　時期別にみた再派遣までの期間──職系 3

（縦軸：2度目の派遣までの月数、横軸：初回派遣時期　'56.09〜'93.12）

　年代後半の初期派遣者は、11名中8名がその後複数回派遣され、しかも2名をのぞいて比較的短期間後すなわち25ヶ月未満で再派遣されている。急速な国際化の始動と人材不足が感じられる。初任地から帰国せずにつぎの任地に転じたものが2名ある。

　1960年代に入ると、18名中15名が再派遣され、うち14名が前任地から60ヶ月未満の間隔でつぎの任地に赴いた。初任地から帰国せずに、つぎの任地に転じたものが6名ある。1970年代の派遣者は13名で、うち9名が再派遣、7名が75ヶ月以内に再派遣されている。初任地から帰国せずに、つぎの任地に転じたものが3名ある。1980年代の派遣者は18名で、再派遣者は2名、しかし、初任地から帰国せずに、つぎの任地に転じたものが1名ある。90年代に入って93年末までこの職系の再派遣者はまだない。

　そうじて数件をのぞけば、派遣時期を問わず、再派遣者の80％が60ヶ月までに再派遣されている状況がみてとれる。この職系はC社における海外派遣の嚆矢であり、派遣者の数が全職系のなかで最多であるばかりでなく、その半分以上が再派遣者で、さらには海外事業所のマネジメントへのキャリアパスもあって、名実ともにC社の海外事業展開の中心的役割をになってきたことがわかる。

　技術系の職系4、5はあわせて再派遣者は18名しかなく、データとしては充分ではないが、職系3とは違った傾向がみえる。その特徴を図表3-22からまとめれば、1960年代は派遣者も少なく、技術者の海外派遣をどのようにシステム化するか、手探りの状態がうかがえる。1970年代に入ると、技術者海外

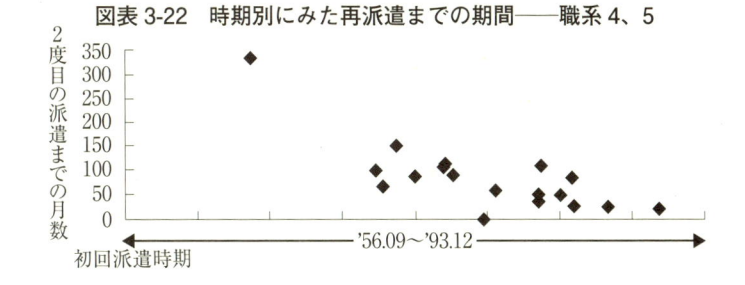

図表 3-22　時期別にみた再派遣までの期間——職系 4、5

（縦軸：2度目の派遣までの月数、横軸：初回派遣時期　'56.09～'93.12）

派遣の必要性が高まり派遣者数も一挙に増加する。この年代に最初の派遣を経験した技術者は、帰国後100ヶ月ていどの間隔で再派遣されているので、約2職種の経験を加えて、再び海外へ赴いた。

1980年代に入ると一段と技術者の海外活動が旺盛になる。だが、再派遣者はそれほど多くない。しかも、再派遣までの期間がかなり短くなっていて、追加経験は1職種程度の期間である。出番が早くなったようである。現に図表3-22でみると、年代をへるにつれて再派遣までの期間が短くなっている様子がみえるが、職系3にくらべると、再派遣までの期間は長い。初回派遣から5年以内の再派遣はまだ半分以下である。これは、派遣時期が最近になるほど専門分野が細分化し、技術系の1職歴習得期間が長くなる傾向にあるためではないかと考えられる。

職系3では初回派遣から5年以内に再派遣者の80％が再び海外へ赴くのにたいし、職系4、5の場合5年ではようやく40％ていどにすぎず、80％に達するのは9年目以降である。それは、技術系の4、5系が派遣時期が最近になるほど、追加経験1職種あたりの期間が長くなっていることによるとおもわれる。

5. 海外駐在員の昇進は遅れるか

昇格の実態

よく海外に派遣されると、いったいその後の職業的運命の面で有利か不利か、という点が議論される。国際化の進展には不利では困る。その点を検討し

図表 3-23　海外派遣者の昇進は遅れるか
　　　　　——全社の傾向との比較

年次	級別差異（人）				
	9級	8級	7級	～6級	合計
60	2	－1	－1	0	0
61	1	0	－1	0	0
62	0	0	0	0	0
63	3	－2	－1	0	0
64	0	1	－1	0	0
65	1	0	－1	0	0
66	0	0	0	0	0
67	0	0	0	0	0
68	0	1	－1	0	0
69	0	1	－1	0	0
70	0	0	0	0	0
71	0	2	－2	0	0
72	0	0	0	0	0
73	0	－1	1	0	0
74	0	－1	1	0	0
75	0	0	1	－1	0
76	0	0	0	0	0
77	0	0	0	0	0
78	0	0	0	0	0
79	0	1	0	－1	0

たい。有利、不利はまずは昇進や昇格であらわれよう。近年、管理職ポスト不足が常識で、昇進・昇格をみるのは資格しかない。C社は1965年ごろから「資格制度」を採り入れている。資格制度そのものは、この30年間に幾度か手が加えられたが、基本的な骨格は変わっていない。

　資格は9区分あり、大卒初任資格は2級、院卒は3級である。7級以上がいわゆる管理職級で、各級には最低滞留年数がある。この最低滞留年数で昇格するのがハイフライヤー・モデル（High Flyer Model）である。6級までは、ほぼ全員が1年以内の差で昇格する。7級以上は昇格年差が5年まで開き、しかも全員昇格するわけではない。

　昇格は入社年次ごとに決定される。海外派遣者の昇格を全体と比較してみよう。1993年時点の現役最年長者は1956年入社であるが、1956～59年入社者

についてはデータが少なく、すでに退職者もいるため各級の分布が歪んでいる。この理由で以下の分析では1960年から79年の20年間をみる。各級ごとの在籍者の分布がわかる。

図表3-23は、その全社の資格別の分布比率を、海外駐在経験者に適用しその人数に引きなおして比率を算出し、全社との差を示した。対応するセルの値がプラスならば海外駐在経験者の昇格は平均以上、0なら並、マイナスなら遅れを示す。

図表を縦にみてもらいたい。9級はプラスまたは0となっている。1965年次以前の人はこのあと9級に昇格することはないので、海外派遣者はこの年次までは平均以上の、まあまあのレベルといってよい。9級がまだこれから増加するのは1967年次以降で、そのかぎりでは年次別に目立った凹凸はない。しいていえば、1973、74年次が平均以下の感がある。8級は、1960年代前半やや少な目、後半まずまずといったところであろうか。7級と6級は渋い。ではこれを職系別にみたときはどうか。

職系別の昇格

昇格のスピードは正確にはわからないが、各個人の現在の資格と、その資格にいつ到達したかがわかっているので、ハイフライヤーを尺度にして、時間差を算出すると図表3-24のような結果が得られた。ただし、9級をこえて役員または役員待遇となった11名はこの表から除外した。

ハイフライヤーの実際の運用基準は極秘であり、そのものを知ることはできない。しかし、最短昇格年限は資格の定義からわかるし、入社年次と、いつハイフライヤーに入っているか、そこに入っていなければ、どれくらいの時差でいまの資格に任じられたかがわかる。図表3-24はそこに着目して作成した。最近は、ハイフライヤー・モデルの運用が若干、長い期間をみるようになったといわれているが、それも一貫していない。ここでは現行モデルにもとづき、1993年6月末の各対象者の到達資格を分析する。分析を大卒以上に対象を絞る。

職系1、3、6はハイフライヤーがいる。ハイフライヤーとは1、2年差の任

図表 3-24　海外派遣者の昇進は遅れるか
——「ハイフライヤー」との比較

職系	資格級	HFMとの昇格時間差（年）							合計	総計
		0	1	2	3	4	5	6〜		
1	9	2	11	3		1		1	18	
	8									19
	7					1			1	
2	9		3			1			4	
	8		3	1			1	1	6	14
	7		1	3					4	
3	9	2	9	3	3	2	1	1	21	
	8		7	4	4	1	2	4	22	56
	7		1	5			1	2	9	
	〜6	2	2						4	
4	9		3			1			4	
	8	1	5	1	4	4			15	36
	7	2	2	6	4		1		15	
	〜6		2						2	
5	9		5	3		4	2		14	
	8		3	4	3	3	2		15	48
	7	3	2	8	3				16	
	〜6	1	2						3	
6	9	1	3	1					5	
	8							1	1	15
	7		5	1	2	6			9	
合計	9	5	34	10	3	9	3	2	66	
	8	1	18	10	11	8	5	6	59	188
	7	6	8	28	7	1	2	2	54	
	〜6	3	6						9	

用も多く、全体として昇格スピードは早いと読むことができる。しかし、職系2、4、5ではハイフライヤーはあまり見当たらない。数年遅れも少なくない。ハイフライヤーとくらべこれらの職系は昇格が遅いようである。

　職系1は前歴期間が平均で23.5年もあることから、職系経験が昇格スピードに影響したというよりは、昇格の早い上位の人物を起用したと考えるべきであろう。前歴期間が長いのは職系2、5であるが、職系2は1.5級の人材を送り、職系5は若手に優秀な人材を送りだしている。職系3は9級も遅れ気味だし、その予備軍の7、8級もパッとしない。一方、職系4も、職系3と同様や

や遅れ気味であるが、7、8級は悪くない。

　高卒の海外駐在経験者は14名あるが、サンプル数が少なく定量的には明確にいえないものの、全体に昇格スピードは遅れ気味である。

6. 要約と課題

要　約

　これまでの知見をまとめてみる。

　知見①：製造業の国際化は、これまでの研究をふまえてC社の事例を検討すると、3ないし4の進化の段階に分かれる。それはまず市場開発機能の現地進出から始まる。至極当然のことだが、他の可能性としては、技術を供与し、OEM供給を受けて生産機能を代替してもらうことも考えられよう。C社の事例では、マーケティングを担当する駐在員事務所を設置することからスタートする。これがやがて販売機能を自前で掌握する販売子会社の設立に発展し、駐在員事務所はこれに吸収される形でその役目を終える。つぎに、現地で物をつくり販売する生産・販売会社を目指す。そして、現地のセンスとニーズで商品を開発する機能をとりこんで、ビジネスシステムの最小単位を完成させる。

　知見②：国際化の進化の段階がこれに携わる人の要件を先導する。それをもっともよくあらわしているのが職系1である。ビジネスシステムが未完成の段階では、マーケティング機能先行で、駐在員事務所、販売子会社とも営業系主導型にならざるを得ない。人材プールからいってもそうなってしまう。しかし、海外拠点のビジネスシステムが完成度を高めてくると、営業複合系・管理系が必要とされ、派遣される経営者の質の要求度も高くなってゆく。さらに、それぞれの職系に必要とおもえるキャリア要件の充足状況をみる。職系5、ついで職系1で充足度が低く、人的な面でリスクがある。人を後追いしながら充足するなど時間をかければリスクは減っていくし、人の組合せで補完する手もある。C社の経験のなかで、年商2億ドルのときにリクルートした米人幹部のレベルと、5億ドルレベルのときにリクルートした人材にレベルの差があった。それもこの知見をサポートしよう。

知見③：人材の具備すべき要件は、組合せでも補完される。販売会社のトップは営業系ですべてよし、とはかぎらない。もちろん人によるが、経営者となると、管理系の経験、知識が求められることも多く、販売だけ堪能では勤まらないこともある。企業のカルテは結局経理情報の形で表示されるものが多く、営業系は一般的にこれに弱いケースがみられる。他の分野にも理解力が必要だが、とりわけ経理分野が重視される。本国の親会社も、連結事業として現地子会社の状況を的確に把握するために、経理情報の収集には神経を使う。そこで、職系2の中堅がペアで派遣されることになる。C社の職系2はまさに経理系の集団である。職系5でも、組合せがみられる。技術革新を反映し、工程ごとに専門性が高くなり守備範囲が相対的に狭くなるため、前歴の異なる技術者がチームを組んで対応するようになった。

知見④：職系2、3、5は将来、職系1への重要な人材供給源である。職系2は職系1へ2名を送り込み、これらのケースは成功例と評価されている。この職系はそれ固有の機能をもっているが、たんなる補完型から職系1へのキャリアパスとしての役割が鮮明になろう。職系3も、職系1へ9名送り込んだ実績がある。今後はマーケティング機能がどんどん現地化されていくので、たんなる販売促進型の営業から経営戦略的視点を強めたスタッフ型に質的変化を遂げざるを得ない。この適格者は充分職系1の要員資格者である。職系5は、今回のケースでは、職系1へのキャリアパスは出現していないが、ものづくり企業にとって技術・生産の海外拠点への移転を使命とする以上、この職系が経営者レベルに人材を提供するのは当然であろう。

知見⑤：生産・販売・商品開発の3機能は早期に現地化する。これは「進化」の考えからくる自然な推論で、初期の形態である自民族中心型といえども自前の人材で賄う限界があり、大部分の働き手は当然現地の人に頼らざるを得ない。そこでの製品の買い手もまた現地の人々である。マーケティングも工場管理も、どんなものをつくるかさえも、現地が規定するのは当然であろう。つまり、本国から持ち込むノウハウは比較的早く限定されてしまうのである。

当面のこる固有の機能は、企業理念といった事業の原点を維持したり、ブランドのイメージを管理したり、製品やサービスの形に企業のアイデンティティ

を具体化する技術を管理すること、それに経営情報のマネジメントくらいである。結局、これらは本国と現地企業を結びつける部分なのである。企業国際化の進化は、固有だとおもわれているこれらの機能の現地化・無国籍化の進度なのである。

　知見⑥：フィールドサービスは構造設計分野のトレーニング場である。この仕事は情報的に非常に重要な仕事である。現場と不可分であり、情報が苦情の形をとることが多いため汚れた仕事との印象が強い。とくに対応がタフな交渉をともないがちな途上国勤務は敬遠されるのであるが、個人にも会社にも学びの多い分野である。派遣者の85％以上が構造設計経験者で、過去20余年にわたり、前歴の数、前歴期間ともに目立った変化なく派遣されてきた。一定の期間派遣され、また出身部門を含めた技術部門へ戻ってゆく。とくに派遣のための前歴充実がなされた形跡がなく、トレーニングを意図した派遣と考えるのが妥当であろう。

　知見⑦：職務によってキャリアの幅と深さは違い、国際化の進展につれ両面とも増加傾向にある。海外に派遣される者の前歴の数と期間は、当然のことながら、派遣先の役割によってはっきりと違っている。C社の例では、トップマネジメント要員が、数・期間とも最多・最長で、平均で9職歴、282ヶ月（23.5年）をへて派遣されている。一般のスタッフは職系によるあきらかな差はなく、平均4職歴、百数十ヶ月をへて派遣されていることが多い。

　知見⑧：国際化の初期の段階では、適格者は充分に確保できない。当然のことではあるが、海外進出最初の10年は前歴2前後、前歴期間50ヶ月未満の者で対応したが、以後の派遣者の前歴よりはるかに少ない。このうち半分は外国語の専門教育を受けた者で、昨今と違い当時海外進出となると、人選に際し経験の少ない企業ほど語学力（英語）を選考の重要な要件として考慮した。世界の言語地図をみるとき、母国語の使用地域が見つからない日本の経営者にとっては、当然の配慮であろう。したがってこの時点で前歴がもっと長く仕事能力の面で適格者がいても、この篩(ふるい)で払底することになった。もちろん仕事の固有技術（技術者にかぎらない）が結局は決定的に重要であることを、企業は後々の経験で学ぶのである。

知見⑨：海外駐在経験者の昇格は、職系により、遅速の差がみられる。しかし、入社年次別にみるとまずまずである。昇格の判断は入社年次を中心におこなわれる。職系1、6はしかるべき評価を受けている者が選ばれ、昇格のスピードは他の職系より上である。他の職系は全社の平均よりはやや低い可能性が感じられる。

のこされた課題

　曲がりなりにも実態分析を通じて、ささやかであるが、企業の国際化の「進化」の断面を提示した。進化や国際化というけれど、いったんそこに関われば、自社の些細な事情に頓着していられず、膨大なエネルギーに引きずられて否応なく対応していかざるを得ない、国際化途上の企業の姿がある。

　まだいくつかの課題が残っている。キャリアの分析についていえば、数字のうえで必要なキャリアの幅と深さが増加している状況をあきらかにできたものの、実際なにがどのように補強されているのか、必要なキャリアの形成にどのような意図が、どんな形で働いているのか、というミクロの局面、かつ表面にでにくい事情を掘り下げることに手が着いていない。また、職系ごとのキャリア上の適格者と未適格者の、パフォーマンスの差についての追跡がない。語学力と仕事のパフォーマンスの関係追跡などがあげられる。

　昇格の分析はもともとデータが得にくいものだが、昇格の遅速を具体的に海外派遣との関係でみたとき、その理由、とくに昇格の遅いケースについての追跡が残されている。同様な企業あるいはもっと進んだ企業の実態があきらかにされて、海外派遣者のもつべきキャリアモデルがよりあきらかになることをねがっている。

注：
1) 前歴の区分はつぎのようにした。
　まず営業関係者の担当業務はつぎに示した。

区分	業　務	おもな業務の例示
営業	営業活動	顧客からの受注、新規顧客開拓、代金回収、顧客との良好な関係維持
営業スタッフ	需要予測／販売計画	地域・販路別短期需要予測、販売計画立案、状況把握
	商品企画	顧客動向・ニーズの把握、商品への反映
	価格管理	販路別価格設定、管理
	品繰・在庫管理	需要予測、商品配分、流通段階の在庫管理、処分
	販売促進活動	販促ツール・カタログ・DMデザイン企画管理、ユーザー教育
	セールスマン教育	セールスマン教育の企画立案、実施
	販売子会社経営支援	販売会社の経営計画策定支援と収益管理
	販売店経営支援	収益管理、品揃え支援、従業員教育、店舗・広告宣伝支援
	廃棄物処理企画管理	使用済み品処理方法、企画・管理

　「管理」は本社関係と事業部とに分かれるが、本社関係の管理とはここではつぎのものをいう。経営企画、広報宣伝、人事労務、経理財務、関連会社管理、監査、総務秘書、原価企画、資材購買、環境管理などの分野である。事業部の管理とは、事業部の経営企画、製品企画、物流管理、生産管理、技術企画、原価企画などをいう。組織上の区分ではない。なお、分析にもちいたデータでは所属部課しかわからないので、その部課がどのような業務を担当するかによって経歴を区分した。
　「技術系」は基礎研究、管理技術、技術企画、設備開発、製造技術、構造／製品設計、材料開発、製品評価、品質保証、コンピューター・システム技術、技術サービスを担当する。

2) 複数回の派遣者を入れて書きなおすと、つぎの図表となる。

単位：人

前歴分類	職　系							合　計
	1	2	3	4	5	6事	6技	
純営業系	8（7）	2（1）	52			4		66（8）
営業複合系	11（4）	7	12			2		32（4）
管理系	2	9	1					12
技術系	1		1（1）	37	56（1）		11（1）	105（3）
合　計	22（11）	18（1）	66（1）	37	56（1）	6	11（1）	216（15）

注：（　）内は複数回派遣者。

第4章

海外開発プロジェクトのマネジャー

相田 真弓

1. 問題と方法

問 題

　この章は海外開発プロジェクトのマネジャーや技術者の人材開発に注目する。その理由をまず説明しよう。日本の企業が競争力の強化を図るためには、従来の価値観や成功経験にしばられない「新しい発想」や「革新的な行動」ができる人材の育成や組織の構築が不可欠である。そのひとつの方策として、管理職を軸とした縦のラインを重視する組織体制から、アドホックなプロジェクト制を導入して、あたらしい事業を創造するしくみを開発しようとするマネジメントスタイルが指向されている。

　このような流れのなか、国際入札においてプロジェクトを受注し、その収益を経営基盤としてきた海外開発コンサルタント企業[1]は、プロジェクト[2]中心の組織設計と人事制度を従来から指向してきた。

　技術者は、その就業のうちもっとも長い期間を、コンサルタントとしてプロジェクトに従事することになる。そのプロジェクトの現場は発展途上国であり、複数の現場が個々に点在していて、その活動は本社の同僚や管理職からは直接把握できない。そのため現場での技術者の働きぶりは、プロジェクトマネジャーが評価することになる。つまり技術者はプロジェクトにおうじ上司が入れ替わり、多くの上司からの指導・評価を通じて、企業内で昇進していくしく

みになっている。

　プロジェクトチームは社内の技術者が核となり、社外の技術者（現地や外国コンサルタント）も含めた国際的なチームとして編成され、その共同活動を通じてプロジェクト業務のほとんどは現場で遂行される。海外のプロジェクト現場では、業務の達成に向けて顧客ニーズや現地事情に対応する必要上、その場での問題解決が求められる。そのためプロジェクトマネジャーは本社から権限を委任され、プロジェクトオフィスの管理・運営がおこなわれる。したがってプロジェクトを効果的に機能させるためには、チームを統括する管理者層に「高い専門性をもったプロジェクトマネジャーあるいはプレーイングマネジャー」の役割が求められる。

　プロジェクトの段階ごとにプロジェクトマネジャーは任命され、社外も含めプロジェクトのチームメンバー全員の人事と予算を任されて、プロジェクトの収益に責任をもつ。大型プロジェクトのマネジャーは、権限が本社の管理職、役員以上となるばあいもある。

　最近の現場では、プロジェクトの内容が広範で複雑になり、マネジャーにより総合的・複合的な業務が求められる。さらに発注者は、チーム編成上日本人を含む外国人コンサルタントを少なくし、ローカル（途上国側）コンサルタントの比率を増やすことを求める。なかでもチームを統括するプロジェクトマネジャーの責務は重く、プロジェクトの受注と遂行には、発注者の要求と解決すべき複雑な問題に、迅速に対応できる人材が必要不可欠である。

　以上から、この章は国際的に通用する開発プロジェクトマネジャーの人材開発に着目し、海外で仕事を遂行する技術者主体の企業を研究対象とする。第1に、プロジェクト制組織と人事制度の実態を事例としてあきらかにし、第2に、その企業内で高い評価を受けている技術者の役割とキャリアパスをあきらかにする。

　長期にわたって経験する仕事群、実務経験の広がりや、昇進についての先行研究は示唆に富んでいるが（今田・平田［1995］、小池［1991］など）、いずれもおもに事務系管理職を対象に、国内の組織内での職務と昇進との関係を調べている。これにたいしこの章の特色は、第1に技術系専門職を、第2に国内よりも

図表4-1　組　織

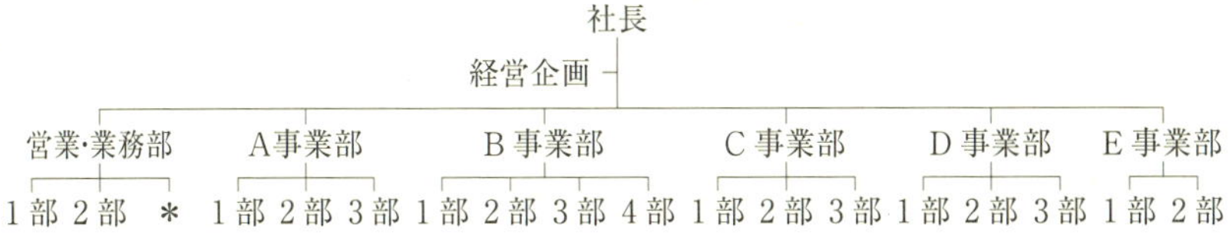

```
                           社長
                        経営企画
営業・業務部   A事業部    B事業部      C事業部   D事業部    E事業部
1部 2部 *   1部 2部 3部  1部 2部 3部 4部  1部 2部 3部  1部 2部 3部  1部 2部
```

おもに海外で業務を遂行するばあいを対象とする。企業内で昇進していく点では他の一般タイプとかわらないが、企業外の職務つまり海外プロジェクトでの評価が、企業内昇進に影響することをあきらかにした点で意義があろう。

事例の特徴

　エンジニアリング・コンサルタント業のA企業グループをとりあげる[3]。その「海外カンパニー」は、ODA（政府開発援助）事業をおもな業務とする開発コンサルタントの集団である。2004年時点、従業員数は420ほど（平均年齢約40歳代前半）、うち技術者はほぼ350名（平均年齢40歳代なかば）、受注高を地域別にみれば、アジア78％、中南米10％、アフリカ10％、その他2％である。東京本社の他に海外の「営業事務所」がアジアを中心とした10ヶ国たらずの首都にある。これとは別に受注したプロジェクトごとに「開発事務所」があり、プロジェクト活動の拠点となっている。

　海外カンパニーの事業部は、図表4-1に示すように、技術分野によって5つに分かれ、事業部ごとに受注プロジェクトの規模・内容が異なる。とはいえ受注するプロジェクトの規模は一般に比較的大きく、結集される技術の専門分野も多岐にわたる総合的なものが多い。その結果、受注したプロジェクトごとに、異なる専門分野の技術者を組織横断的に集めてチームを結成し仕事を進めている。人材の流動化を図るため、事業部間の垣根を低くしている。事業部は技術分野別の「部」に分かれ、事業部長のもとにタテの階層構造をもっている。それにくわえて、ヨコに技術分野（事業部）を横断してプロジェクトチームを編成し、マトリックス構造になっている。さらに営業・業務統括部のもとに海外事務所（図表4-1の＊）を編成し、特定の地域に向けた営業戦略と現地

での情報収集活動を統括している。タテとヨコのバランスのなかで、プロジェクトマネジャーに主要な権限をもたせる。他方、本社の事業部は、技術者を海外プロジェクトの現場に配置するまでの、その管理・育成単位とされている。つまり組織のパワーバランスをプロジェクト優位にとることで、現場と本社の間の指揮・命令系統が混乱なく機能する設計になっている。

聞きとり調査

　海外カンパニーの各事業部の発足時期や規模を検討した結果、農学系の技術者の集団であるE事業部を、今回の事例研究の対象として選定した。E事業部は「農業開発」を事業内容とし、1960年に発足、2003年度の部員総数は74名、うち技術者64名、海外カンパニーの受注高に占めるシェアはほぼ3分の1に達している。技術者は土木工学を専門とし、施設の設計・施工監理を担当する「ハード系」と、経済、化学、生物などを専門とし、農家への技術指導や組織・制度の支援を担当する「ソフト系」に分かれる。事業部のプロジェクトは、内容によってハード寄りとソフト寄りの2系統に分かれ、2部制をとっている。

　予備調査の結果、企業グループの人事制度の設計は本社人事部がおこない、また制度の運用は「社内分社分権主義」にもとづき、カンパニー内の各事業部単位が、独自におこなっていることがわかった。そこでまず、本社人事部に人事制度の設計の聞きとりをおこない、そのうえで海外カンパニーのE事業部で運用を調査した。

　人事部で話を聞いたのは人事部長である。人事制度の細部より人事政策の総合的な視点で概要をとらえたいからであった。聞きとりの要点は、人事制度の概要、制度設計の方針、技術者育成の方針である。つぎにE事業部でもやはり部長に話を聞いた。組織の最小単位が「部」であり、人事制度を運用する本格的な管理職業務は部長に任されているからである。聞きとりの要点は人事制度の運用、受注プロジェクトの特徴、プロジェクトの評価である。

　E事業部の許しを得て、営業部が全社管理をおこなっている技術者の業務経歴書にアクセスできた。業務経歴書は、競争入札の審査書類として提出する発

注者向け経歴書の、土台となる基本データである。業務経歴書に記載されていた情報のうち、分析で注目した項目は、年齢、学歴（学位・学部・学科・専攻）、取得資格（技術士、測量士など）、職歴（所属先、所属期間、職位、職務内容）、プロジェクト経歴（プロジェクト名、対象地域、サービスの段階、発注者、担当業務、現地および国内での従事期間）などである。

なかでも「プロジェクト経歴」は、受注競争の個人評価点を決定する最重要項目であり、入社以降の技術者の全プロジェクト経歴を記している。プロジェクトの内容は、海外カンパニーおよびE事業部の社史などを参照した。

2. プロジェクトマネジャーの技量形成

人事部での聞きとり[4]

人事制度の概要：聞きとりと入手した資料にもとづき、処遇の基準となる資格制度を図表4-2にまとめた。人事制度は、1965年から導入されている資格制度を基準として、役員、管理職、専門職などの企業幹部を選抜・育成する。人事考課制度は1999年度の新評価制度の導入により、成果主義にもとづく「業績評価」と「人材評価」のふたつからなる。

図表4-2　資格制度の概要

社員定年60歳（嘱託制度：65歳まで再雇用）	所要年数基準*	資格名
		理事
副参事以上理事以下の昇級・昇格の所要年数は、7段階の人材総合評価と明確な事由による特進制度を併用し段階ごとに最短を2年として5年以上まで幅広く規定する。	6年	副理事
	3年	参事1級
	3年	参事2級
	3年	参事3級
理事、副理事は事務系も含め目標定員枠あり 55歳以上は昇格・昇級をおこなわない	3年	副参事1級
	3年	副参事2級
	3年	副参事3級
	2年	技師1級
副参事昇格（35歳、入社11または13年）までほぼ年功で一律処遇	3年	技師2級
	3年	技師3級
	2年	技師補
	3年	社員

＊学士を基準、修士のばあいは社員の所要年数が1年。

技術者育成方針：優秀なプロジェクトマネジャーの早期育成を第一義としている。技術者の育成には、入社後早期のプロジェクト現場での経験が重要であり、現場での職務遂行を通じて、プロの技術者として高い評価を得ることがキャリアの出発点となる。管理職は、現場でマネジメント能力が認められた候補者に、プロジェクト稼働と調整の期間にかぎって任命する。とくに技術者の外部市場価値に重要な 35 〜 45 歳までの期間は、プロジェクト現場での業務を優先させる。入社時の技術レベルは高く均質であり、優秀な技術者が一人前のコンサルタントからプロジェクトマネジャーになれるかどうかは、その間にいかに仕事へ集中力を持続させるかにある、と人事部は考えている。

また入札競争の激化から、受注計画が変動し、その環境のなかでいかに技術者を合理的に配置するかが重要となる。そのような状況で、いかに効率的に業務を遂行し人材育成に適切なキャリアパスを形成するかが、最重要課題と人事部は認識している。

事業部での聞きとり [5]

人事制度の運用：事業部には一定の専門的知識を修得した人材が配置されているので、入社後は、まずプロジェクトの現場を経験させ、専門分野の技術の実践力と応用力を養う。つぎに技術者として周囲の関係者に認められるレベルに達したころから、プロジェクトマネジャーを経験させリーダーとして選択・決断する機会を与える。それによって責任と業務範囲を拡大し現場でのマネジメントを学ばせる。技術者育成の最大の目標は、組織からの支援なしに、プロジェクトの目標を契約期限内に達成できるマネジャーを、より早くより多く育成することにある。

本社における管理業務は、技術者としての貴重な現場経験と反する働き方となる。そのため、本格的な組織管理業務をおこなうのは、50 歳前後の部長選抜時以降となる。部長選抜に先行する社内管理職育成は、副参事昇格以降からプロジェクト業務の合間を活用して、交代で本社の管理業務を経験させるようにしている。

受注プロジェクトの特徴：事業部で受注する社会資本整備の開発プロジェク

トは、ふたつの段階からなる。プロジェクトの開発段階と実施段階である。前者はふたつのサブ段階に分かれる。a) 企画・計画と b) 実行可能性検証調査である。後者は c) 設計・入札、d) 施工監理、e) 運営・維持管理である。

a) 企画・計画段階は開発目標を設定し、全体開発計画の計画書（マスタープラン）を作成して、優先プロジェクトを選定するまでの調査を指す。契約期間が 2〜3 年にわたるものが多く、フェーズごとに 1〜3 ヶ月ていどの現地調査を実施し、成果を文書として提出して、審査基準をクリアしていく。

b) 実行可能性検証調査は、マスタープランで選定された優先プロジェクトの妥当性を検証する。かぎられた調査期間（1 年以内）で成果をまとめる必要がある。また事業化承認を受けるため、成果品の審査基準は高い。

c) 設計・入札段階は 1〜2 年にわたるものが多く、b) の結果をレビューし、設計に必要な現地補完調査をおこなう。調査結果から、建設業者の入札審査に使える精度の設計図書を作成し、国際入札手続きをへて、発注者と業者の契約が締結されるところまでを管理する。

d) 施工監理段階は、まず着工手続きと並行して c) で作成された入札用の設計図面から施工用の図面を作成する。つぎに建設業者の進捗管理を通じて、工事の安全・費用・品質の管理をおこない完工まで導く。工事期間中は現場に常駐して監理にあたり常駐期間は 2〜5 年である。

e) 運営・維持管理段階は、完成後の施設の維持管理能力を向上させるため、現地スタッフの技術教育・指導をおこなう。10 年くらい前までは施設が完工し現地政府に引き渡した段階で終了していた。しかし近年は、引き渡し後の施設の運営に開発事業の採算性があらわれることから、モニタリング・コンサルタント・サービスといった新規の発注が増加しつつある。

またプロジェクトを計画書でおわらせず、事業として実現することは、先行投資の回収という意味でも収益に関わる問題である。そのため、計画から実施につなげる実施可能性検証調査の成果を重視している。

プロジェクトの評価：事業部として高く評価するプロジェクトは、事業部の技術を集大成できるような長期にわたる大型案件である。過去に計画から完工まで 20 年にわたり、事業部の技術者のほぼ全員が経験を共有したプロジェク

トが数件あった。このようなプロジェクトは、利益面での安定性はもちろん、技術の継承や人材交流の場として事業部にとって意義は大きかった。

事業部が高く評価するプロジェクトの最新例は、大型パッケージプロジェクト（多数の小規模案件のマネジメントを主業務とするもの）である。高度な設計技術を総動員して、大規模な施設を建設する伝統的なプロジェクトとは異なり、広範囲に点在する小規模な案件の現場を総合的に管理する。

全社（海外カンパニー）が高く評価するのは、新規開拓地域で事業活動の本格的展開へつながるきっかけとなるプロジェクトである。そのプロジェクトへの評価が他の事業部の技術領域にも営業効果をもたらし、その地域での全社的なシェアが拡大するきっかけとなる。

3. 個別データによるキャリア分析

インタビューや収集資料分析結果と、個別データの照合をおこなう。プロジェクトマネジメントの経験に焦点をあてる。技術者がプロジェクトマネジャーになることを前提に人事制度が設計されており、プロジェクトマネジャーがプロジェクトの収益に責任を負っているので、その実績が内部昇進に影響する可能性がもっとも高い、と判断したからである。

E事業部の全技術者64名の個別データから、2004年4月現在で50歳代の28名のプロジェクトマネジャーを選んだ。さきに掲げた図表4-2の昇格所要年数基準をベースに、その28名の昇格のスピードと到達した資格の高低をあわせて考慮し、そこから上位グループと下位グループをとりだした。最終的に到達した資格が上位のグループ5名と下位のグループ5名、計10名を図表4-3に掲げた。なお、中途採用者、国内部門への異動期間がある者は、昇格の基準が異なるのでのぞいた。

図表4-3は海外勤務期間の割合を示した。ただし資格を3期に分けて、その昇格の段階別に記した。第1期は入社時の社員から技師までの5段階、第2期は副参事の3段階、第3期は参事の3段階である。上位下位両グループを通じて、海外勤務が少ない時期でも年の半分近く、多い時期になるとほぼ全期間海

図表4-3　年間に占める海外勤務期間の割合

単位：月数

グループ	上位						下位					
氏名	A	B	C	D	E	平均	F	G	H	I	J	平均
第1段階	9.0	5.5	6.3	6.2	5.3	6.4	4.8	5.5	7.0	6.4	7.4	6.2
第2段階	6.0	8.5	7.2	11.0	8.3	8.2	8.3	7.9	8.5	5.9	7.9	7.7
第3段階	8.0	11.8	6.6	7.0	9.3	8.5	8.1	8.3	8.4	7.3	6.0	7.6
全段階	7.9	7.8	6.6	7.7	7.1	7.4	6.8	7.0	7.9	6.5	7.2	7.1

外勤務が占めている。

つぎに注目すべきプロジェクトマネジャーの経験に絞って経歴を比較したい。対象期間をつぎのように限定した。すなわち、プロジェクトマネジャーに就任するとおもわれる副参事3級昇格以降の期間にかぎった。学士卒であれば入社後13年以降、修士であれば11年以降をとったのである（ただし昇格後14年までに限定した）[6]。いいかえれば、10名のうち学士については入社から27年まで、修士については入社から25年までの後半14年間を対象期間とした。そして以下重要とおもわれる7項目につき比較分析した。

マネジメントの内容

第1は、マネジメントしたプロジェクトの件数である。プロジェクトの成果は、発注者のニーズや現地事情といった個別の状況に依存するから（プロジェクトの第1の基本属性である「個別性」との関連から）、より多くの事例数を経験するのが、プロジェクトマネジャーのキャリアにとって有効であろう。上位グループは5～9件（平均6.4件）、下位グループは2～4件（平均2.6件）となっており、上位グループの経験件数が多い。

第2は、プロジェクトの従事期間である。前項の経験件数が多いほど合計期間も長くなると予想される。さらに合計期間だけでなく、プロジェクトの第2の基本属性である「有期性」との関連から、1件あたりの従事期間の長短もみよう。つまり期限を守る厳しさ、短い時間内で質・量とも成果をあげる経験に注目する。以上をふまえて従事期間の合計とプロジェクト別の従事期間の両方について比較する。図表4-4である。

図表 4-4 マネジメントしたプロジェクトの期間

単位：月数

グループ	上位						下位					
氏名	A	B	C	D	E	平均	F	G	H	I	J	平均
期間の合計	136	97	110	76	115	107	57	73	75	66	43	62.8
1件あたりの期間	27.2	16.2	12.2	12.7	19.2	16.7	28.5	36.5	25	16.5	21.5	24.2

合計期間でみると、上位グループは 76 〜 136 月、下位グループは 43 〜 75 月となっており、平均すると 40 月以上上位グループの経験期間が長い。つぎに 1 件あたりの期間をみると、上位グループは 12 〜 27 月、下位グループは 17 〜 37 月となっており、上位グループの従事期間が短くなっている。さらに個別プロジェクトごとにみると、3 ヶ月未満の短期集中業務については、上位グループの 3 名のみが経験していることがあきらかになった。

予算規模、人数、段階

第 3 はプロジェクトの予算規模である。対象事業部のデータから、予算規模として契約金額をあて、1 億未満を「小（規模）」、1 億〜 5 億未満を「中（規模）」、5 億以上を「大（規模）」の 3 段階に分けた。海外カンパニーの受注案件リストから、中規模予算のプロジェクトがもっとも多いことがわかっている。市場で件数のかぎられた大規模プロジェクトを受注することは組織の収益への影響が大きい。ここでは大規模なプロジェクト予算を任された経験の有無を比較する。大規模予算のプロジェクト業務は上位グループ全員が経験しており（計 10 件）、下位グループで経験しているのは 2 名（計 2 件）にすぎない。

第 4 はプロジェクトのチーム規模である。入手可能なデータからマネジャーを含む日本人のメンバーの人数を算定した。1 〜 5 人を「小」、標準である 6 〜 14 人を「中」、15 人以上を「大」とした。大人数のチーム編成では、マネジャーの運営能力が問われる。小人数の場合は、ひとりあたりの技術的な守備範囲を広げ多くの業務量をこなすことが求められる。事業部の言明にあるように、最近の傾向として、発注者からプロジェクト関係者を少ない日本人でマネジメントする方式が求められている。このことから、小人数チームの管理経験もマネジャーにとって今後重要な経験となるだろう。ここでは、大人数のプロ

図表 4-5　チームの規模

単位：件数

グループ	上位						下位					
氏名	A	B	C	D	E	平均	F	G	H	I	J	平均
大人数チーム	0	0	1	2	0	0.6	0	0	0	0	0	0.0
中人数チーム	3	4	7	1	5	4.0	1	2	1	4	2	2.0
小人数チーム	2	1	1	3	1	1.6	1	0	2	0	0	0.6

ジェクトチームを運営した経験と、小人数でプロジェクトを管理した経験の有無を比較する。図表4-5である。

平均すると両グループとも中人数チームの数が多い。上位グループは2名が大人数チームを経験しているのにたいして、下位グループには経験者がいない。一方で、小人数のマネジメントを経験しているのは、上位グループ全員と下位グループ2名である。

第5、プロジェクトの段階である。段階に着目したのは段階にあわせてプロジェクトマネジャーが任命されるからである。各段階は作業のうえでオーバーラップしており密接に関わる。したがってプロジェクトの全段階にわたる効果的・効率的実施には、多くの段階の経験があるほうが有利である。そこで同一プロジェクト内の経験の幅を比較する。つぎに難易度と重要性が高いとされる「検証調査」と「設計・入札」のふたつの段階の経験の有無を比較する[7]。

上位グループは全員が3～5段階を経験し、下位グループでは2～4段階となっている。さらに個別プロジェクトごとにみると、上位グループは2名が同一プロジェクトの4段階を一貫して従事し、1名が3段階を一貫して従事した経験があり、下位グループ全員が2段階までにとどまることがわかった。

また、上位グループは検証調査の経験が複数あり、平均するとこの段階の比重がもっとも高い。これにたいして下位グループは経験者が1名（1件）のみである。また設計・入札の段階は、上位グループは全員が複数経験しているのにたいし、下位グループは経験者が3名にすぎない。下位グループは平均すると工事監理段階の比重が高い。

発注者の審査基準

　第6、プロジェクトの発注者である。発注者によってプロジェクトに特徴があり、マネジャーに求められる能力も異なるからである。事業部で確認したところ、援助機関[8]の審査基準が高い順に、1)「有償資金による多国間援助の全業務」、2)「有償資金による2国間援助の融資前の業務」、3)「無償資金による2国間援助の全業務」、4)「有償資金による2国間援助の事業実施」、5)「援助実施が未確定の企画・計画段階の業務」という5つのレベルがわかった。

　1)の「多国間援助」への対応のむつかしさは、第1に、欧米人と同等レベルの英語によるコミュニケーション能力が求められることだ、という。多国間援助機関には、世界の現場からの情報、長期にわたる豊富な事例の蓄積や理論的裏づけも進んでおり、成果品（レポート）の審査基準も世界一高い。とくに実行可能性検証調査では、限定された調査期間に的確な情報を収集し、定められた大量の文書を書き上げる能力が求められる。実施の段階（設計・施工監理）では、少ない外国人としてローカルコンサルタントを管理して契約条件をクリアし、業務を遂行していく能力が必要である。この世界標準を体感する経験は貴重で、とくに現場でのドナー間調整や国際入札で欧米コンサルタントとわたりあうために必要なものである。

　2)の有償資金による2国間援助の融資前調査も、同様のアウトプットが求められる。受注に避けて通れない重要な業務である。融資機関の審査基準は厳しい半面、基準をクリアできればほぼ確実に実施につながるという利点があり、これに対応できる技術者は、戦力として貴重である。

　3)の2国間援助の無償資金協力は、別のむつかしさとして、日本の会計制度で海外の事業をおこなうのに予算と時間の制約が多く、工期を厳守するのにはかなりの経験が必要だ、という。

　4)の「有償資金による2国間援助の事業実施」は、上記の業務にくらべると難易度は下がるが、事業部全体でもっとも多くの予算と時間を占める必須業務である。

　ここでは発注者の審査基準のレベルにしたがって、上位より「もっとも高い」、「やや高い」、「ふつう」、「やや低い」、「低い」の5段階に分け、その経験

の有無をみる。下位グループが「もっとも高い」と「やや高い」を経験した者がいないのにたいして、上位グループは全員が「もっとも高い」または「やや高い」レベルを経験している。

企業内での評価

　第7はプロジェクトの企業内での評価である。社史に「優良プロジェクト」として紹介されたものを全社で評価された、とみた。また事業部の記念誌[9]に選ばれたものを、事業部の評価の高い案件とした。ここでは高い評価を得たプロジェクトの件数を比較する。

　上位グループは全員が事業部の高く評価するプロジェクトを経験しており、3名については全社が高く評価するプロジェクトを経験している。下位グループは1名が事業部が高く評価するプロジェクトを経験している。

4. 要約と結論

　この章は海外プロジェクト中心の企業で、本社から遠く離れた現場でのプロジェクト経験が、技術者の企業内評価にどのように影響しているかを調べた。それも人事部や事業部への聞きとりだけでなく、貴重な個別経歴情報を分析することができた。この両種の資料を照合できたことは、まれな機会であったと考える。

　その結果、第1に、技術者は長期にわたり海外でのプロジェクト業務を優先し、そこでの働きぶりで、組織のコアとなる人材として高く評価されている。第2に、この事例のシステムのもとで高い評価を受けている技術者のキャリアパスの特徴は、以下の3点に要約できよう。

a) プロジェクトマネジャーとして多くの海外プロジェクトを経験した。

b) プロジェクトマネジャーとして多様な海外プロジェクトを経験した。多様なとは、予算規模、チーム編成、作業の段階、援助形態（発注者）についてである。

c) プロジェクトマネジャーとして重要度の高いプロジェクトを遂行した。

重要度が高いとは、大規模プロジェクトの予算管理、大人数プロジェクトチームの運営、小人数で多くの社外関係者を活用したプロジェクト管理、事業化に必要なさまざまな段階の経験、発注者の審査基準の高い作業、企業内の評価の高いプロジェクト、以上である。

先行研究に照らしたこの章の貢献をいえば、

第1、先行研究がおもに企業内の観察に終始し、企業内の評価に注目していたのにたいし、本章は、おもに企業外にアドホックに組織されたプロジェクトチームにおける業務の評価が、企業内昇進に影響することをみいだした。

第2、先行研究によれば、日本企業のホワイトカラーの特徴は、同一専門領域のなかで複数の仕事や勤務地を経験するという「幅広い専門性」にある。この章は、多数の海外プロジェクトに参加しながら、みずからの専門性を高め、コアとなるメンバーに成長し、マネジャーとしてプロジェクト全体を統括するようになる。さらにマネジャーとして、多様なプロジェクト（チームの予算規模や人員編成、作業段階、援助形態）を経験し蓄積していく。なかでも上位に昇格した技術者は、プロジェクトで経験した段階に、その幅広さが確認できた。プロジェクトの作業の各段階は相互に関連性が高く、前の経験を後の仕事に移転できる可能性が高まり、より重層的な人材育成ができるという「重層的効果」（小池［1991］）も個別データで裏づけることができた。

第3、技術者も長期にわたり専門分野の仕事に専念させ、専門能力を高める場を提供している。小池［1991］は聞きとり調査によっているが、この章は個別データによって、入社後25年以上にわたり、海外プロジェクトの現場の仕事が技術者の専門能力を高める、という実態を確認した。

さらに、プロジェクトマネジャーのキャリアの実態から、技術的に高度な専門性をもつと同時に、企業内外のチームメンバーの管理をおこなうプレーイングマネジャーという管理職のタイプが確認された。このタイプの人材を育成するには、この事例のようなプロジェクト優位の組織と人事が有効で他の事例も活用できる、とおもわれる。

最後に、この章は伝統的な組織との差異に注目し、マトリックス組織のヨコと昇進の関係に焦点をすえた。したがってタテ（本社組織の階層による管理業

務）が昇進にどう影響しているのかはのこされた課題である。本社の役職と昇進との相関を検証して、マトリックス組織における昇進の総合的な解明を究明したい。

注：
1) 日本において海外開発コンサルタント業務が始まったのは、1953年にミャンマーでの調査業務を受託したときからであり、50年の歴史をもつ。
2) ここでいうプロジェクトの定義については、コーエイ総合研究所［2003］pp.3-6を参考にして、以下のようにとりまとめた。エンジニアリング・プロジェクト・マネジメント用語辞典によると、プロジェクトとは一般的には「計画・企画・事業」を意味する。とくに「多くの費用・人員・設備を必要とする大規模な計画事業（Planned Undertaking）を指すことが多い」としている。一方、米国のプロジェクト・マネジメント協会（Project Management Institute：PMI）が発行するプロジェクト・マネジメントの知識体系（Project Management Body of Knowledge：PMBOK）は、別の見方からプロジェクトを定義している。組織（企業・公官庁・団体など）の業務には、定常的活動とプロジェクトがあり、その違いは、前者が継続性と反復性をもつのにたいして、後者は一時的で独自性をもつものであるとしている。プロジェクトがつくりだすものやサービスは唯一無二であり、時間的に開始と終了がある有期性をもつ。したがって、プロジェクトとは「特定使命（Specific Mission）を受けて、始まりと終わりのある特定期間に、資源や状況など特定の制約条件のもとで達成する将来に向けた価値創造事業（Value Creation Undertaking）である」と定義している。またプロジェクトには個別性、有期性、不確実性という基本的な属性があるとしている。
3) 2004年現在、グループ全体で従業員数1500名余、うち技術者1300名たらずである。2003年より、同グループは本社機構のもとに、4つの社内カンパニーに分社化されている。本章の対象は発展途上国を現場とする海外カンパニーで、のこり3社はいずれも国内の事業を対象としている。
4) 本社人事部部長への聞きとりは2004年4月と8月の2回、それぞれ約1時間から1時間半であった。
5) 事業部長への聞きとりは、2004年8月から11月にわたって4回、それぞれ約1時間から1時間半であった。
6) 14年に限定した理由は、両グループで最年少の技術者の勤続年数がそこまでしか達していないためである。
7) この2段階に着目するのは以下のとおり瑕疵責任が近時重視されてきたからである。「コンサルタント企業への瑕疵責任（成果品を引き渡した後に発覚する傷・欠点・過ちに責任を問われること）の中で最大の損害は、引渡し後に構造物の機能障害あるいは損壊が起こった場合である。この場合、これまでは設計段階における設計・仕様ミスが問われてきた。しかし近年はこれに加えて、実施可能性検証調査における調査データの誤りにも、その責任が追及される事例が増えている」（コーエイ総合研究所［2003］pp.267-270）。
8) ODA（政府開発援助）の形態は、「多国間援助」と「2国間援助」に2分される。前者には世界銀行、アジア開発銀行、アフリカ開発銀行などの国際機関がある。日本の2国

間援助機関としては国際協力銀行、国際協力機構などがある。援助業務をおこなう場合、オーナーは対象となる途上国政府となるが、各援助機関がクライアントとして実施と融資の妥当性を審査する。また資金援助の形態は、多国間援助では有償資金協力が一般的であり、日本の２国間援助は、低金利のローンによる有償資金協力と、全面贈与となる無償資金協力がある。

9) この事業部が作成した「部門40周年記念誌」(2000年5月) を参照した。

(この論文の初出の執筆時点は2005年である。)

第5章

外資企業の人材開発

白矢 桂子

1. 問題と方法

問 題

　この章は、外資企業が日本市場へ進出し企業経営を展開するにあたりどのような人材開発をおこなっているのか、その成功事例を分析する。

　かつては、日本の雇用システムや労使関係は他の先進国と異なり特殊なもの、という議論が盛んであった。しかし、今日では日本の雇用慣行だけが特殊で異質なわけではない、という実証的な国際比較研究が蓄積されるようになった。たとえば特定企業への長期雇用の慣行がドイツやフランスなどにも存在し内部労働市場が形成されている。

　一方、そのドイツやフランスなどから日本にやってくる外資系企業は、徹底した能力主義ではげしい雇用の流動化がある、という社会通念がある。たしかに日本市場へ上陸したばかりで企業買収などをおこなっていない外資系企業は、人材を獲得するにあたり外部労働市場からの供給に頼るほかはない。しかし、とくに高い技能を必要とする職種の場合、技能の高い人材の獲得に企業は高いコストを支払わなければならず、雇用の流動化をいたずらに歓迎しないことは想像に難くない。

　本国から海外進出を多く経験しているタイプの外資企業は、日本の労働市場でいかに優秀な人材を獲得しその人材開発をおこなっているのか。本章では、

企業活動に成功した外資企業の日本での人材の獲得と定着の事例を追究した。

外資企業においても優秀な人材の獲得や定着は最大関心事のひとつである。人材の獲得や育成には多くのコストがかかり、このコストが企業のバランスシートに多大な影響をおよぼすからである。一方、人的資源管理研究にとっても、労働市場の流動化に呼応するこのテーマは意義のあるものといえよう。しかしながら、企業の人事部でつねに注目されている労働者の他社での経験、企業をこえた技能の共通性、そしてその後の定着という点には、研究の領域では長い間ほとんど関心が示されてこなかった。

1990年代後半以降、転職前後の賃金変化から、他社経験が受け入れ先企業でどのていど役立つか、実証分析がおこなわれるようになった。しかし賃金の変化から転職前後の技能や知識、経験の継続や評価を推計する方法は、企業の外からの観察者としてはやむを得なくとも、あくまで間接的な接近にすぎない。もしも入社前の仕事経験と入社後の働きぶりを直接比較できるならば、はるかに有効であろう。この章はまさにこの方法をとる。外資系企業のなかで、小売業の中核的な担い手である販売職に注目し、日常の業務につき上司が転職者を観察し評価した結果を分析した。

調査対象

この章の対象は、フランスに本社がありヨーロッパ、北米、アジアに約20の販売拠点を持つ外資系化粧品企業E社の販売員である。販売員という職種が取り扱う商材や企業の方針により必要な技能の深さが異なることは、よく知られている。E社では多くの国々に販売拠点を持つその経験から、販売員の役割や位置づけは各国の方針に任されている。E社のたとえば欧州や米国拠点では、販売員は顧客に簡単なアドバイスをおこなうにとどまる。一方、日本の化粧品市場では顧客にカウンセリングをおこなう。やや説明しよう。

販売方式を対面販売、セルフ販売、訪問販売、通信販売の4つに分けると、日本の販売員美容部員は対面販売、すなわち顧客に化粧をおこないカウンセリングする方式が化粧品産業のひとつの主流となっており、この販売手法が製品に付加価値を与えている。それゆえ以下販売員を美容部員と呼ぶ。E社でも日

本市場では販売員が対面販売をおこなうという販売戦略をとっているために、日本市場におけるE社の一人前の販売員は、対面販売の経験や技能が必要となっている。E社の売上げはフランス、米国に続き日本が3位であり、そのうえ、日本国内でE社製品のファンとなった多くの日本人が海外旅行先でE社製品を購入していることもあり、技能の高い販売員の獲得と定着が日本市場においてのみならず世界的にみても重要課題である。そのことは本社でもよく知られている。

さいわいにも事柄をよく知るE社の人たちに継続的な聞きとり調査をおこなうことができた。1996年から2002年の期間である。その聞きとり調査にくわえ文書資料も分析できた。OJTシート、トレーニングマニュアル、社内報、およびE社販売部の月報などである。さらにE社の競合7社の少なくとも販売員経験10年以上の管理職に、比較のための聞きとりをおこなった。とくに国産4大化粧品会社では、いずれも経験30年以上、販売員時代にはトップセールス、現在では責任ある立場の方々に、複数回の聞きとりがかなった。

2. 美容部員の仕事

キャリアステップ

E社は化粧品の輸入販売をおこなう販売会社である。従業員数約500名、うち販売員は約8割を占める。販売員すなわち美容部員は全国約100店舗の百貨店に派遣され、店長のもとに最大15名ていどの一般販売員が配属される。その組織を簡略化して示せば図表5-1となる。

販売員は販売部に属し、販売部長のもとでスーパーバイザーが採用、昇給・昇格者の人事考課をおこなう。スーパーバイザーは複数の店舗を管理し、店長経験者のなかから選ばれる。

E社は、新卒者の採用はできるだけおこなわないという明確な方針がある。化粧品を中心とした販売員経験者などを即戦力として中途採用し、おもに商品知識を中心とする入社時研修をおこない売り場に配属する。E社販売員のキャリアの第1ステップは、採用後一販売員としての業務を、教えられながらであ

図表 5-1 販売の組織

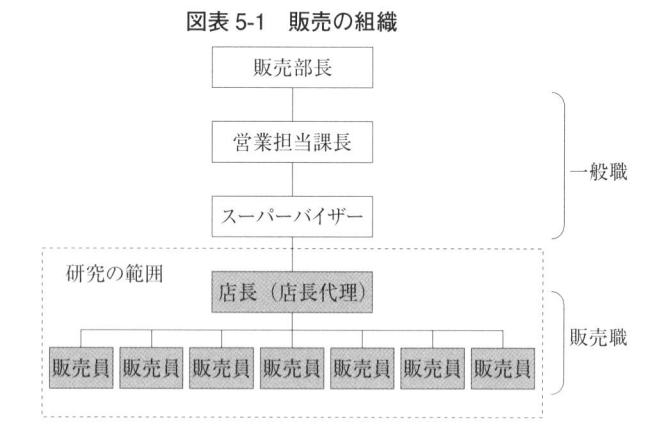

```
           販売部長
              │
          営業担当課長
              │        ┃
         スーパーバイザー  ┣ 一般職
              │        ┃
    ┌─────────┼─────────┐
    │  研究の範囲  │         ┃
    │    店長（店長代理）    │  ┃
    │         │         │  ┣ 販売職
    │ ┌──┬──┬──┼──┬──┬──┐│  ┃
    │販売員販売員販売員販売員販売員販売員販売員│  ┃
    └──────────────────────┘
```

　ればひととおりできるようになるまでの期間を指す。

　キャリアの第2ステップは、おおむね他社も含めて経験3年から5年を経過したあとをいう。店長が不在のときに店長にかわって仕事ができるシニア販売員、および店長代理、小型店店長、大型店副店長、そして中型店店長などの役職者が含まれる。

　キャリアの最終ステップは大型店店長を指す。大型店店長は、役職としてはじめて店長・店長代理を経験してから少なくとも5年、そのうち中型店店長経験2年以上を最低の条件としている。その他にスーパーバイザー・トレーナーおよび課長職など、販売員を管理監督・指導育成する職務または役職につく例も若干みられる。販売部、教育部、営業部の課長職は、現状では販売員として入社したものが到達する可能性のある頂点である。

　E社は職務等級制度を導入している。エントリーレベルは等級S1、経験3年をこえるあたりからS2へ格付けされ始める。S1からS3までが一般販売員であるが、経験5年以降に格付けされるS3では店長代理となるものもある。店長に相当するのはM1からであり、販売員の頂点はM4となる。店長への昇進は経験7から8年ていど以降からとなる。管理職としてのキャリアはまず小型店店長あるいは大型店副店長から始まり、中型店店長そして大型店店長へと昇進していく。しかし大型店は数が少なく、M4に格付けされるものは

図表 5-2　販売員の仕事

```
              ┌─ 庶務／レジ操作
              ├─ 顧客カードの管理
              ├─ 報告書類の作成
    店舗運営 ─┼─ コーナーディスプレイ
              ├─ クレーム処理
              ├─ オーダー
              └─ 統計管理

              ┌─ 整容
    接　客 ───┼─ 応対
              └─ 商品知識／美容技術
```

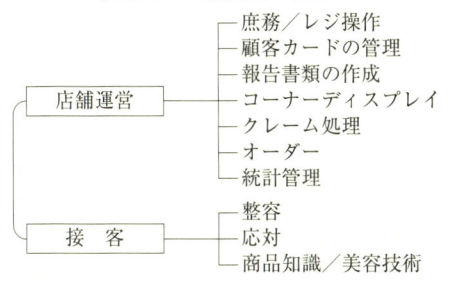

全販売員の数％にすぎない。

店舗運営の業務

　E社ではメイクアップ、スキンケア、ボディケア、そしてフレグランスの4つの商品群を扱う。販売員の業務は百貨店に派遣されこれらの商品を推奨販売することである。販売員は顧客から個別に美容上の悩みを聞き、顧客カードを参考にカウンセリングをおこないながら、ときに顧客の顔全体あるいは部分的にメイクアップサービスをおこない、商品を販売していく。接客の合間に消耗品の補充や納品受付、顧客へのDM作成などもおこなうが、1日の圧倒的な時間を接客に費やす。

　スーパーバイザーからの聞きとりで、こうした販売員の業務は接客とそれ以外の仕事の2種類に大別できた。接客以外の業務をかりに「店舗運営」としよう。図表5-2が示すように、店舗運営はおおまかに7つの要素からなり、接客にくらべると多くの定型業務が含まれる。一方、接客業務に必要となる技能は3つに分類された。

　先行研究は販売員の業務として、しばしばほぼ1年たてば身につく仕事を想定しがちである。たしかにそれにあたる業務もある。店舗運営のなかの「基本雑務／レジ操作」、「顧客カードの管理」、「報告書類の作成」、「ディスプレイ」などのであろう。しかし、販売員として経験3年ていどをこえてまかされる、やや高度な業務もある。「クレーム処理」と「オーダー」そして販売実績に関わる「統計ノート作成」である。

「クレーム処理」は、簡単な商品クレームを別として、1年目の販売員にはさせず、店長または2番手、すなわち少なくとも経験5年をこえた者が対応する。「オーダー」は、他社経験が長い場合、入社後1年目くらいからテスター[1]、ディスプレイ用容器、パンフレットなど販売促進アイテムについて経験し、その後それ以外の商品発注を担当し始める。商品のオーダーは非常に重要な業務である。売れ筋、死に筋、季節、新商品の投入などを勘案し、品切れを起こさないように、かつ不良在庫をのこさないようにする。

3年目ていどから「統計ノート」をまかされる。それは毎日POS[2]より月単位年単位の、商品と商品群ごとの客数、販売個数、販売目標額および販売実績などの細かい数字を打ち出し記録する。数字を転記するだけの業務だが、自分の販売実績の向上のみを目指す時期から店舗全体の販売実績の向上を目指す時期へ、販売員としての役割が変わっていく意味がある。

接客の業務

接客の業務は定型的な要素にとどまらず判断業務も多分に含まれる。接客業務の基本要素はスーパーバイザーすべての話に共通し、大別して1）整容、2）応対、3）美容関連の技能である。

化粧品販売の接客にあたり第1に求められることがらは、「整容」すなわちきちんとまとめられた髪型、清潔でしわのない服装、適切な角度のお辞儀、口角をあげた職業的笑顔などがどのような場合でも均質であるべき、とのことであった。また、モデルとして顧客に自社製品の優位性をアピールすることもあげられる。販売員のなかには化粧崩れを防ぐため休憩時間にメイクオフし、一から化粧直しをする者もある。熟練した販売員は化粧すればするほど薄化粧にみえ、その出来栄えが接客回数に影響を与える。

「応対」の核心は、顧客の目的とする商品や買い上げ商品と関係があってもなくとも、潜在的に顧客が求めている商品を聞きだし紹介することである。「色が白くなりたい」といって来店した顧客も、よく話を聞くと「ソバカスを気にしている」のかもしれない、というカンを働かせる必要がある。顧客カードをみながら過去の会話から趣味、家族、誕生日、ファッションなどの話題を

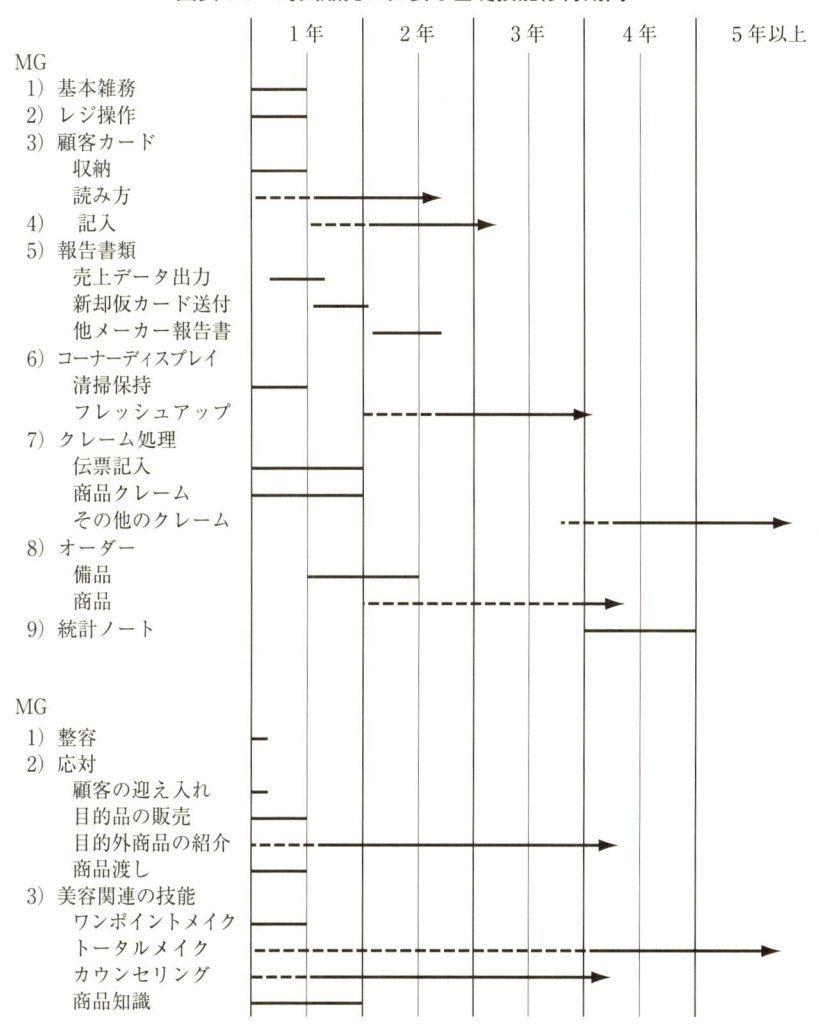

図表 5-3 対面販売に必要な基礎技能修得期間

```
                        1年   2年   3年   4年   5年以上
MG
 1) 基本雑務
 2) レジ操作
 3) 顧客カード
      収納
      読み方        ------→
 4)   記入           ------→
 5) 報告書類
      売上データ出力
      新却仮カード送付
      他メーカー報告書
 6) コーナーディスプレイ
      清掃保持
      フレッシュアップ  --------→
 7) クレーム処理
      伝票記入
      商品クレーム
      その他のクレーム        --------→
 8) オーダー
      備品
      商品                --------→
 9) 統計ノート


MG
 1) 整容
 2) 応対
      顧客の迎え入れ
      目的品の販売
      目的外商品の紹介 ----------------→
      商品渡し
 3) 美容関連の技能
      ワンポイントメイク
      トータルメイク   ------------------→
      カウンセリング
      商品知識
```

注：1）実線は一般的な基礎技能習得の時期を指す。
　　2）点線は個人差を考慮して、一般的な事例よりも早期に技能習得のための訓練を開始する時期を指す。
　　3）矢印は基礎技能習得の時期を予期するも、個人差などの要因によりその特定が困難なことを示す。

とりあげ、化粧コーナーに来店することを楽しませることによって、次回の来店を促し固定客化する。販売員は自分にあった接客方法を5年10年と長期の

インフォーマルな OJT のなかで模索し獲得していく。

「美容関連の技術」を獲得するためには、顔や目の立体分析ができなくてはならない。また、色の組合せの知識も必要である。自分が顧客の顔を即座に分析しメイクアップできるようになれば、つぎは顧客に説明し顧客自身がメイクアップできるように指導するようになる。一般に、顧客にたいする時間をかけたトータルなメイクアップができるようになるまでには、最低でも3年以上の時間と経験が必要となるという。

スーパーバイザーへの聞きとり調査によると、技能修得期間は前頁の図表5-3のとおりとなった。販売員個人、すなわち店長にいたる前の一般販売員、および個人として接客にあたる場合の店長をいうが、対面販売に必要な技能とその技能を教えられ始める時期、また優秀な新人がおおむねひとりでできるようになる時期を示した。

3. 店長の役割

つづいて店長の役割を調べた。一般販売員にくらべ専門性が高く非定型的な業務も多く含まれるので、スーパーバイザーへの聞きとりをもとに現場担当者への補足の聞きとりもおこなった。一販売員として仕事と店長としての仕事に分かれる。

一販売員として店長個人がおこなう販売業務そのものは、店舗運営も接客も部下の販売員となんらかわらない。基本の雑務も店舗の掃除も必要におうじて部下と同様におこなうし、みずからの販売数値目標をクリアするべく接客もおこなうプレーイングマネジャーなのである。しかし、もちろん店長の役割がある。それは店舗のリーダーとしてコーナーの「内」(部下)と「外」(本社・百貨店・顧客)に働きかけながら店舗を運営し、店舗の販売数値目標を達成することにある。立ち入って観察しよう。

店舗全体の販売数値目標達成

まず店舗全体の販売数値目標達成がある。その重要性は話を聞いたすべての

スーパーバイザー、さらに販売部長も強く主張した。与えられた店舗単位の販売数値目標を部下に割りふり、この目標達成のため化粧コーナーでのさまざまな活動を計画し実行する。そのためには企画力、本社営業部や百貨店との交渉力、部下への指示力、高度な美容技術などが要求される。

　まず小さな活動がある。店舗内で完結する新製品販売コンテスト、タッチアップコンテストなどである。売上コンテストを例にとると、販売員の得意不得意を把握したうえで助けあい学びあえるようチームやペアを組ませ、販売実績を競わせる。小さな組織のなかでの競争なので、会社単位の売上上位者名簿にのらない販売員にもチャンスがある。そして優勝者には、化粧コーナーのメンバー一同で出しあった資金から、ささやかなプレゼントを贈り健闘をたたえる。このことによってコーナーとしての売上げが増し、さらに販売技術および販売の面白さを部下たちに肌で感じさせることができる。コーナーの人数にもよるが、マンネリ化を防ぐためにもチームやペアとなる販売員をときに変えることがコツだという。

　比較的大きな活動としてはメイクアップサービスデーやメイクアップショーの企画・実施がある。こうした活動は、多くの人の協力と店長自身の技術を必要とする。たとえばメイクアップサービスデーは、事前に予約を受けた顧客へ時間をかけたトータルメークアップをおこなう。すべての化粧を落とし、基礎化粧から仕上げまでアドバイスを交えながら、その顧客の個性を生かしてメイクアップをおこなう。まずどのような顧客をターゲットとするのか、どのような製品の潜在需要を刺激するのかなどを念頭に置きながら、活動の目的、日程、内容を綿密に企画する。

　これらの活動は、本社営業部や百貨店が企画することもあるが、力のある店長はみずから本社や百貨店と交渉をおこない実施することができる。ばあいによっては、新聞や百貨店の折り込み広告に情報を載せたり、百貨店としての催事にくわえられることもある。イベントにあたって集客が見込まれれば、E社の商品のみならずついでの買い物も予測できることから、百貨店の立場にたっても好ましいこととなる。企画が通れば、部下にたいして招待者のリストアップ、開催の準備、接客の手順、そして企画活動以外の来客にたいする手当を指

示し、方針に沿ったメイクアップ技術の啓蒙などをおこなう。しかもコーナーとして活動をおこなう場合、リーダーたる店長の美容技術は部下を指導するに足るものでなければならない。

　こうした大小の活動の成果によって販売目標数値をクリアできた、という報告が月報のなかでも確認できる。つくりあげた販売数値を週および月単位で分析し本社へ報告することや、販売数値を参照しながらその店舗分の販促物や商品をオーダーすることも、店長の役割である。店舗での数値を分析するにあたり、金額以外にもいくつかのチェックポイントがある。営業担当者によれば、こうした分析を的確におこなうことができる店長は少なく、スーパーバイザーでも得意不得意がある、という。

　そこで人事部担当者から紹介され、数値分析が社内でもっともすぐれているスーパーバイザーのひとりにとくに話を聞いた。その話によれば、来店した顧客の人数、買い上げ客の人数、新客の人数、再来店率[3]、客単価、販売個数などが、金額以外のチェックポイントにあたる、という。東京山の手の新興住宅地区にある百貨店は新客が多く顧客ひとりあたりの販売個数は少ない、都心にある老舗百貨店本店の新客は少ないが客単価が高いなど、店舗はそれぞれ百貨店の性質や立地条件などにより顧客の層が違う。新客ひとつとっても、客数を増やすことは可能なのか、可能だとすればどのように増やしていくのか、客数の増加がどちらかといえばむつかしいとすれば、最終的な目的である販売実績を、なにをもって増加させていくのか、そうしたことを検討する。

　方針が決まれば、改善すべき数値を部下にふり分けていく。POSから出力したデータを用い、上述のポイントを部下ひとりひとりにたいしてチェックする。全社またはコーナーの平均よりも劣るのはだれのどの部分かを探り、弱点を補強し、コーナー全体のさまざまな数値を改善していく。こうした数値は、週単位、月単位で本社に報告されるが、店長自身は1日単位でチェックしていく。

　店舗自体の販売目標を決めるのはスーパーバイザーである。ほとんどの店長にとって、この設定額変更を交渉する余地はとぼしい。一方、個々の部下の販売目標は店長の裁量で決める。すぐれた店長は数値分析による視点から店舗

全体の販売目標額を部下にふり分けていく。今月は売上げにつながらなくとも、接客数を増やすことが必要な販売員、客単価を上げ月間の販売目標を伸ばしていく販売員など、あらたな目標を設定していく。かならずしも前月の販売実績にとらわれずに、あらたな目標を設定するのである。

部下の管理

　部下の管理とはつぎのことをいう。シフトを組み月間スケジュールを作成すること、部下の勤怠や年次有給休暇の管理をすること、部下の人事考課をおこなうこと、採用面接者の一員として採用者の決定をおこなうこと、担当コーナーのチームワークを醸成すること、そして部下の育成などである。ここでは管理能力、リーダーシップ、そして部下育成の能力が問われる。

　シフトによる出勤日の違いもあり、勤怠の管理も目が届きにくい。人事部担当者によれば、店長のいない日にかぎって遅刻を繰り返す販売員もみられる。無断欠勤、事前に連絡のない遅刻をなくすために多くの店長が風土づくりの努力をおこなっている。それ以上にチームワークをつくるリーダーシップは大きな課題となる。個人の販売実績が重視されているなかで顧客の取り合いにでもなれば、会社としての信用を失いかねない。他方、あるいは顧客の担当者制を尊重するあまり、担当販売員が食事や小休憩、休みのときに立ち寄った顧客にたいして担当者以外の販売員がいかように接客をおこなうか、など微妙な問題がある。部下には妙齢の女性が多く、精神的に不安定な場合も少なくない。個人的な悩みを接客の際にひきずらないよう、ときに母のように姉のように相談にのることも必要である。さまざまな個性を生かしながら、チームをひとつにまとめていくことは、店長がもっとも心を砕く部分でもある。

　部下の管理のなかでもとりわけ重視される店長の役割は「部下の育成」であった。このことは社内報のなかで社長が明言している。ただし、これはできるだけ短期間に販売目標を達成できる販売員を育成するというニュアンスがある、とのことである。以前は上司と部下の関係がはっきりしていて、命じれば部下は泣きながらでもついてきた。今日では店長が部下に気を遣わなければすぐに辞めてしまう。育成には困難をきわめる、という。

とくに百貨店の専従社員[4]の育成はむつかしい。E社の社員は少なくとも建前上は化粧品や化粧することが好きで入社した者ばかりである。ところが、百貨店社員は化粧品販売がしたくて百貨店に入社したとはかぎらない。洋服が好きな人もあれば、インテリアが好きな人もある。自分は化粧をしないので化粧品は担当したくない、と公言してはばからない百貨店化粧担当社員もいる。こうした百貨店社員が販売員全体の4分の1を占める。コーナーによっては店長のみがE社社員で、他は全員が百貨店社員のばあいもある。

　また、営業担当者によれば、化粧品の買い上げにつながらない不特定多数との接客も理解させなくてはならない。E社の店舗は百貨店の1階、しかも、もっとも目立つ場所にあるので、たまたまそばを通った人が食堂や紳士服売り場や百貨店でおこなわれる展覧会などについて聞くのは日常的である。このとき、聞き手はE社の売上げにならなくとも百貨店にとっては顧客なのである。この聞き手はE社の社員としてではなく、百貨店のスタッフとしての販売員に問うている。これが理解できない販売員がいる。百貨店との良好な関係を保つためにも、自分が働く百貨店の情報を収集し、百貨店の顔としての立居ふるまいを指導する必要がある。

判断業務

　判断業務を遂行できるとは、定型的な業務を安心してまかせられるという前提にもとづく。一般販売員には販売に専念させるために、たとえ定型的な業務であっても担当させない場合がある。とくに高い販売実績をあげる販売員には簡単な商品クレームも担当させず、伝票の起票を他の販売員に頼むことなどがその例となる。販売実績にすぐれた販売員は販売に専念させることが、店長の力量ともいわれている。しかし店長自身は店舗をまとめ管理監督をおこなう立場から、定型的な事務処理も間違いのないようおこなわなければならない。販売職であっても期限内に書類の記入、提出するなどの基礎能力は当然に要求される。

　判断業務とは、クレーム処理、異常への対応、マーケットの変化への対応などを指す。クレームは、商品の破損など以外は経験の浅い販売員の対応を禁じ

ている。クレームが起こってしまったばあい、瞬時に判断すべき要素が多いからである。たとえば顧客の着衣が化粧品テスターで汚れてしまったばあい、顧客が自分で汚したのか、販売員が接客中だったか、顧客みずからが汚したばあいでも化粧品テスターの置き方に問題はなかったのかを確認する。ひとまず拭いていいのか、拭くとすれば乾いたタオルがよいのか、濡らしたものがよいのか、しみ取りのようなものを使うのか、あるいは触らないほうがよいのか、製品の色や種類、着衣の繊維や部位をみきわめる。その後、クリーニングにだして落ちるものなのか、弁償することになるのかを予測する。顧客そのものの属性も判断材料のひとつとなる。外商の上得意である場合などは、E社だけでなく百貨店の判断も仰がなくてはならない。また、百貨店の社風としてクレームにたいする姿勢も違う。一般に、私鉄系にくらべ旧呉服屋系の百貨店は、なかば強引なクレームでも受容するように要請される傾向がある。

　マーケットの変化を素早く読みとり顧客と会社とのパイプ役となることも、店長に期待される役割である。人事部担当者によれば、欧米の女性は夏に肌を焼くことを良しとし、日本をはじめとする東アジアでは、色白をどちらかといえば好む傾向がある。かつてこうした日本女性の選好に舶来化粧品会社は充分に答えている、とは言い難い時代があった。販売員からの強力な要請により美白用化粧品が日本向けに開発されヒットした、などの経緯もある。

　一見定型的にみえる業務のなかにも、やや複雑な判断業務が潜んでいる。たとえばオーダー業務である。オーダーに関して店長と百貨店との交渉が必要となるばあいを、営業担当者より聞くことができた。販売員がおこなうオーダーは、厳密にいえばE社の店舗の在庫ではない。E社の商品は買い上げが原則のため、百貨店の在庫なのである。在庫金額は販売員ではなく本社の営業担当者が百貨店と交渉する。この金額の範囲であれば、店長の裁量により商品を補充することができる。ところが百貨店によっては在庫を回転率でみているところもあり、E社の営業担当が交渉ずみの金額一杯まで補充することを、E社店長にたいして拒む場合がある。E社の売上げは実は百貨店への売上げであり、優秀な店長はこのことをよく理解している。すなわち、百貨店の担当者から交渉ずみの金額一杯まで補充しないようにいわれたとしても、百貨店のいいなり

図表 5-4　店長に必要な技能

必要な技能		事例
(1) 店舗全体の販売数値目標達成	例1)	店舗単位の販売数値目標を部下へ割りふる
・企画力	例2)	コーナーでのさまざまな活動および展開を計画し実行する
・交渉力		
・部下への指示力	例3)	コーナー全体の販促物や商品をオーダーする
・高度な美容技術	例4)	コーナー全体の数値を改善する
・数値分析力		
(2) 部下の管理	例1)	部下の勤怠や年次有給休暇を管理する
・管理能力	例2)	部下の人事考課をおこなう
・リーダーシップ	例3)	採用面接者の一員として採用者の決定をおこなう
・部下の育成能力	例4)	担当コーナーのチームワークの醸成
	例5)	部下の相談にのる
	例6)	高い販売実績をあげられる部下を育成する
	例7)	買い上げにつながらない不特定多数との接客を部下に理解させる
(3) 非定形的な判断業務	例1)	瞬時の判断を必要とするクレーム処理
・クレーム処理能力	例2)	店頭における購買目的ではない顧客への対応
・異常への対応	例3)	サンプルや商品紛失の処理
・マーケット変化への対応	例4)	日本向商品開発の提案
・オーダーの能力	例5)	オーダー可能金額の死守

にならず、みずから交渉するなり本社営業担当者に連絡するなりして、金額を死守することができる。

　店長の役割を果たすために必要な技能およびその例を、図表5-4としてまとめた。ただし、店長として必要な技能の習得方法や習得時間は今回の調査でも聞いたが、とくに習得時間に明確な回答を得ることができなかった。

4. 技能形成のしくみ

研修 Off-JT

　以上必要とされる技能の内容をみてきた。ついで、いかに形成するかをみなければならない。まず、採用後すぐに研修 Off-JT が始まる。E社のばあい他社経験の有無にかかわらず同一の研修をおこなう。期間は約2週間である。研修内容は商品知識がもっとも多く全時間数の約50%を占める。商品知識は、

たとえ「出戻り」[5]であっても1年ていどのブランクがあれば、他の新人と同様に研修を受ける必要がある。それというのもE社では新製品が四半期ごとに多数発売され、商品ごとに推奨方法が異なるためである。つぎに多い化粧法などの美容技術とあわせると、その時間数は全体の約70％にのぼる。一方、接客技能のなかでより重要といわれている接客応対のテクニックはわずか10％ていどにすぎない。接客応対力はキャリアの初期Off-JTでは身につきにくいということであろう。

　新入社員導入研修後も、いくつかのOff-JTが用意されている。ほとんど社内で用意されたものである。原則として教育部が企画立案し、教育部のトレーナーが実施している。このプログラムは毎年改定されている。

　入社1年以上3年未満の販売員には美容技術を中心としたコースがあり、カウンセリング力、修正メイクアップ力を高めることを目的とする。自己または店長の推薦により参加できる。

　入社1年以上3年未満の販売員にたいしこうしたOff-JTをおこなう理由は、新入社員導入研修の復習のほかに、販売員が接客にたいしてもつ恐怖心を払拭する効果も考えられる。とくに他社も含めた販売員経験が浅いばあい、顧客の体に触れるタッチアップをしなければならないことや、顧客から商品や化粧にたいする質問を受けるなどのことがプレッシャーとなって、おどおどと顧客と目をあわさないようにする販売員が見受けられる。対面販売は多くの顧客と接して販売実績が向上する。そこで商品知識やさまざまな技術を強化する必要が生じる。こうした知識や技術を会得するにはOJTが非常に有効である。しかし、販売員の恐怖心をやわらげOJTをスムーズにおこなうために、Off-JTは欠かせない。

　E社では例年季節ごとに新製品または新色が発表される。そのたびごとに、すべての販売員が交代でプロモーショントレーニングを受ける。例をあげよう。ボディローションが新規発売されたとき、Off-JTのなかで顧客のふくら脛へのタッチアップを販売員に示した。ローションを手にとり顧客の足元へかがみ、ストッキングの上から顧客のふくら脛へ軽くパッティングする。通常顧客の顔や手へのタッチアップばかりをおこなってきた販売員にとって、この紹介

方法は新鮮であると同時に、顧客の足元というデリケートな部分に触れることは、小さな冒険でもあった。しかし、ローションをふくら脛に叩くと、むくんだ足に爽快感を与える。また、かおりが持続することを研修で実感し、自信をもって推奨できるという効果があった。このときどのような姿勢でタッチアップすれば美しく卑屈にみえないかということを、参加者同士で研究しあう姿もみられた。

こうした効果は、文書の通達だけでは得られにくい。実際にトレーナーのデモンストレーションをみ、「相モデル」と呼ばれるおたがいがモデルになりあう実習をし、疑問点を直接トレーナーにぶつけ、販売員同士意見の交換をしあう。それができるOff-JTが一般販売員にとっても店長にとっても、新しい知識を得るためにはうってつけなのである。

フォーマルな OJT

フォーマルなOJTとは、文書で教え手やチェックポイントを明示する訓練をいう。E社ではこの種の訓練のインストラクターは店長である。大型店で副店長がいるところは、副店長もインストラクターとなる。ただし、いまは定休日が月２回ていどの百貨店が多く、完全週休２日制のE社では、教え手と習い手である販売員の休日がおなじとはかぎらない。そこでシニア販売員などの先輩が教え手補佐に任命される場合もある。この先輩をここでは「シスター」と呼ぶ。かつてインストラクターの不在の場合には、先輩全員が指導にあたっていた。だが、指導者が多いとそれぞれがまちまちのことをいうので、習い手が混乱してしまう。そこで、教え手とシスターが指導するよう統一した。フォーマルなOJTの期間は半年から１年である。期間に差があるのは、美容部員経験の有無により必要な修得期間が異なるためである。

フォーマルなOJTはおもに初期の技能形成に効果がある。接客以外のごく初期の業務、雑務、レジ打ちなどは、だれが教えてもあまりかわらない。教え手によって習い手の技能形成に大きな違いがでてくるのは接客業務であり、とくに整容や応対は教え手の力量に左右される部分がとても大きい。整容や応対が職業的技能で少なくとも訓練により定型化できる、との認識をもつ店長は多

くない。整容はできて当然であると解され、性格あるいは人格の問題と混同されてしまう。そのため指導の焦点がさだまらず習い手に実行させることがとてもむつかしい。

　整容の指導に高い定評のある店長に話を聞くことができた。雨の日も風の日も髪をきちんとまとめること、自分の体調が悪いときはそれと悟られないように顔色の良くみえる化粧や表情を工夫すること、精神的に不安定であっても口角をあげ職業的な笑顔をつくること、こうしたことがらを意識させ顕在化して、はじめて技能と呼べる。これらを身につけさせるためには、おりふしいって聞かせるしかない。ほめながら、しかりながら「背中がまがっている」、「笑顔がたりない」など、できるまで注意を喚起しつづけることが有効とのことであった。

　はじめて接客業についた販売員は、顧客に声をかけることができない。明るい声であいさつの言葉をかけつつ顧客の目を見ながら笑顔を向けお辞儀をし、顔をあげた時点で再び顧客に笑顔を向ける、という一連の動作を間断なくおこなう。それが接客業務における第一関門になる。顔はこわばり、声をかけることなどとてもできない。新人の販売員は呆然と立ちつくすことになる。「いらっしゃいませ」といえないのは、そういってしまうと質問をされてしまうのではないか、という不安にかられるからだ。商品知識のなさが自信の欠如につながり、販売員としての第一歩をふみだすことができない。このばあいは販売ではなく、とにかく多くの顧客に声をかけることのみ徹底させる。1週間ていど明るい声でひたすら「いらっしゃいませ」、「こんにちは」といいながら笑顔をつくる実践をさせる。売らなくてもよいとなると、ふしぎに声をかけることができるようになる、というのである。

　最初の難関である顧客の迎え入れができると、顧客が目的とする商品および目的外商品の販売法を覚えていく。顧客が口紅を求めた場合リップライナー、リップグロス、関連商品をまず紹介することを教える。つぎにその口紅にあうアイシャドーなどを紹介する。あるいは顧客カードをだして過去の買い上げ商品の残り具合や使い心地を確かめ、その商品およびその商品の関連商品を提案する。さらに過去の会話内容などから、顧客が潜在的に求めている商品をあき

らかにする。このようにだんだんと目的外の商品を推奨販売する技能を磨いていく。これは一朝一夕には身につかない。5年10年とさまざまな顧客に接することによって話法を学び習得していく。

そのために、目的品の販売ができたから関連商品へ、さらに過去の買い上げ品、そして潜在商品へ、といった具合に順路をきめてしまってはうまくいかない。さまざまなタイプの接客技法を経験するためには、少しあるいは相当早い段階であっても、さまざまな顧客にふれることが望ましいからである。いきつもどりつ顧客に調子をあわせながら、さまざまなアプローチを試みるよう促す。「このお客様はのんびりしておられるから、使い切ってしまったお品物がないか、お伺いしてごらん」、「この方はいま口紅とおなじ色のエナメルをしていらっしゃるから、お買い上げのアイシャドーと同系色のマスカラをお勧めしたらどうかしら」と場面、場面にあわせたアドバイスをおこなう。こうして最終的には目的外商品の推奨販売ができるようになることを目指す。

インフォーマルなOJT

販売職基礎レベルを終えたあとのOJTが重要なのに、この事例の人事部担当者の認識では、OJTは入社1年未満の新人のみに限定されており、その後はOJTをしていない、とのことであった。スーパーバイザーへの聞きとりでも、全員から同様の回答であった。ところが聞きとり内容を分析するにつれて、E社でインフォーマルなOJTが、長期にわたる技能形成の根幹をなしていることが読みとれた。

接客以外の業務のばあいは、たとえばクレーム処理である。商品そのもの以外のクレームは1ヶ月に1度あるかないかにすぎない。それだけに処理を経験するチャンスは少ない。だが、商品クレームを経験することで顧客へのお詫びの仕方を覚える。また顧客の軽装をわずかに汚してしまったていどでクレームにはいたらなかったようなばあいに、上司や先輩はどう処理するかをみる。また自分でも対処したりする。日常の化粧コーナー活動を通じて少しずつ経験の幅を広げていく。

もう1例あげよう。販売員から店長へのキャリアを築く道程のなかで、重

要な要素はオーダー業務である。オーダーは勤続1年、つまりフォーマルなOJT期間を過ぎたあとに教え始める。最初はとにかく自分でおもったとおりにPOSに入力させる。通常慣れた店長なら10～20分もあればすむものを、1時間も2時間もかけて発注リストを作成させる。これを送信する前に店長のチェックを受けたのちに、正式にオーダーをおこなう。多くの販売員は3年ほど自社製品の流れをみた経験にもとづきオーダーを修得する。

　自社の仕事の流れを読みとる訓練は、はじめて入店した日から始まっている。販売員が配属後もっとも早く教わる業務のなかに、納品されたダンボールの運搬や化粧品を棚にならべる作業がある。ダンボールは1回につき多いときには10箱ほど、週に2～3回配達される。このダンボールによる納品こそがE社商品の流れである。重いダンボール箱を運びながら、どのタイプの商品がどの時期に運び込まれるのか、大まかにわかってくる。こうした商品はいったんバックヤードに置く。そして毎日毎日売れた分の商品をライン順、製品順、色番号順に店頭の棚に収める。どの商品のどの種類の回転が早いのか、たとえ自分に商品を売る力がまだ足りなかったとしても、店全体の売れ筋がみえてくる。スーパーバイザーはこれをOJTという言葉では認識していない。しかし、なぜ重いダンボールを運ぶ作業が大切なのかを「体で覚えなければ、いくら数字をみてもわからない」と新人の販売員に説明していた。

　接客は日々接する人々、すなわち顧客および販売員同士から、もっとも影響を受けやすいようである。せっかく遠くから口紅を買いにきたのに欲しい色が品切れで顧客が怒り出したばあい、たいていの販売員は「とにかく申し訳ないとあやまる」、「入荷しだい連絡する」、「入荷したら送る」、「入荷したら、送料会社負担で送る」、「丁寧な手紙を添えて送る」、「その他の商品のサンプルとともに送る」などの応対をする。どれも間違いではない。しかし、熟練した販売員のなかで「店頭のサンプルを削ってさしあげる」、「とにかく座らせ、気持ちがやわらぐまでマッサージをする」、「顧客カードを見て、使っていない製品のサンプルを渡し、つぎの来店を促す」とする者もある。こうしたケースは売ることを目的としているわけではない。しかし結果として販売につながるばあいもまれではない、という。接客方法に関して、インストラクターからの細かい

指導が得られなくなったあと、このような先輩や同僚らの応対を取り入れて自分のものにしていくことが、接客におけるインフォーマルな OJT の一例といえよう。

5. 他社経験の通用性

転職者のなかで経験者の割合

　日本の化粧品産業は、顧客に化粧品の技術サービスを含め対面販売する、つまり一種のカウンセリング販売がひとつの主流である。なかでも大規模な国産「制度品メーカー」[6] は新卒者を数多く採用し時間をかけて技能形成を図っている。まず3ヶ月ほどの Off-JT、さらに1年から数年にわたる OJT である。一方、はるかに小さい外資系の化粧品会社は、新卒者を採用し時間をかけて育成するほどの体力はない。おのずと経験者の即戦力採用を目指すことになる。では他社の職務経験、他社で築いた技能はどれほど通用するか。

　E社の美容部員につき、1999年3月から2000年9月までの期間に入社した104名の過去の主要な実務経験を、入社時インタビューの記録によって調べた。その経験をつぎのように分類した。まず営業販売の経験の有無で分け、さらに美容部員の経験の有無、化粧品販売の経験の有無で分けた。他方、営業未経験者を接客経験の有無で区分した。それを整理するとつぎのようになる。

1. 営業販売経験者…89名
    11. 美容部員経験…59名
    12. 美容部員以外の化粧品販売経験…13名
    13 化粧品以外の営業販売経験…18名
2. 営業販売未経験…15名
    21. 接客経験あり…8名
    22. 接客経験なし…7名

その結果、中途採用者の約8割になんらかの営業販売経験があったことにな

図表 5-5　経験の評価

評価項目	営業販売経験者				営業販売未経験者		
	経験者 B 美容部員経験 n=52	経験者 C 美容部員以外の化粧品販売経験 n=12	経験者 S 化粧品以外の営業販売経験 n=18	経験者 A 合計達成率 n=52	未経験者 Y 接客経験者 n=8	未経験者 N 接客未経験者 n=7	未経験者 A 合計達成率 n=15
勤務態度合計	93.8%	80.0%	94.4%	92.0%	83.8%	92.9%	88.0%
伝票記入	96.2%	83.3%	100.0%	95.1%	87.5%	100.0%	93.3%
観察・記録	76.3%	61.1%	77.8%	74.4%	75.0%	81.0%	77.8%
カウンター業務	81.3%	66.7%	83.3%	79.6%	78.1%	85.7%	81.7%
包装・手渡	93.6%	88.9%	87.0%	91.5%	83.3%	100.0%	91.1%
金銭出納	96.2%	95.8%	97.2%	96.3%	87.5%	92.9%	90.0%
POS 出入力	100.0%	100.0%	100.0%	100.0%	100.0%	100.0%	100.0%
売上・予算管理	95.5%	93.1%	92.6%	94.5%	87.5%	97.6%	92.2%
店舗管理計合計	89.8%	82.5%	88.9%	88.5%	83.8%	92.9%	88.0%
整容	94.4%	89.2%	94.4%	93.7%	88.8%	92.9%	90.7%
来客応対	93.7%	85.7%	90.9%	91.9%	86.6%	92.9%	89.5%
コンサルテーション	89.3%	74.1%	78.4%	84.7%	72.2%	71.4%	71.9%
接客コンサルテーション	92.7%	83.6%	88.6%	90.5%	83.3%	87.0%	85.1%
デモンストレーション	76.9%	59.7%	59.3%	70.5%	60.4%	57.1%	58.9%
接客商品販売合計	90.3%	79.9%	84.0%	87.4%	79.8%	82.4%	81.0%
合計達成率	90.8%	80.4%	86.6%	88.4%	81.1%	86.0%	83.4%

る。これらの経験者の多くは化粧品を扱った者であり（68.2％）、さらに化粧品を扱った者の多くは、その主要な経験が美容部員であった（55.8％）。すなわち営業販売経験者に限定したばあいその7割弱が美容部員経験者であった。美容部員経験者が優先して採用されている。

その美容部員の経験年数をみると、じつに4分の3が経験1年以上、3年以上経験者はほぼ半分を占める。即戦力とおもわれる経験者を少なからず採用している。ただし、その他社経験が真に即戦力となるかどうか、その技能内容をあらためて吟味しなければならない。

質問紙による調査

そこで直属上司に転職者104名の働きぶりを評価してもらった。入社1年後の働きぶりを聞いたのである。直属上司とは店長である。E社約100店舗のなかで調査期間中社員をあらたに採用した55店舗の全店長に聞いた。評価は、

図表 5-6　経験の長さによる評価

評価項目	10年以上	5年以上 10年未満	3年以上 5年未満	1年以上 3年未満	1年未満
勤務態度合計	←	←		←	
店舗管理計合計	←	←		←	
接客商品販売合計	←	←		←	
合計達成率	←	←		←	

　単位業務を59に分け、それぞれについて、その業務を「実行している」、「改善を要す」の2区分である。前者は1点、後者は0点、すべて前者の場合すなわち59点を100％として達成率を表示した。なお、質問紙の59単位業務の不記載は1例もなかった。

　こうして算出した達成率を、営業販売経験者と営業販売未経験者につき示した。前ページの図表5-5である。なお図表は59の単位業務をさらにくくって表示した。まず営業経験の有無別に合計の達成率をみる。あきらかに美容部員経験者が他より高い。ひとり90％に達する。しかし、その差は一見大きくはない。他の営業販売経験者が80～86％、しかも営業販売経験がない者も80％をこえる。しかし、個別の業務をみると、高い技能が必要とされる「デモンストレーション」では差が明白になる。美容部員経験者が77％の達成率なのに、他は60％ないしそれ以下である。

　他より高い評価を得ている美容部員経験者の達成率を、実務経験年数別にみた。もっとも修得のむつかしいデモンストレーションでは、美容部員経験1年未満の達成率は55.6％、1年以上3年未満は73.1％、3年以上5年未満は71.1％、5年以上10年未満86.1％、10年以上では83.3％であり、おおむね過去における実務経験年数の長さにより転職後の評価も上昇するが、上昇しつづけるわけではない。3年以上5年未満でいったん合計達成率が下がり、5年以上10年未満でやや大きく達成率が上昇しているのである。図表5-6に要約したように、評価項目のそれぞれの要素にも同様の傾向がみられた。

経験者採用のしくみ

　個別のデータによると、中途採用の美容部員経験者は、多く大手国産化粧品メーカーの出身者であった。大手国産化粧品メーカーはチェーンストア制度を維持するために、多数の美容部員を内部養成している。しかしチェーンストアの店長はオーナーであり、大手国産化粧品メーカーのなかでは店長を経験する者が少ない。いわばキャリアの天井が低い。このキャリアのやや低い天井が販売員の離職行動に影響を与えるかもしれない。また、たとえそれが販売員の離職行動を促したとしても、大手化粧品メーカーでは販売員が店長となるための教育をあまりしていないので、教育投資の損失と考えない。

　大手化粧品メーカーは、必要な技能のみに焦点をあわせたOJTを徹底しておこない、短期間に安価に一人前の美容部員を育成する。それで欠員が生じても若年労働者である新卒者によって補充でき、人件費を安価に保つことができる。美容部員はほとんどが女性である。結婚・出産により女性が早期に離職する傾向があり、数千人から1万人規模の美容部員を要する企業はこうしたしくみを用意しておいたのであろう。

　一方、E社は大手化粧品メーカーより美容部員数が圧倒的に少ない。E社の美容部員数は最大手であるJA社1社の5%にも足りない。この規模の差も国産化粧品メーカーから離職した美容部員がE社に多数転職するひとつの理由となろう。

技能の低評価者

　さきの調査結果によれば、中途採用された営業販売員は過去の他社経験によりある期間評価が高いが、その後評価はよこばいの傾向がみられた。この傾向は美容部員経験者に強い。ではなぜ技能評価は他社経験の長さにおうじて高まりつづけずに、経験3年以上5年未満層を境によこばいになるのであろうか。この点をあきらかにするため個別の事例を記す。

　うえにみてきたように美容部員経験者は、もっとも難易度の高い顧客にたいするデモンストレーションで他を凌駕する高い評価を受けている。ところが美容部員経験者のなかには、このデモンストレーションの評価が50%以下の者

もいる。こうしたデモンストレーションの評価が低い者は経験10年未満のなかにあり、10年以上にはみられなくなる。一見不可解なのだが、とくに3年以上5年未満で低評価者が多い。美容部員としての実務経験が1年以上3年未満に該当する18人中4人が低評価者、3年以上5年未満に該当する15人のなかでは5人、5年以上10年未満では12人中1名が低評価者なのである。

　上司のコメントによれば、こうしたデモンストレーションの低評価者の問題点は、知識・技術不足、接客の経験不足、報告・連絡・相談の不足である。他の評価項目では、勤務態度または整容の評価が若干低い傾向がみられる。

　この人々は、おもな職業経験が美容部員経験ではあるが、転職直前職では2年以上美容部員を離れておりブランクがある者が5名含まれる。ブランクの有無がデモンストレーションの低評価者と関連するかもしれない。しかし、3年以上5年未満に該当する15人中低評価者5人のなかで、ブランクがある者は1名にすぎない。むしろ過去における実務経験が3年以上5年未満者のなかに低評価者が多数含まれている。このデモンストレーションの低評価者10名が過去に美容部員として経験した企業は、4大化粧品企業を含む大手化粧品会社が網羅されており、特定の企業との関連は考えられない。JA社の本社教育課長に聞いたところ、JA社では4年目くらいより技能の発揮度に個人差が目立ち始める。また、後輩の追随にさらされるのもこの時期だという。販売実績、コンテスト、顧客の指名、日常のさまざま場面で後輩に負けたら、もう会社にはいられない、という雰囲気がJA社の店頭にはあるそうである。大手化粧品会社各社において、こうした暗黙の雰囲気が技術の劣る美容部員を退職へ向かわせている場合がある。中途採用のなかに、こうした技術不足のために退職を余儀なくされた人材が含まれることが示唆される。

移動と定着

　E社は初期国産大手化粧品メーカーからその美容部員を中途採用しているが、いったいどのレベルの人たちを中途採用しているのであろうか。すぐさま店長レベルという人たちか、それとももむしろ案外にやや低いレベルで中途採用したのであろうか。それをみるために図表5-7をつくった。

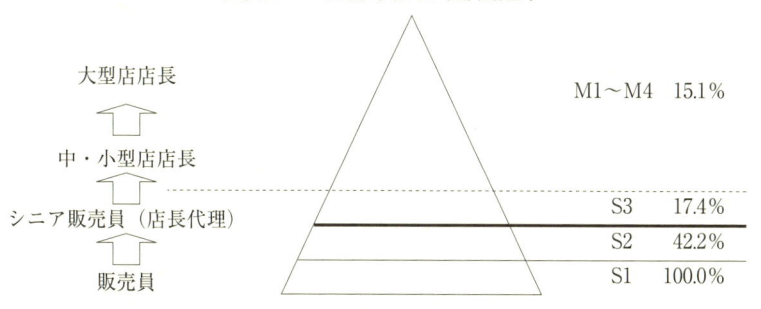

図表 5-7　職務等級と外部調達率

```
       大型店店長
          ↑
      中・小型店店長              M1～M4   15.1%
          ↑
  シニア販売員（店長代理）         S3       17.4%
          ↑                      S2       42.2%
         販売員                   S1      100.0%
```

　図表は E 社で 1992 年から 1998 年までの間にどの職務等級に外部から流入したか、それと内部育成された人の格付けを比較した。この図から E 社への外部からの美容部員の流入は、ピラミッドの下位階梯に集中していることがあきらかである。正式な店長として任命される M 1 以上ではなく、一般販売員に区分される S 3 以下に多い、ということである。そのうえでは外部からの流入が少なくなっている。つまり、E 社は店長の需要が大きいにもかかわらず、そこへの外部からの直接の流入が 15％ほどと少ない。その理由はなにか。

　これまでの分析から、同業種の企業間では一般販売員の技能がそのまま通用する事例が多かった。その理由を探るべく、同業種の企業をおもな 3 タイプすなわち百貨店ブランド、制度品メーカー、訪問販売メーカーに分け、それぞれに必要な技能の内容をベテランのトップセールスに聞いた。

　百貨店ブランドとは、対面販売で百貨店の化粧品売り場に出店するタイプをいう。百貨店ブランドは 1980 年代に百貨店自身が営業力増強のために外資系高級化粧品メーカーを誘致し、そのブランド力と国産化粧品メーカーの販売力に依存して売り場を展開したことに始まる。

　この百貨店ブランドのなかには、外資系化粧品会社も国産化粧品メーカーもある。百貨店ブランドを扱う外資系化粧品会社は一部の例外をのぞき店舗のほとんどが百貨店にある。他方、国産化粧品メーカーは製品の多くがチェーンストアで販売され、百貨店への展開は少ない。国産最大手の JA 社はチェーンストアが約 2 万店であるのに、百貨店への出店は全国でせいぜい数百にとどま

る。高級百貨店の数はかぎられている。

美容関連業務が一致

　そこでおもなタイプの必要技能の内実を調べた。百貨店ブランドとして本研究のおもな対象である外資系 E 社、および米外資系 FI 社、4 大国産化粧品メーカーとして JA 社、JB 社、JC 社、国産訪問販売メーカー最大手の JD 社、世界最大の化粧品メーカーで米外資系訪問販売メーカーの FZ 社である。各社のベテランの話を聞き、必要な技能を比較対照したのが図表 5-8 である。

　その結果いくつかの傾向がみいだされた。さきの図表 5-3 のなかの、技能の修得に 5 年以上の経験を必要とする要素に注目する。「外資系百貨店ブランド」と位置づけた FI 社では、そのすべてに○がつき、E 社と共通する。では「国産制度品メーカー」や「訪問販売メーカー」ではどうであろうか。

　接客の業務では「外資系百貨店ブランド」、「国産制度品メーカー」、「訪問販売メーカー」の 3 グループともに、仕事内容はかなり一致している。なるほど JA 社と JB 社は「目的外商品の紹介」について強力なアプローチをしていない。1 品目の買い上げのあとに関連商品の紹介をさりげなくおこなうのみである。だが、その部分をのぞけば、「百貨店ブランド」と「国産制度品メーカー」の接客業務はほとんど一致する。

　一方、「訪問販売メーカー」では、対面販売メーカーすなわち百貨店ブランドや制度品メーカーのいずれとも、美容関連の業務ではあまり一致しない。美容技術のトレーニングをほとんどおこなわず、FZ 社ではどちらかといえば訪問販売員によるタッチアップを避ける傾向さえみられている。すなわち、美容関連の業務と技能からみて、制度品メーカーから E 社への販売員の流入を促す理由がある、と考えることが自然であろう。

　予定外の購入を促す「目的外商品を販売」する業務では、百貨店ブランドと制度品メーカーの間に違いが顕著である。むしろ「訪問販売メーカー」のほうが「国産制度品メーカー」よりも積極的におこなっている。さらに一段と「百貨店ブランド」では、目的外商品の販売を美容関連の技能の発揮ととらえ、そのうえでおこなうべき業務である、という認識がうかがわれる。

図表 5-8 企業による技能の異同──化粧品販売

販売方式		対面販売					訪問販売	
区分		百貨店ブランド		制度品メーカー			訪販メーカー	
企業名		FA社	FI社	JA社	JB社	JH社	JF社	FZ社
資本		フランス	アメリカ	日本	日本	日本	日本	米国
従来の流通システム		―	制度品	制度品	制度品	制度品	訪販	訪販
おもな販売チャネル		百貨店	百貨店	チェーンストア	チェーンストア	チェーンストア	訪販	訪販
店舗運営								
1) 庶務		半年	○	○	○	○	×	×
レジ操作		半年	○	○	○	○	×	×
2) 顧客カード								
収納		半年	○	○	○	○	×	×
読み方		2年	○	○	○	○	個人	△
記入		3年	○	○	○	○	個人	△
3) 報告書類								
売上データ出力		1年	○	×	×	×	×	×
新顧客カード送付		1年	○	△	△	△	×	×
他メーカー報告書		2年	○	△	△	×	×	×
4) コーナーディスプレイ								
清掃保持		半年	○	○	○	○	×	×
フレッシュアップ		3年以上	○	△	△	△	×	×
5) クレーム処理								
伝票記入		1年	○	○	○	○	○	○
商品クレーム		1年	○	○	○	○	○	○
その他クレーム		5年以上	○	×	×	×	×	×
6) オーダー								
備品		2年	○	×	×	×	×	×
商品		5年以上	○	×	×	△	△	×
7) 統計管理		5年以上	○	個人	個人	△	個人	△
接客業務								
1) 整容		半年	○	○	○	○	○	○
2) 応対								
顧客の迎え入れ		半年	○	○	○	○	○	○
目的品の販売		半年	○	○	○	○	○	○
目的外商品の紹介		5年以上	○	△	△	○	○	○
商品渡し		半年	○	○	○	○	○	○
3) 美容関連の技能								
ワンポイントメイク		3年	○	○	○	○	△	△
トータルメイク		5年以上	○	○	○	○	×	×
カウンセリング		5年以上	○	○	○	○	△	×
商品知識		2年	○	○	○	○	○	○

○：該当する　△：やや該当する　×：該当しない　個人：個人によって該当する

マネジメント訓練の有無

　美容関連の技能は、図表 5-8 から対面販売を主とする化粧品会社であれば、どこの企業でも共通する。そして話を聞けばどの企業も費用をかけている。とくに「国産制度品メーカー」では、新人導入 OFF-JT の期間からより多くの訓練期間を費やしている。さらに対面販売をおこなう化粧品会社では、顧客へのタッチアップが OJT となり、その回数が技能の向上に影響を与える。こうした OJT の効果から、「外資系百貨店ブランド」においても美容関連の高い技能が期待し得る。さらに「国産制度品メーカー」は顧客にたいして美容技術の提供に専念しており、かつ多様な客層に接しているため OJT の成果も高いと期待される。美容に関する技能の育成コストを考慮すると「外資系百貨店ブランド」にとって「国産制度品メーカー」出身者は、歓迎すべき流入者であることが得心できる。

　要するに、業務内容が一致しその業務を遂行するための訓練をおこなっていることが確実にわかっているゆえ、E 社と「百貨店ブランド」や「国産制度品メーカー」間では技能を共通すると想定できる。

　中途採用を常態とする企業同士からすれば、技能を共通する以上人材の流入も流出もおこり得るということはわかるが、「国産制度品メーカー」は人材の流失をどう考えているのであろうか。せっかく新卒者に費用をかけて訓練をおこなった人材の流出を、損失とおもわないのであろうか。その答えは店舗運営業務の必要要素の違いにある。

　店舗運営業務でも、販売に直結する顧客カードの記入は制度品メーカーでも美容部員の重要な職務であり、図表 5-8 でも 3 社とも○となっている。しかし、いくつかの項目では外資系「百貨店ブランド」と「国産制度品メーカー」間で必要な技能が一致しない。

　こうした化粧品コーナーでは、顧客の興味をひくためにしばしば店舗改装をおこなう。「外資系百貨店ブランド」ではすぐれた販売員は効率の良い棚や引出しの設計などの提案ができ、その提案を通して他のコーナーに対する貢献も期待されている。また、百貨店にたいする説明会議などにも店長は会社の代表として出席する場合がある。一方、「国産制度品メーカー」では、どうしたら

使いやすいかという意見は聞かれるが、デザインは各企業が営業を通じて提案し店主が意思決定するので、美容部員の業務としてはあまり重要ではない。

皮膚クレームや接客クレームなどのやや面倒なクレーム処理は、外資系ブランドでは初期対応から顧客へのお詫びまで、本社の指示にしたがい店長がおこなう重要な業務である。他方「国産制度品メーカー」では店舗に店主やその配偶者が常駐していることが多く、美容部員には対応の責任がほとんどない。

オーダーは外資系「百貨店ブランド」では販売員の重要な職務であるのにたいし、「国産制度品メーカー」では営業担当が店主と直接折衝するので、店主の手伝いとしておこなうことはあっても店主の業務である。統計管理は、外資系「百貨店ブランド」では統計ノートをつけ始めることがシニア販売員としてのひとつのスタートであり、大きな意味合いをもっていた。これにたいし「国産制度品メーカー」では、店舗の販売実績の管理は店主の仕事であり、美容部員にその役割が期待されていない。ただし美容部員の販売実績にたいしてややこだわりをもつJC社では、チームによっては統計管理を進めていた。

このように店舗管理にたいする企業側の姿勢は、外資系「百貨店ブランド」ではできるだけ販売員に自主性と責任をもたせるのにたいし、「国産制度品メーカー」では美容部員ではなく、店主もしくは営業担当が業務遂行や意思決定をおこなうので、美容部員はあまり店舗運営の業務をおこなっていない。「訪問販売メーカー」にいたっては店舗そのものがなく、ほとんどの業務がない。

このように業務の違いから「国産制度品メーカー」や「訪問販売メーカー」ではマネジメントに直結する店舗運営の技能を生みださず、その結果、レベルが低いとはいえ、れっきとした管理者である店長の外部からの流入を促さない。

聞きとり調査では、対面販売の美容部員は結婚のための離職が多い、と繰り返しのべられている。結婚や出産を理由に離職し、またまわりの友人たちの結婚に刺激されて離職した「国産制度品メーカー」の美容部員経験者を、中途採用を常態とする外資系「百貨店ブランド」が採用する、という循環があって不思議はない。

この循環は販売チャネル間の規模も影響する。化粧品店だけの販売実績をみ

れば、制度品メーカーのシェアは全化粧品販売の4分の1にせまる。さらに、薬局・薬店および量販店チャネルの一部をくわえると、制度品メーカーの業界内販売シェアはかなり大きくなる。一方百貨店チャネルの業界内シェアは、全体のわずか7%ていどである。しかも、この百貨店チャネルのなかにも「国産制度品メーカー」の販売実績がある。「外資系百貨店ブランド」全体のシェアは、今日でさえ百貨店チャネル全体のシェアの40%弱にすぎない。非常にニッチなチャネルなのである。「外資系百貨店ブランド」は、小規模であるからこそおたがいに、あるいは「国産制度品メーカー」からの流入を受け入れて、他社の投資した訓練費用を効率的に受け継ぎ、結果として技能の活用が可能になったと推察される。

　「国産制度品メーカー」から「外資系百貨店ブランド」へ好んで転職する美容部員があったとしても、「国産制度品メーカー」の費用の損失は最小限となろう。店舗運営の部分に注目しよう。店舗運営に要する技能のなかでその形成に長い期間を必要とする部分は、「外資系百貨店ブランド」と「国産制度品メーカー」間ではあまり一致しない。この部分は店長または店長補佐の業務であり、店主が存在するチェーンストアでは美容部員が技能を形成する必要がない。そのために「国産制度品メーカー」の美容部員では店長への訓練がおこなわれておらず、当然に費用もかけられていない。E社で外部からの販売員の流入が多いにもにもかかわらず、店長への直接の流入が乏しいのは、こうした店長訓練の欠如によると推測する。

6. 要約と一般化

要　約

　本章はまず販売員の業務とその業務に必要な技能をあきらかにし、技能形成の過程を探った。販売員は大別して一般販売員と店長に分けることができる。一般販売員に必要とされる技能のなかでもっとも肝要なのは、一般に習得がより困難とおもわれている美容技術・商品知識ではなく、整容や応対であることがみいだされた。どのような気分の状態にあっても均質な整容・応対を保つこ

とである。均質な整容・応対による対人折衝は、多くのホワイトカラーにとって必須である。ホワイトカラーの技能形成にあたり、今後こうした部分を考慮した教育訓練の必要性が示唆される。

ついで販売員の移動と定着を分析した。エントリーレベルでは移動が非常に多く、職務等級が高まるにつれて定着化の傾向が強まった。店長一歩手前ではすでに店長とほぼ同じ定着化がみられた。移動と定着の要因は、移動元と移動先での必要技能の重なりにある。E社の事例からみれば、おもな必要技能を等しくする「百貨店ブランド」から、また接客面でその形成に時間を要する技能が重なる「国産制度品メーカー」から、多くの転職者を受け入れている。

一方で、店長一歩手前や店長も15％ていどが外部から採用されている。店長候補や店長の外部採用は、販売チャネルがおなじ「外資系百貨店ブランド」からおこなわれ、販売チャネルがチェーンストアなどの「国産制度品メーカー」からではない。店長に必要な技能は同業種の企業での訓練により形成されている。

含　意

含意として4点あげたい。第1に、販売職にかぎらずマネジャー層の採用にあたり、仕事のしくみが近い同業経験者を採用することが有効であろう。

第2、日本では必要技能が企業によって大いに異なる、という企業特殊性熟練がしばしば強調される。しかし本章の事例では、仕事のしくみがおなじ同業種内では店長であっても無視できないていどの外部採用がある。このことから過度な企業特殊熟練の強調をただす意味がある。

第3、労働市場の流動化にたいする含意である。人材の質を考慮しない流動化の鼓吹はあぶない。戦力となる労働者たちがどこでどのように技能を身につけてきたのか、その経路を掌握しなければ企業は一定の質を備えた労働力を確保できない。ことに想定した質がともなわない管理職の移動を受け入れると、企業は高い代償を支払うことになろう。

第4、人材の循環である。新卒者の採用をおこなわない外資企業がはげしく中途採用をおこなうのも、人材の供給源である国産企業に人材を流出、排出す

る理由があり、人材を循環させることによって、業界を発展させ、たがいにより利益を追求することができる。そのメカニズムを本章はみいだした。外資系にかぎらず大企業と中小企業間一般の人材の循環に呼応するものである。

そうじてエントリーレベルの有能な基礎能力をもった人材を育み、競争と選抜を繰り返す企業が一方にあり、他方、流出した人材を受け入れ、さらに鍛え選抜していく企業がある。それぞれの競争と交換があってこそ、企業の力を強めひいては国力を強めていくのではないだろうか。

注：
1) テスターとは店頭においてある試用見本をいう。
2) POSとはPoint of saleの略で、レジで売れた商品の品目、定価、その時刻などを即時に本社に知らせるシステムをいう。
3) E社では新客よりも再来店客の客単価がはるかに高いために、再来店率を重視している。
4) 専従店員とは百貨店の社員で化粧品コーナーに配属された人をいう。
5) E社では結婚や出産、夫の転勤などの理由で退職した美容部員にたいして退職時の事情がおわったころあいを見計らって、スーパーバイザーが主導して呼び戻すことがある。
6) 販売員を持つ化粧品会社はつぎの3つに分類される。系列の販売店または販売会社を通じて顧客に販売する「制度品メーカー」、百貨店でメーカーが直営販売する「百貨店ブランド」、メーカーのセールスマンが家庭を直接訪問する「訪問販売メーカー」である。

第6章

タイ人生産労働者の働く意欲
——日系自動車工場で

中島 敬方

1. 問題と方法

問 題

　この章は、タイの日系自動車工場に働くタイ人生産労働者が、どのような仕事意識や働く意欲をもっているのか、それを直接その人たちにアンケート調査で聞いた。いうまでもなくわが国自動車産業にとって、海外現地生産の比重が高まり海外工場における生産性向上や品質確保がますます重要となってきた。そこでの競争力はすぐれた経営資源にかかる。それははじめは機械などのハードな技術から、しだいにソフトな技術が中心的な要素となってくる。このソフトな技術の核心こそ職場の仕事方式であり、その基底に生産労働者の仕事意識がある。高度な経験・技能をもち、積極的で意欲のある労働力の存在がなければ、高度の品質や生産性を充分には達成し得ないであろう。生産現場の一般従業員に焦点をすえ、その人たちの会社と仕事にたいする意識を調査し、いわゆる「日本的」な人的資源管理システムを展開する素地（人材開発し得る可能性）の有無を調べたい。

　タイをフィールドに選んだ理由は、日本自動車産業にとって将来もっとも発展可能性があり重要なアジア地域のなかでも、早くから海外生産をおこなってきた主要な生産拠点だからである。多くの日系自動車企業にとって、国際的な大競争時代に生き残りを賭けるには、アジア中心の生産ネットワークの構築が

肝要であり、その中心拠点がタイなのである。そこでの事業活動の成否は、次世代の国際経営戦略全体に大きな影響をおよぼすものである。

いわゆる日本的な仕事方式についてのこれまでの議論は、多くは現地経営管理者、あるいは人事管理マネージャーの目線から観察したものである。よくいわれてきたのは「タイ人労働者の意識や考え方は、日本人とは格段に異なっているので、日本的な人的資源管理システムを移植しても、上手く根付かないのではないか」という懸念であった。いままでの先行調査が対象としてきた日本人経営者や派遣者の、タイ人労働者の評価をみても概してあまり芳しいとはいえない。多くのばあい「愛社精神がなく、企業帰属意識が乏しい」とか、「向上心が乏しい」といわれてきた[1]。

しかし、その不評の根拠はかならずしも定かではない。あるいは文化人類学者が農村で調べた国民性にたいする古典的な分析をそのまま引きずっているのかもしれない。はたしてタイ人労働者自身は、実際はどのような考え方をもっているのであろうか。それを直接、タイ人生産労働者に聞いてみたいと考えた。そうしないと日本的な人的資源管理方式の導入云々を論議しても砂上の楼閣になりかねない、と危惧したからである。

もちろんタイの国民性や文化的特性を探ることを目的とした文化人類学者の研究には、日本を含め各国の学者によるすぐれた業績が多い。しかし、それらの調査研究の多くは農村や伝統的集落においておこなわれたもので、その成果をもってただちに産業化社会への適合性や工場労働者としての資質まで論ずることは、偏見や先入観による誤った結論を生む危険がある。それを避けるため生産現場に働く現地従業員の意識・考え方を直接探りたいと考えた。

調査の方法

広く確かめるためにアンケート調査を実施した。1997年以降の通貨危機に端を発した経済混乱のなか、聞きとり調査は実施が困難となったこともある。アンケート調査の実施方法について、タイの労働組合ナショナルセンターであるLCTやIMF-TCに相談したところ、「タイの一般労働者は、アンケート調査というものに関してほとんど知識も経験もないので、労働組合ルートで調査す

ることは無理」という反応であった。また、日本の自動車メーカーに打診してみたが、現在タイは雇用調整などの検討をおこなっている最中なので、とても現地に協力要請はできない、という答えが返ってきた。

やむを得ず、筆者の知人でもあり造船重機労連特別執行委員という立場から日本労働組合のナショナルセンターである「連合」派遣としてバンコクの日本大使館に赴任中であったF氏に相談したところ、調査の協力者としてブンチュウ氏（Mr. Boonchoo TUNTIRUTTANASOONTORN）が示唆された。ブンチュウ氏は1981～86年一橋大学、91～93年慶応義塾大学と2度にわたり日本に留学し、現在はバンコク日本大使館の後援も受けタイ人向けに日本語を教える日本語学校の講師や、タイに進出した日系企業向けのコンサルタント業および企業内タイ語会話講師などをしている。今回の調査においてもっとも重要なポイントは、ブンチュウ氏がタイ国の日本留学経験者OB会（Old Japan Students' Association, Thailand：略称 OJSAT）の代表幹事のひとりであり、さきにあげた日本語学校の経営母体である OJSAT 教育委員会のメンバーという点であった[2]。

具体的なアンケート実施方法について、タイ現地訪問も含め精力的に打ち合せを重ね、①タイ人労働者の住所リストを入手して郵送で調査票を送付し返送してもらう、②工場周辺のホテルかレストランで立食パーティを開催して来場者にアンケート票を記入してもらう、③質問票を作成して OJSAT メンバーがタイ人労働者ひとりひとりに質問しながらその場で記入する、などの方法を検討した結果、③の質問票調査方式を採用することとした。その理由は、①郵送によるばあいは回収率が極端に低くなる怖れが強く、記入内容も信憑性に不安がのこる、②立食パーティ方式にしても記入要領どおり記入してもらえたかどうかの確認がむつかしいなどの理由から、③調査員が直接対面し設問の意味を説明しながら質問票に記入する方式とした。

その後調査対象件数を1社10～20名ていどで総数200件（10数社）を目途とすることを決め、日本語版の調査票をバンコクに持参し、質問の趣旨を説明しながらタイ語版の調査票作成を依頼した。以後ほとんど毎日、東京とバンコクの間でEメールによって内容を確認しながら、調査票のタイ語訳を完成

し、タイ国内で必要部数を印刷した。

　調査票ができあがった段階から順次、OJSAT の人的ネットワークを通じて協力してもらえそうな生産労働者を探し、アポイントメントがとれたところから随時質問票調査をおこなった。その際に、日系企業内部に食い込んでいる OJSAT の人的ネットワークの強みを発揮してもらうともに、調査者の身元証明の必要が生じたばあいに備えて、日本の「連合」名での調査依頼状を各企業、労働組合向けに作成し、調査協力者らに預けた。

　質問紙調査は 1998 年 6 月下旬から 9 月末にかけて実施され、最終的に 236 部が回収できた。回答はタイ語の原票のままバンコクで筆者が受領し、日本で集計した。ただし、その 236 部をチェックすると、日系ではなく地元系部品企業の労働者の回答が 48 部混入しており、それをのぞいた 188 部を集計分析した。また、質問票の作成過程ならびに回収された調査票自由記入欄の判読などの翻訳作業について、横浜国立大学経済学部タイ人留学生ウィーパーさん (Ms. Vilailuk TIRANUTTI) の協力を得た。

　この在タイ日系自動車企業の生産労働者のアンケート票 188 部を「1998 年タイ調査」と呼ぶ。適宜、日本の自動車労働組合が 1997 年におこなった労働者調査（自動車総連 [1998]、以下、「1997 年 JAW 調査」と呼ぶ）などと比較対照しながら、タイ人生産労働者の意識・考え方などの特徴を探った。なお、「1997 年 JAW 調査」とは、日本の当時民間最大労組であった全日本自動車産業労働組合総連合会（略称、自動車総連）が、あらたな労働政策の検討材料とするため、1997 年 9 月に傘下労働組合を通じて実施したアンケート形式の意識調査の結果であり、生産部門 2869 名および管理・間接部門 2354 名の回答からなるが、ここでは生産部門（技能系労働者）2869 名の回答結果のみを比較に用いた。

仮　説

　この調査の仮説は、日本の職場において企業帰属意識を高めるメカニズムとして指摘されてきたものを、タイの生産職場にあてはめて組立てた仮想モデルである。図表 6-1 に示した。上段から順に「経営意思の決定レベル」、「労務管

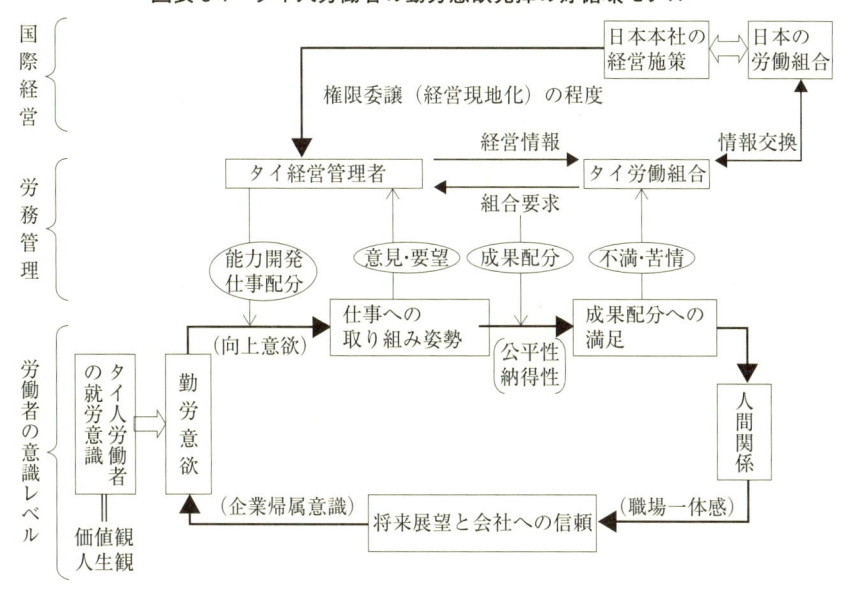

図表6-1　タイ人労働者の勤労意欲発揮の好循環モデル

国際経営
- 日本本社の経営施策 ⇔ 日本の労働組合
- 権限委譲（経営現地化）の程度

労務管理
- タイ経営管理者 ← 経営情報 → タイ労働組合　情報交換
- 組合要求
- 能力開発・仕事配分／意見・要望／成果配分／不満・苦情

労働者の意識レベル
- タイ人労働者の就労意識
- 価値観・人生観
- 勤労意欲
- 仕事への取り組み姿勢（向上意欲）
- 公平性・納得性
- 成果配分への満足
- 人間関係（職場一体感）
- 将来展望と会社への信頼（企業帰属意識）

理・労使関係システム」、「従業員の意識レベル」の3層からなる。第1層は国際経営論の立場から研究分析され「経営の現地化」などが論じられ、第2層は国際人事論として「異文化コミュニケーション」や「ダイバーシティ・マネジメント」の重要性が指摘されてきた。しかし、第3層については、あまり先行調査研究が豊富とはいえない。あるいは、日本人労働者なみの勤労意欲は期待し得ない、という思い込みが国際経営論や国際人事論の端々に見え隠れする。この調査研究があきらかにしたいのは、まさにこの第3層の従業員意識レベルの解明であり、はたしてそこに以下説明する「勤労意欲発揮の好循環モデル」の成立が期待できるかどうかということである。

　まずタイ人の人生観や価値観にもとづく仕事意識が、大きい要因でありかつ出発点である。それが一番左のボックスである。もしここで文化人類学者の指摘するように「生活できるていどの食糧さえあれば、それ以上働かなくてもよい」とか「貧富の差や人生の盛衰は宿命として定められているので、個人として努力しても仕方ない」などの観念が定着しているとすれば、そこから右側へ

移行し、生産性向上につながる「勤労意欲発揮の好循環」の輪は期待できない。

　しかし「勤労意欲」が高まれば、よい仕事をしようとか自分自身の仕事能力を高めていこうとする向上心につながり、「仕事への取り組み姿勢」としてあらわれる。この「仕事への取り組み姿勢」こそ生産性の向上につながるもっとも重要な要素のひとつであり、自動車生産現場での品質のつくりこみに欠かせない条件である。膨大な部品点数の集合体である自動車においては、その部品ひとつひとつの品質に、その組立作業や加工技術などの精度が不可欠だからである。そのために、労働者の技能・技術を高めるように教育訓練を推進したり、適性におうじた仕事の与え方が労務管理として重要となる。

　「仕事への取り組み姿勢」がより能動的で積極的になれば、その結果にたいする評価・処遇もまた重要となる。評価や報酬における公平感・納得感はさらなる勤労意欲を生みだすインセンティブとなる。その報酬の内容はたんに直截的な賃金・ボーナスだけではなく、仕事の達成感や充実感や、昇進などによる権限・責任の増加、自己実現欲求の充足などへと広がっていく。そうした期待に応えるしくみを成果配分に採り入れていくことが「成果配分への満足」を生みだす。そのために、経営管理者は経営情報を労働者（労働組合）と共有し、将来の事業展望を含めた適正な成果配分であることを、労働者に理解させその納得を得る努力が求められる。

　「成果配分への満足」は企業や職場への一体感を高め、会社の発展と自己の将来展望を重ねあわせ信頼感につながる。そして「将来展望と会社への信頼」が醸成されると、さらに会社発展のために努力をしようという企業帰属意識が強められる。そのことがまた、勤労意欲の一層の向上につながる、という好循環になる。この好循環によって労働者にとって働きがいがある職場が生まれ、そういう労働者が増加し生産性の高い工場が形成されることになる。

　逆に悪循環の場合を考えると、勤労意欲の低い労働者が会社や経営管理者を敵対視し、成果配分を階級間闘争に置きかえ経営者と労働者の役割の違いをことさら強調して、つねに会社や経営者に不平不満をぶつけることに専念する。生産性向上は会社や経営者を利するだけだと反対し、さらに勤労意欲を低

下させる。こうした左回りの非効率なモデルがあてはまる例として、佐久間［1987］は民営化される以前の国労組合員の就労態度をあげ、日本人がもともと勤勉だから生産性が高いのではなく、生産性を高めるしくみがあってこそ勤勉さが生みだされるのだ、と主張する論拠としている。

この労働者のもつ勤労意欲が、プラス方向に向いているか、マイナス方向に向いているか、またそのていどによって、日本的な人的資源管理の効果は大きく異なってくる。当然ながら意欲には労働者個々人による差があるにせよ、その全体傾向について実態調査をおこない、今後の在タイ日系自動車企業の労務管理、労使関係の課題と方向性を考えたい。

2. サラリーと昇格

昇進・昇格システム

労働者の勤労意欲をひきだすしくみの有無や巧拙が重要と考えるので、あらかじめその実例をみておく。タイに展開している日系自動車メーカーF社の事例である。そのタイ現地法人は日本本社の人事制度にならって生産労働者をW1～W3、監督者をF1・F2、事務系労働者をC1～C4、係長クラスをS、経営・管理職層をR2～R11という資格に区分していた。95年3月現在各ランクごとの最終学歴構成および平均給与を、図表6-2に示した。生産労働者は低学歴者でも監督者層（F1、F2）まで昇進していることが観察できる[3]。

資格ごとに最低滞留年数が決められ、それを満たすと、①能力考課、②業績査定のうえで認められた者がつぎの資格へ昇進する。最低滞留年数は事務系部門では学歴ごとに初任資格や滞留年数に差がある。生産労働者は学歴にかかわらず初任資格が同一で、最低滞留年数は学歴ごとに設定されている。その年数はW1が2～4年、W2が2～3年、W3が3年、すぐれた者はこの合計7～10年をへてF1（副作業長）に任命される。そして、F1（副作業長）の最低滞留年数は3～5年、これを満たした人で優秀者がF2（作業長）に任命される。

生産現場の作業長以下のポストはほぼ全員が内部昇進した者である。さらにF2（作業長）のなかでとくに優れた者は、滞留年数3～5年を満たしたあと

図表 6-2　資格別学歴別人員構成と平均給与

単位：人

職種	等級	初級	中等		高等	短大専門	大学		平均給与(バーツ)
			M1-M3	M4-M6			学士	大学院	
技能系	W1	76	449	426	303	66	0	0	5,985
	W2	37	162	111	141	21	0	0	9,226
	W3	31	50	5	15	3	0	0	12,089
	F1	17	44	2	6	4	0	0	14,814
	F2	6	16	1	8	1	1	0	17,136
事務系	C1	0	4	3	42	89	1	0	6,910
	C2	0	1	2	28	55	138	0	10,041
	C3	0	5	4	21	24	49	0	11,960
	C4	3	6	4	33	13	15	2	13,913
	S	1	1	3	15	4	15	0	18,034

出所：F 社資料
注　：1995 年現在。

S（係長）に任命される。その後、本人の努力・業績によっては課長、次長と昇格していく可能性もある。同社の製造部長もまたこうしたルートに沿って生産・技能部門から内部昇進してきたタイ人労働者である[4]。

評価システム

　査定は生産労働者にもある。生産労働者（W1～W3）の評価項目は、「仕事の正確さ」、「仕事の達成度」、「責任感」、「勤務態度」、「協調性」、「規律遵守」、「安全衛生」の7項目である。この7項目のウェイトは、「仕事の正確さ」が30％、「仕事の達成度」が20％、その他の各項目が10％ずつで合計100％となっている。FI（副作業長）以上には、この他に「企画力」や「リーダーシップ」、「判断力」などの項目がくわわる。第1次考課者は一般労働者のばあい作業長、第2次考課者は係長、第3次考課者は課長である。評価結果はA～Eの5段階評価で、C（標準）を中心にして正規分布するようにAから順に5％、15％、60％、15％、5％と人数枠が決められている。

　この考課結果は定期昇給にも反映され、昇給額にたいしてAの場合「1.2」、B「1.1」、C「1.0」、D「0.9」、E「0.8」の係数が乗じられる。この1.2～0.8の査定幅は、もともと日本本社の制度が1.04～0.96であったのにくらべると、

かなり大きくなっている[5]。日本と同様の制度を導入しようとした際労働組合の意見を聞いたところ、評価結果の反映格差が小さすぎるという批判があり、それを受けて修正したものである。タイではとくに個人的能力の差が公正、公平に反映されるべきとの風潮が強い、それが組合の主張であった。なお、課長以上の管理職者の査定幅はより小さく、1.1〜0.9の間で3段階となっている。

さらに昇給額にたいして欠勤控除率が乗じられ、欠勤日数が6〜15日10%、16〜25日20%、26〜35日50%、36日〜100%の控除、つまり年間36日（月平均3日）以上欠勤すると昇給額は「0」となる。欠勤日数はだれからみても明白な差なので、かなり厳しくしないと真面目に頑張った者にたいして不公平だ、という感覚が強い。

ボーナスにおいても同様で、成績評価（1.2〜0.8）以上に厳しい欠勤控除率が適用される。98年末ボーナスの欠勤控除者の分布をみると、欠勤日数が5日以内（控除率0%）の者が77%、6〜15日以内（同5%または10%）15%、16〜25日以内（同15%または20%）が5%、26〜35日以内（同25%または30%）が1%，36日以上（同40%以上）が2%である。大半の労働者の勤怠状況はかなりよい。

成績格差を当然視する傾向は若い世代ほど強く、あらたに進出してきた自動車部品企業や最近賃金制度改正をおこなった企業では、いっそう成績反映部分が大きい。

3. タイ生産労働者の仕事意識

企業への定着性

まずタイ人労働者の定着意識をみる。まるで日本のバブル経済期以降に若年層を中心に増加したフリーターのように、ひとつの企業に長くとどまらず勤務先を転々と変える、というイメージでとらえられることが多く、企業内での教育訓練や日本式の長期的な処遇システムになじまない、という声も根強い。

しかし、1998年タイ調査回答者の勤続年数をみると図表6-3のとおりで、3人にひとりは勤続10年以上に達しており、平均勤続年数も9.6年である。こ

図表 6-3 勤続年数別回答者数

- 20 年以上 8.0%
- N.A 0.5%
- ～5 年未満 21.8%
- 10～20 年 29.3%
- 5～10 年 40.4%

出所：1998 タイ調査　　　　　　　　　　平均勤続年数 9.6 年

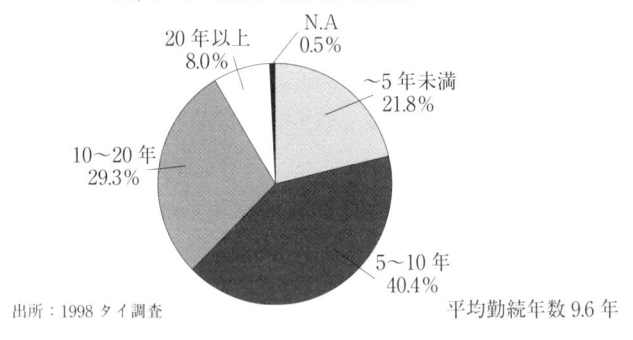

図表 6-4 年齢と勤続年数別人員

単位：人

	24歳以下	25～29歳	30～34歳	35～39歳	40～44歳	45歳以上	N.A.	計
5 年未満	18	18	4	1	—	—	—	41
5 年以上	3	40	30	1	2	—	—	76
10 年以上	—	2	20	25	7	1	—	55
20 年以上	—	—	—	1	6	7	1	15
N.A.	—	—	—	—	—	—	1	1
計	21	60	54	28	15	8	2	188

出所：1998 タイ調査　　　　　　　　　　平均年齢 31.9 歳

の数値は、たまたま混入した地元系部品企業の労働者48件の平均勤続年数が4.6年であったことや、「タイ人労働者は移動が激しく定着性が乏しい」という通説にくらべて、かなり異なる実態といえる。

さらに年齢と勤続年数を組み合わせた図表6-4をみると、勤続年数と年齢の間にはっきりとした相関性があり、比較的若いころから現在の会社に定着している者が職場構成の中心層であることが読みとれる。たしかに図表6-5のように転職経験者も約半数近くにのぼり、その意味で日本の工場とくらべると流動性はけっして少なくないが、これら転職経験者も含めても日系自動車工場に就職したあと、日本的な仕事方式のもとで勤続が比較的長期化している傾向がみいだされる。

では、タイ人労働者自身は企業への定着についてどのように考えているだろうか。1998年タイ調査は「あなたは5年後も現在の会社に勤務していると

図表 6-5　転職経験と回数

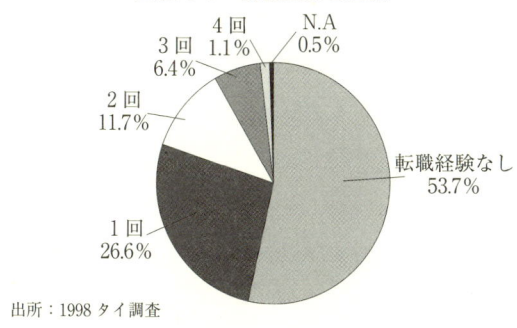

4回 1.1%
N.A 0.5%
3回 6.4%
2回 11.7%
1回 26.6%
転職経験なし 53.7%

出所：1998タイ調査

図表 6-6　現在の会社に 5 年後も勤めているか

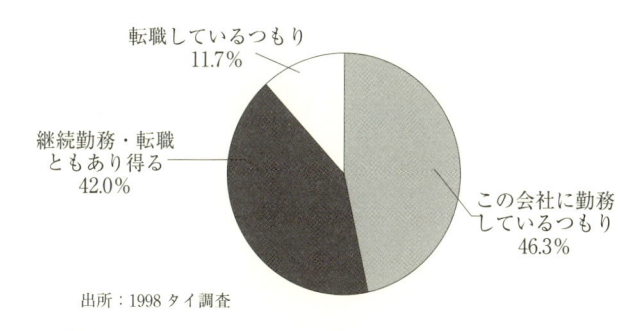

転職しているつもり 11.7%
継続勤務・転職ともあり得る 42.0%
この会社に勤務しているつもり 46.3%

出所：1998タイ調査

おもいますか」という形で問うてみた。回答結果は図表6-6のとおりで「この会社に勤務しているつもりである」が88.3％、「転職するつもりである」が53.7％となっており、「勤務している」と「転職している」の双方に回答した「どちらにするか迷っている」人たちが42％にものぼっている。

「勤務しているつもり」と「転職しているつもり」のそれぞれに、その理由を聞いたのが図表6-7である。「勤務しているつもり」の理由でプラス・イメージの答えは「仕事にやりがいがある」56％、「会社のイメージが良い」48％の両項目がとくに大きく、「転職しているつもり」の理由として「賃金が低い」58％をあげる者が目立って多い。

1997年 JAW 調査はこの設問に完全に対応するものはないが、「あなたは、この会社で定年まで働こうと思いますか」との質問にたいして、「ぜひ定年

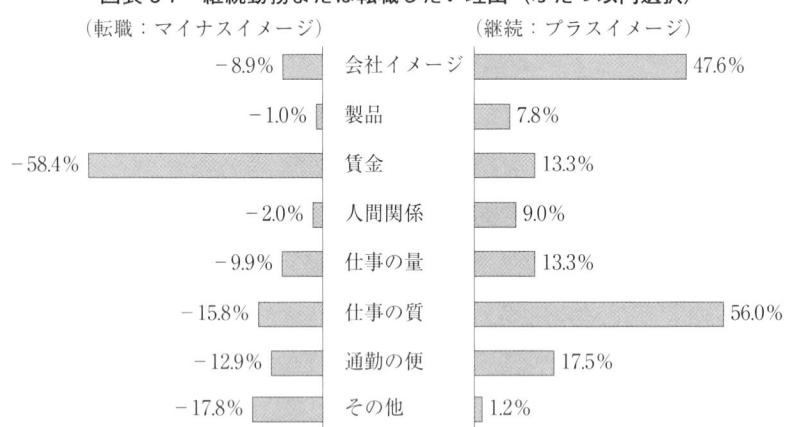

図表 6-7　継続勤務または転職したい理由（ふたつ以内選択）

（転職：マイナスイメージ）　　　　　　　　（継続：プラスイメージ）

項目	マイナス	プラス
会社イメージ	-8.9%	47.6%
製品	-1.0%	7.8%
賃金	-58.4%	13.3%
人間関係	-2.0%	9.0%
仕事の量	-9.9%	13.3%
仕事の質	-15.8%	56.0%
通勤の便	-12.9%	17.5%
その他	-17.8%	1.2%

出所：1998 タイ調査

まで働きたい」18.3％、「とくにこだわりはないが定年まで働いてもよい」55.7％、「機会があれば転職したい」19.8％、「定年まで働くことはまったく考えていない」5.9％という回答であった。

　これをもって、タイ人労働者と日本人労働者のどちらの定着意識が強いかを直接比較することは困難であるが、少なくとも在タイ日系自動車企業の生産労働者に関して「タイ人労働者には、定着意識がない」といういい方は当たっていない。条件を整備していけば、その企業内にとどまって働きつづけようとする意欲がでてくることがうかがえる。日本人労働者も際立って強い定着意識があるわけでないが、人事管理制度や仕事方式などの存在もあって、結果的に勤続が長い層がかなり存在しているとおもわれる。

働きがいと向上意欲

　定着意識を高めるうえで重要な「働きがい」について聞いてみた。図表6-8は「あなたにとって『働きがい』とは何だと思いますか」という、まったく同一の質問にたいするタイ人労働者と日本人労働者の回答を示した。タイ人労働者が上位にあげた項目としては、「やりたい仕事ができる」43％、「仕事に責任をもたされる」32％、「職場の人間関係が良い」24％、「自分の能力を認めて

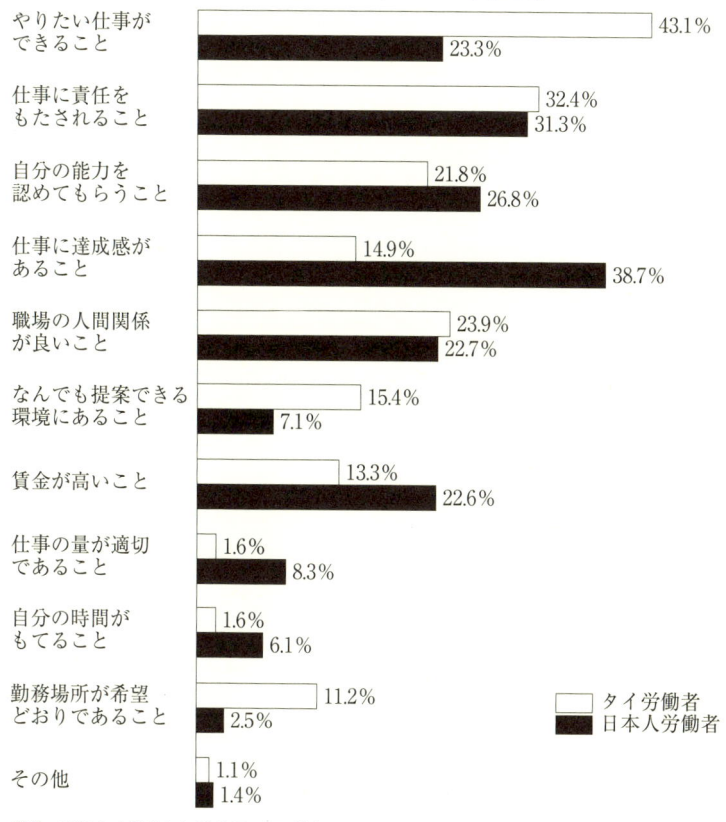

図表 6-8　働きがい（ふたつ以内選択）

項目	タイ労働者	日本人労働者
やりたい仕事ができること	43.1%	23.3%
仕事に責任をもたされること	32.4%	31.3%
自分の能力を認めてもらうこと	21.8%	26.8%
仕事に達成感があること	14.9%	38.7%
職場の人間関係が良いこと	23.9%	22.7%
なんでも提案できる環境にあること	15.4%	7.1%
賃金が高いこと	13.3%	22.6%
仕事の量が適切であること	1.6%	8.3%
自分の時間がもてること	1.6%	6.1%
勤務場所が希望どおりであること	11.2%	2.5%
その他	1.1%	1.4%

出所：1998タイ調査および1997 JAW調査

もらう」22％などがならぶ。これにたいし日本人労働者は、「仕事に達成感がある」39％、「仕事に責任をもたされる」31％、「自分の能力を認めてもらう」27％、「やりたい仕事ができる」、「職場の人間関係が良い」、「賃金が高い」を各23％の者があげている。

　両者にほぼ共通しているのは、「仕事に責任をもたされる」や「自分の能力を認めてもらう」ことで、かつ「職場の人間関係が良い」ことである。一方、それぞれに特徴的な項目として、タイ人労働者は「やりたい仕事ができる」により強くこだわり、日本人労働者は「仕事に達成感がある」に重きを置く。こ

図表 6-9 「仕事の質」を高める努力

A:「仕事の質」を高めるために、みずから積極的に技能や経験の幅を広げる努力をすべきだ
B: 仕事は会社が決めるのだから、それに必要な教育は会社の責任で実施すべきだ

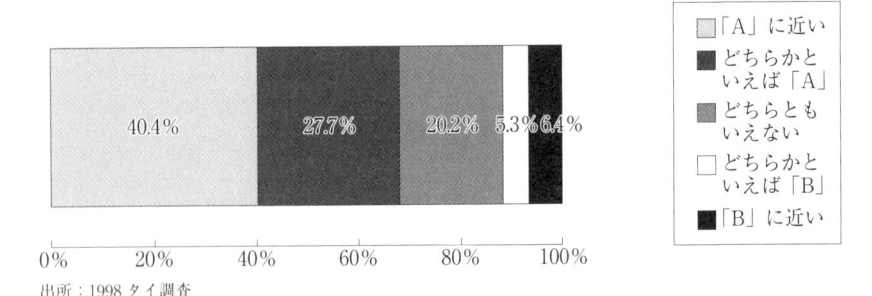

| 40.4% | 27.7% | 20.2% | 5.3% | 6.4% |

- 「A」に近い
- どちらかといえば「A」
- どちらともいえない
- どちらかといえば「B」
- 「B」に近い

出所:1998 タイ調査

図表 6-10 仕事の幅を広げ、技能を高めていく工夫

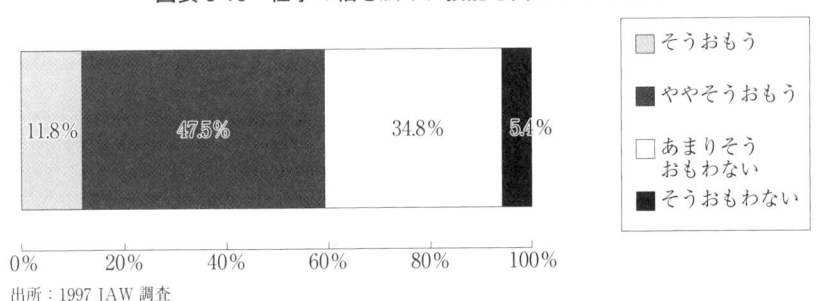

| 11.8% | 47.5% | 34.8% | 5.4% |

- そうおもう
- ややそうおもう
- あまりそうおもわない
- そうおもわない

出所:1997 JAW 調査

れらの回答は、タイ人にせよ日本人にせよ仕事の与えられ方しだいで、「仕事への取り組み姿勢」を強化していく傾向があることをあらわしている。

たんに「タイ人は生計費のために働いている」のではなさそうである。むしろ「賃金が高いこと」により強く執着したのは日本人労働者であった。なお、タイ人の意識には日本人と比較して「勤務場所」に関するこだわりが強く、これは「タイ人労働者は転勤をあまり受入れない」という風評をあるていど裏づけている。

タイ人労働者に「仕事を通じて会社にコミットメントしていきたい」という思いが確認された。つぎは、会社のなかでより質の高い仕事をするためみずから努力していく向上意欲があるかどうかをみたい。ここでは、「A:仕事の質を高めるためにみずから積極的に技能や経験の幅を広げる努力をすべきだ」と

いう能動的な姿勢と、「B：仕事は会社が決めるのだから、それに必要な教育は会社の責任で実施すべきだ」という受動的な姿勢を対比させ、どちらが自分の考え方に近いか選んでもらった。図表6-9に示すように、「Aに近い」と「どちらかといえばAに近い」をあわせて68％、約7割に達しており、「B」および「どちらかといえばB」を選択した者は約1割にとどまっている。

図表6-10は、1997年JAW調査のなかで「仕事の幅を広げ、また、技能を高めていく工夫をしていますか」と聞いた答えである。肯定的な答えが約6割、否定的な答えが約4割となっている。もとよりタイ調査のほうは考え方・姿勢を問うたものであり、JAW調査のほうは実際の行動・対応を聞いているので、両者を直接比較するのは適切ではない。ただ「タイ人労働者には仕事のうえでの向上意欲がない」わけではないことを確認するための材料のひとつにはなろう。

仕事への取り組み姿勢

「いい仕事をしたい」という思いは日本人労働者の特性として指摘されることが多い。たしかに1997年JAW調査では、「質の高い仕事をしようとこだわりをもってやっているとおもいますか」という問いにたいし、「そうおもう」18.9％、「ややそうおもう」47.7％、「あまりそうおもわない」27.8％、「そうおもわない」5.0％と、3人にふたりは肯定的な回答であった。

タイ人労働者の仕事へのこだわりはどうであろうか。仕事の重視度を調べるため、「A：仕事が計画どおりに進まないばあい、個人的なスケジュールを犠牲にしても仕方ない」という仕事優先型と、「B：会社の都合のために個人のスケジュールを変更することは納得できない」という個人生活優先型の両端から、自分の考え方に近いものを選んでもらった。図表6-11では「Aに近い」53％と「どちらかといえばA」32％をあわせて85％が仕事優先型の考え方をあらわしている。

仕事生活が自分の生活関心に占める位置を聞いた結果が図表6-12である。「A：会社のなかで賃金やポストが高くなることは人生の目標のひとつである」、「B：会社のなかでの賃金やポストと、自分自身の人生の目的とは関係が

図表 6-11　仕事と個人的スケジュール

A：仕事が計画どおり進まないばあい、個人的なスケジュールは犠牲にしても仕方ない
B：会社の都合のために個人のスケジュールを変更することは納得できない

52.7%　31.9%　12.2%　1.1%　2.1%

凡例：「A」に近い／どちらかといえば「A」／どちらともいえない／どちらかといえば「B」／「B」に近い

出所：1998 タイ調査

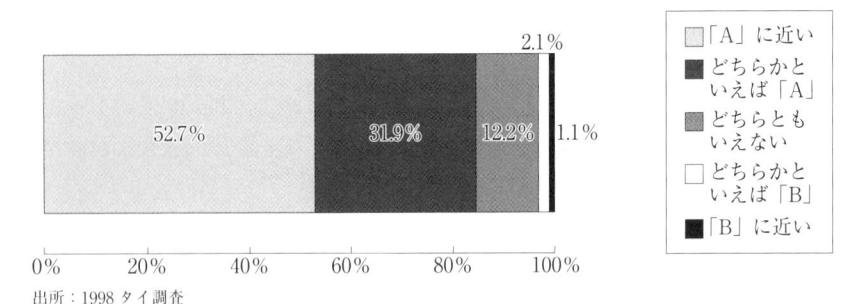

図表 6-12　会社内での昇給や昇進

A：会社のなかで賃金やポストが高くなることは人生の目標のひとつである
B：会社のなかで賃金やポストと自分自身の人生の目的とは関係がない

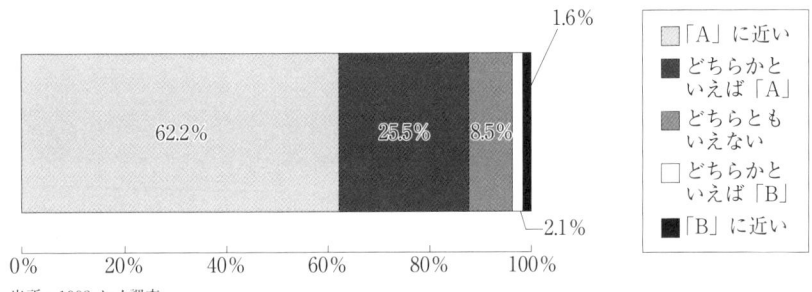

62.2%　25.5%　8.5%　2.1%　1.6%

凡例：「A」に近い／どちらかといえば「A」／どちらともいえない／どちらかといえば「B」／「B」に近い

出所：1998 タイ調査

ない」、この両端から自分自身の考え方に近いものを選んでもらった。「Aに近い」62％と「どちらかといえばA」26％をあわせて、約9割が仕事生活（昇給や昇進）をみずからの中心的生活関心であるとした。

この昇給・昇進を人生の目標のひとつとする考え方についても、勤続年数別にみると、図表は省くが、勤続が長くなるにつれて「どちらかといえばA」から「Aに近い」に重心がシフトしており、しだいにその考え方が深まっていることが読みとれる。

図表 6-13　賃金の決定要素

A：仕事をする能力は経験によって高くなるので、賃金は年長者のほうが多くて当然である
B：仕事をする能力は個人の努力によって差があるので賃金は年齢にかかわらず業績で決めるべきである

10.1%　6.4%　20.7%　30.3%　32.4%

「A」に近い
どちらかといえば「A」
どちらともいえない
どちらかといえば「B」
「B」に近い

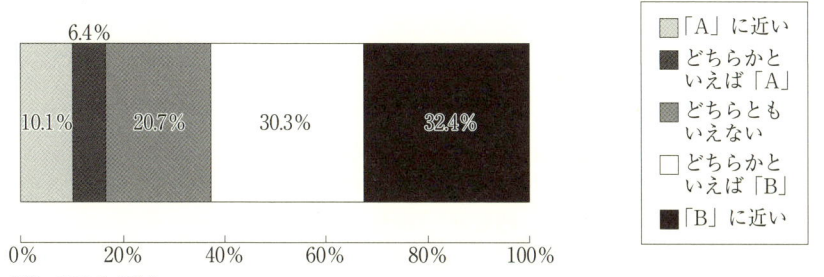

出所：1998 タイ調査

図表 6-14　「年功」と「個人のがんばり・技能」とどちらを重視した賃金がよいとおもうか

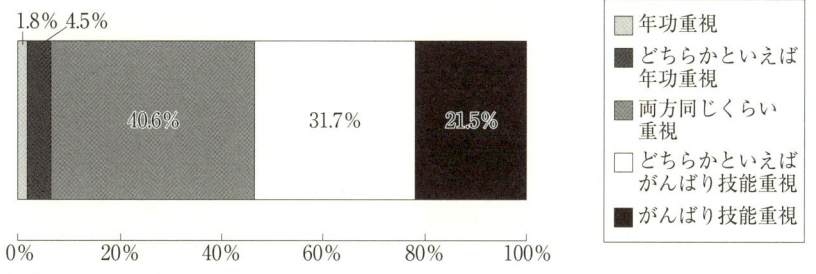

1.8%　4.5%　40.6%　31.7%　21.5%

年功重視
どちらかといえば年功重視
両方同じくらい重視
どちらかといえばがんばり技能重視
がんばり技能重視

出所：1997 JAW 調査

成果配分への期待と満足

　以上のような「仕事への取り組み姿勢」や「仕事生活での向上意欲」の持続には、報酬や処遇の公平感、納得性が不可欠である。その尺度にもそれぞれの仕事観が反映されることになる。タイ人労働者の賃金にたいする考え方を聞いたものが図表 6-13 である。「A：仕事をする能力は経験によって高くなるので、賃金は年長者のほうが多くて当然である」という年齢重視と、「B：仕事をする能力は個人の努力によって差があるので、賃金は年齢にかかわらず業績で決めるべきである」という業績重視の、両端の考え方から選んでもらった。
　「A に近い」10％と「どちらかといえば A」6％をあわせて年齢重視派が 16％であるのにたいし、「B に近い」32％と「どちらかといえば B」30％をあわせ

図表 6-15　企業業績の労働条件への反映

A：会社の業績は経営者の責任なので、労働者の労働条件にしわ寄せすべきでない
B：会社の業績は社員全員の責任なので、それによってボーナスなど労働条件が変動するのは仕方ない

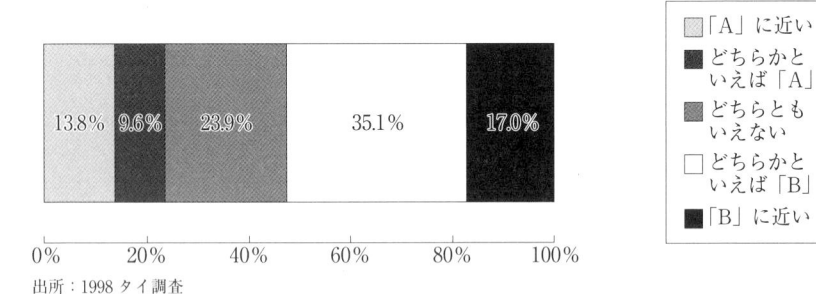

「A」に近い	どちらかといえば「A」	どちらともいえない	どちらかといえば「B」	「B」に近い
13.8%	9.6%	23.9%	35.1%	17.0%

出所：1998 タイ調査

た業績重視派は6割をこえている。このことからタイ人労働者の公平観は、年齢による横並びではなく個人間格差の賃金処遇への反映を重視すると推察される。

また1997年JAW調査では、この点を「年功（年齢・勤続年数）と個人のがんばりや技能の高さのどちらを重視した賃金がよいとおもいますか」という聞き方をしている。その回答結果が図表6-14である。「がんばり・技能重視」が53％、「両方おなじくらい重視」が41％、「年功重視」が6％となっている。「がんばり・技能重視」が過半数を占めたものの、むしろ日本人労働者の特徴は「両方おなじくらい重視」が4割をこえていることである。「がんばり・技能の高さ」の重要性を認めつつ、年齢・勤続年数という要因をまったく無視することには躊躇を感じる者が少なくない。

賃金は、個人への配分の前提として、まず労使間の原資の分配がある。そして会社の業績によって、成果配分の総原資に影響がでることは避け難い。それゆえに労使間に相互信頼関係があれば、賃金総原資のもとである企業業績の向上が労使共通の目標となる。図表6-15は労使関係への信頼と理解の有無を聞いた設問への回答結果である。「A：会社の業績は経営者の責任なので、労働者の労働条件にしわ寄せすべきではない」、「B：会社の業績は社員全員の責任なので、それによってボーナスなど労働条件が変動するのは仕方ない」、この

両端の考え方から、自分自身の考えに近いものを選んでもらった。

「Bに近い」17％と「どちらかといえばB」35％をあわせて52％であり、約半数の者が会社の業績に労働条件が連動することへの理解を示している。これにたいし、経営者と労働者は利害が共通しないという考え方、つまり「Aに近い」14％および「どちらかいえばA」10％は合計24％でおおよそ4人にひとり、「どちらともいえない」も24％でやはり4人にひとりという割合になっている。全体としては、企業業績は従業員全体で築いていくという意識が浸透しつつあり、それが1990年代末のような経済混乱のなかで、ボーナス支給月数の大幅低下や給与のベースアップ幅の縮小という事態にも、かつてのような過激な労使紛争や暴動を招かなくなった要因となっている。そして、このことが意味するもっと大きな効果は、企業業績を向上させていこうとする意欲、ひいては勤務先の会社にたいして「わが社」意識をもってくる点であろう。

4. 組合観、会社観

労使関係をみる眼

このことは労働組合と会社の関係をみる眼にもあらわれている。労使は利益の分配をめぐって対立するというとらえ方と、労使は協調して分配の総原資を膨らませることができるというとらえ方の両極を念頭において、「A：組合は会社とよく協議を尽くし、むやみに会社と闘争すべきではない」と、「B：組合は組合員の要求実現のためには積極的に会社と対決すべきである」のふたつの間で自分の考えに近いものを選んでもらった。

その回答結果が図表6-16である。「Aに近い」32％と「どちらかといえばA」23％をあわせた55％が、労使対決ではなく対話による解決を指向している。「Bに近い」7％と「どちらかといえばB」12％は足して2割弱で少数である。「どちらともいえない」が26％あり、この層は今後の労使協調の成果を注目しているものとおもわれる。

会社にたいする労働者の信頼感を醸成するうえで、労働組合の果たす役割はけっして小さくない。組合が会社にたいし適切な発言力を確保して労働者の声

図表 6-16　組合と会社の関係

A：組合は会社とよく協議を尽くし、むやみに会社と闘争すべきではない
B：組合は組合員の要求実現のためには、積極的に会社と対決すべきである

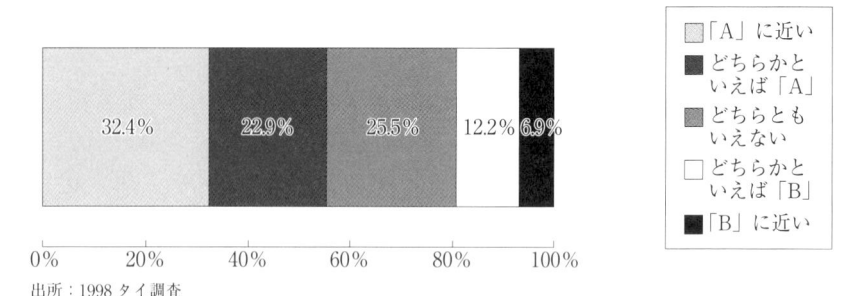

| 32.4% | 22.9% | 25.5% | 12.2% | 6.9% |

凡例：「A」に近い／どちらかといえば「A」／どちらともいえない／どちらかといえば「B」／「B」に近い

出所：1998 タイ調査

を企業経営に反映し、合理的な労働条件を会社からひきだしていると認めることができなければ、会社にたいする信頼も揺らぎやすい。そこでタイ人労働者の組合にたいする評価をみておこう。

　まず労働組合への加入状況は、図表は省くが、組合があるところが79％、そこでは全員が組合に加入している。のこる21％は組合がなく、「組合はあるが加入していない」という者はいない。組合に加入している理由を問うたところ、「加入したほうが雇用処遇条件に有利」69％、「知人に勧誘されたから」18％、「ほとんどの同僚が加入しているから」7％、「労働者の発言力を高めるため」6％となっており、組合の役割への期待感から加入したことを示している。また、組合のない企業の労働者にたいして、組合の必要性を聞いたところ、「ぜひ必要」10％と「あったほうがよい」28％をあわせて組合が必要38％、「どちらともいえない」という中間派が31％、「ないほうがよい」18％と「なくてもよい」13％をあわせた不要論が31％と拮抗しており、やや必要論のほうに重心を置きつつ3分されている。

　では労働組合にたいする信頼感はどうであろうか。「あなたは、仕事や処遇に不満・苦情がある場合、だれに相談しますか」という問いにたいする回答結果が図表6-17である。「会社の上司」が42％でもっとも多いのにつづいて、「労働組合の役員・委員」が29％とかなり高い割合を得ている。この労働組合に相談する割合「29％」が高いか低いかをみるために、98年2〜3月に連合

図表6-17 不満や苦情の相談先

相談先	割合
会社の上司	42
職場の同僚	25
人事部など会社の窓口	3.2
職場の実力者	3.7
職場以外の実力者	1.1
労働組合の役員・委員	29.3
その他	2.7

出所：1998タイ調査

総研が連合傘下組合員におこなった意識調査の、苦情相談先をみよう[6]。「査定・考課」、「昇進」、「転勤・配転」、「出向」、「転籍」の5つのケースで苦情が生じたばあいの相談先を聞いている。「職場の上司」、「労働組合」、「人事部などの会社窓口」、「労働委員会などの公的機関」、「その他」、「なにもしない」の選択肢から選んでもらっており、いずれの事項でも相談先としては、①上司、②組合、③会社窓口の順であったが（ただし査定・考課と昇進では「なにもしない」が「人事部などの会社窓口」を上回っている）、事項ごとにその割合は大きく異なった。上司：組合：会社窓口の割合は、査定・考課＝50：18：9、昇進＝43：14：13、転勤・配転＝42：26：14、出向＝36：30：16、転籍＝34：26：17となっている。つまり、組合に相談する者の割合は事項によって異なるが、14〜30％ほどである。これらの数値をみると、タイの労働組合が組合員から得ている信頼が日本の労働組合に比してかならずしも遜色あるものとはいえない。

さらに組合員からみた労働組合の活動状況にたいする満足度を聞いた結果が図表6-18である。「非常に満足」6％と「やや満足」46％をあわせて半数強の52％が満足と答えており、不満（「まったく不満」および「やや不満」）は16％となっている。「どちらともいえない」12％、「無記入」20％の存在を加味しても、かなり高い信認を得ているといえる。

図表 6-18 労働組合の活動にたいする満足度

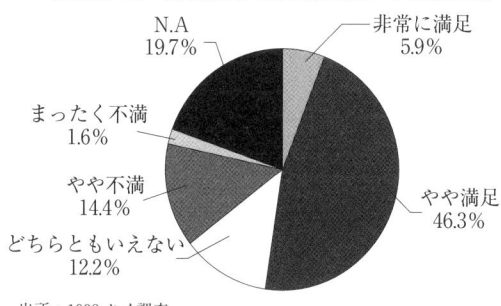

- 非常に満足 5.9%
- やや満足 46.3%
- どちらともいえない 12.2%
- やや不満 14.4%
- まったく不満 1.6%
- N.A 19.7%

出所：1998 タイ調査

図表 6-19 労働組合の活動への評価

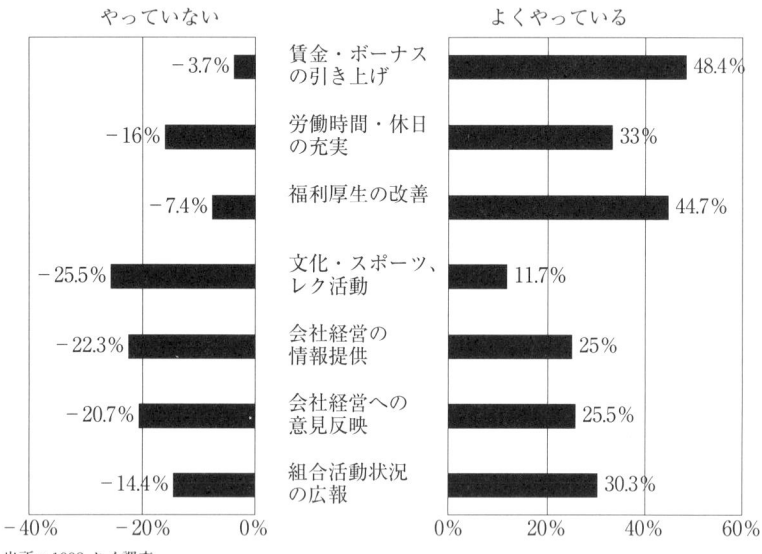

項目	やっていない	よくやっている
賃金・ボーナスの引き上げ	-3.7%	48.4%
労働時間・休日の充実	-16%	33%
福利厚生の改善	-7.4%	44.7%
文化・スポーツ、レク活動	-25.5%	11.7%
会社経営の情報提供	-22.3%	25%
会社経営への意見反映	-20.7%	25.5%
組合活動状況の広報	-14.4%	30.3%

出所：1998 タイ調査

　つづいて労働組合の活動領域ごとの評価を尋ねたものが図表6-19である。「賃金・ボーナスの引き上げ」や「福利厚生の改善」、「労働時間・休日の充実」、「組合活動状況の広報」では肯定的評価が強く、「文化・スポーツ、レク活動」では不満のほうが大きい。また、「会社経営の情報提供」、「会社経営への意見反映」という領域では、肯定的評価と否定的評価がかなり拮抗している。

図表 6-20　職場の一体感

A：おなじ職場の仲間と一体感をもつことは仕事をうまくおこなうために必要である
B：労働者はそれぞれ自分の仕事をおこなうことに専念すればよい

区分	割合
「A」に近い	48.9%
どちらかといえば「A」	26.6%
どちらともいえない	17.6%
どちらかといえば「B」	4.3%
「B」に近い	2.7%

出所：1998 タイ調査

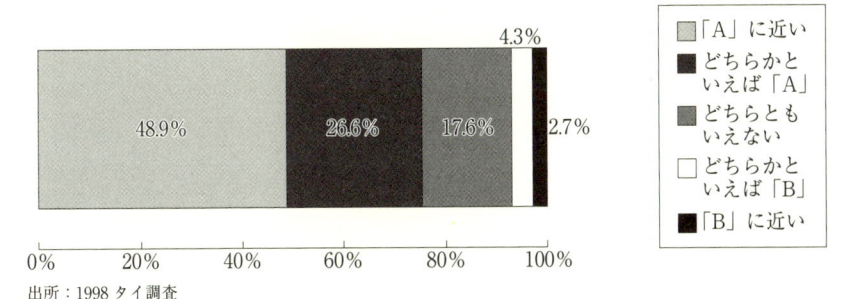

職場の一体感の醸成

さきにみたように「職場の人間関係が良いこと」は、タイでも日本でも働きがいを形成するうえで重要な要素のひとつであるが、それにも増して共同作業を基本とする自動車製造工場では、生産性や品質の向上のためにも「協調性」は不可欠である。そのため生産労働者に対する査定項目のひとつになっている。

この点について、タイ人労働者の認識を問うた結果が図表6-20である。「A：おなじ職場の仲間と一体感をもつことは仕事をうまくおこなうために必要である」、「B：労働者はそれぞれ自分の仕事をおこなうことに専念すればよい」、この両端から、自分の考え方に近いものを選んでもらった。「Aに近い」49％、「どちらかといえばA」27％をあわせて、4人中3人は「職場の一体感は必要」と答えた。「自分の仕事に専念すればよい」としたもの（「Bに近い」および「どちらかといえばB」）は、7％にとどまった。

1997年JAW調査では、「あなたは職場の仲間にたいして一体感をもって接しているとおもいますか」という設問にたいして、「そうおもう」15.9％、「ややそうおもう」45.2％、「あまりそうおもわない」31.5％、「そうおもわない」6.8％という回答であった。これと比較しても「タイ人は個人主義で集団作業が苦手」という指摘がかならずしも当てはまらないといえよう。

図表 6-21 会社の発展と自分の将来の関係
A：会社を発展させることは、自分自身の将来を豊かにすることにつながる
B：会社の発展と個人の生活設計は別であり関係がない

69.7%　21.3%　6.4%　1.6%　1.1%

凡例：
- 「A」に近い
- どちらかといえば「A」
- どちらともいえない
- どちらかといえば「B」
- 「B」に近い

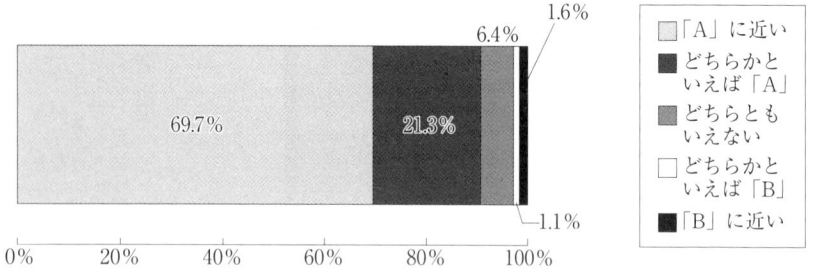

出所：1998 タイ調査

会社への信頼と将来展望

こうした積極的な仕事観を支えるものは「会社への信頼感」である。タイ人労働者の会社にたいする信頼を探るため、「A：会社を発展させることは、自分自身の将来を豊かにすることにつながる」と、「B：会社の発展と個人の生活設計は別であり関係がない」の選択肢を用意し、どちらの考え方に近いか選んでもらった。その結果は図表 6-21 である。「A に近い」70% と「どちらかといえば A」21% をあわせて、会社の発展と自己の将来設計を同一方向に重ねあわせる会社信頼派が 9 割をこえている。この傾向は、図表は省くが勤続年数別にみると、「A に近い」と「どちらかといえば A」の合計は各勤続層でかわらないけれど、勤続年数が長くなるにつれ「どちらかといえば A」から「A に近い」に重心がシフトし、信頼度が深まっていることがわかる。

一方、経営者の姿勢にたいするタイ人労働者の信頼度をみよう。労働者が会社の発展と自分の将来を重ねあわせて企業帰属意識を強めていくには「この会社は従業員を大切にする」という信頼感が肝要である。すなわち日本の経営者団体の基本理念「長期的視野に立った経営」と「人間尊重の経営」という経営姿勢が、海外でも同様に実践され現地従業員に理解されているかという点である。

図表 6-22 は「A：経営者は従業員の労働条件や生活向上にもよく配慮している」、「B：経営者は従業員の労働条件や生活向上より会社の利益ばかり追求し

図表6-22　会社利益と従業員への配分

A：経営者は従業員の労働条件や生活向上にもよく配慮している
B：経営者は従業員の労働条件や生活向上より会社の利益ばかり追求している

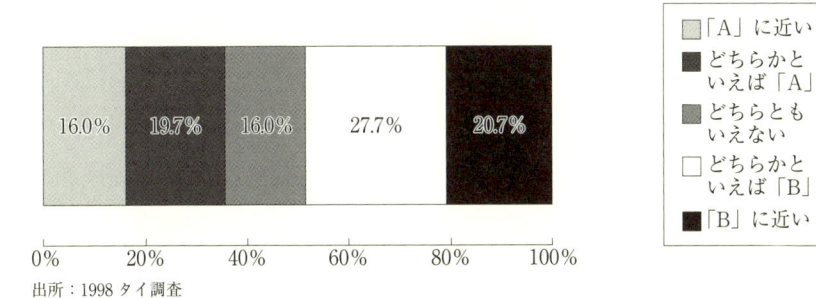

| 16.0% | 19.7% | 16.0% | 27.7% | 20.7% |

凡例：
- 「A」に近い
- どちらかといえば「A」
- どちらともいえない
- どちらかといえば「B」
- 「B」に近い

出所：1998タイ調査

ている」、この両端の間で、どのように受け取られているかを尋ねたものである。その結果は「Aに近い」16％、「どちらかといえばA」20％、「どちらともいえない」16％、「どちらかといえばB」28％、「Bに近い」21％と分散した。この分散の仕方は、勤務先企業による経営姿勢の差によるところが大きいようである。

　回答結果から推察すると、労働条件の設定や賃金処遇の改訂の場面で、現地労働組合や労働者への理解を得るための努力が充分におこなわれていないのではないか、と懸念される企業もある。そういうところでは、会社の利益を上げて日本本社に還元することが、現地労働者の満足度より優先順位の高い経営目標となっているのかもしれない。

　さらに、図表6-23は、経営者の顔がタイ国内を向いているか、日本本社を向いているかを聞いている。「A：経営者は日本本社の利益をもっとも重視しているとおもう」、「B：経営者はこの会社をタイ企業として発展させるために努力しているとおもう」、この両端の間から近いものを選んでもらった。

　その回答結果が図表6-23である。「Aに近い」12％、「どちらかといえばA」22％で、合計34％が「経営者の顔は日本を向いている」と受け止め、「Bに近い」22％、「どちらかといえばB」23％の合計45％が「経営者はタイ企業として発展させようとしている」と受け止めている。「どちらともいえない」21％も含めて、企業によっては経営者の顔がどちらを向いているか、労働者の眼か

図表 6-23　経営者はタイと日本どちらを向いているか

A：経営者は日本本社の利益をもっとも重視しているとおもう
B：経営者はこの会社をタイ企業として発展させるために努力しているとおもう

| 11.7% | 21.8% | 21.3% | 22.9% | 22.3% |

凡例：
- 「A」に近い
- どちらかといえば「A」
- どちらともいえない
- どちらかといえば「B」
- 「B」に近い

出所：1998 タイ調査

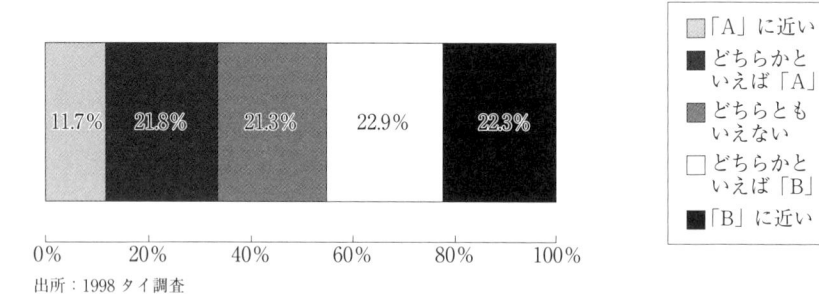

図表 6-24　日本本社の労働組合との関係

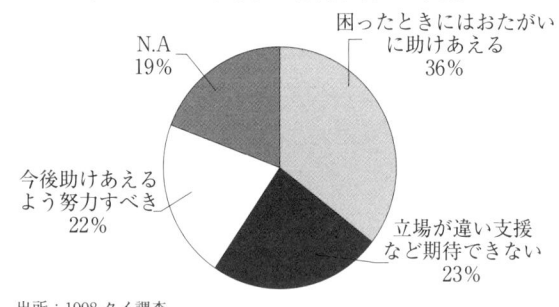

- 困ったときにはおたがいに助けあえる　36%
- 立場が違い支援など期待できない　23%
- 今後助けあえるよう努力すべき　22%
- N.A　19%

出所：1998 タイ調査

らかなり疑わしいとみられている。

　経営者が東京ばかり向いていると、組合との労使協議も形骸化することになりかねない。現地の労使協議での経営者の態度が日本本社の指示待ちで対応し、実質的な決定権がないとなると、組合にたいする無力感とともに会社にたいする帰属意識も低下していく恐れが強い。今回の調査でも、組合活動を評価している労働者の過半数（53%）は「経営者はこの会社をタイ企業として発展させようとしている」と回答したのにたいし、組合活動に不満をあらわしている労働者の大半（60%）は「経営者は日本本社の利益をもっとも重視している」と受け止めている。

　タイ人労働者から経営者の姿勢が問われていることをみてきた。一方、日本

図表 6-25　現在の会社にたいする見方

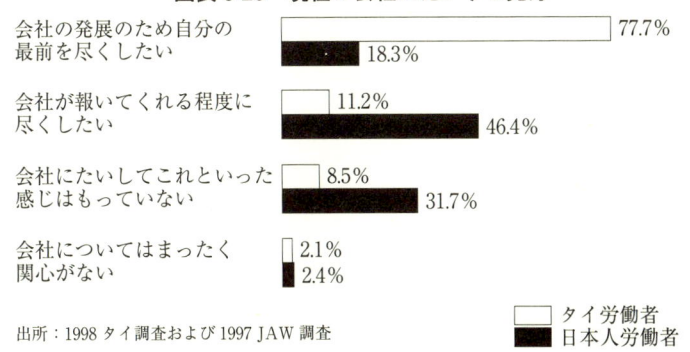

- 会社の発展のため自分の最前を尽くしたい　タイ労働者 77.7%／日本人労働者 18.3%
- 会社が報いてくれる程度に尽くしたい　タイ労働者 11.2%／日本人労働者 46.4%
- 会社にたいしてこれといった感じはもっていない　タイ労働者 8.5%／日本人労働者 31.7%
- 会社についてはまったく関心がない　タイ労働者 2.1%／日本人労働者 2.4%

出所：1998 タイ調査および 1997 JAW 調査

□ タイ労働者
■ 日本人労働者

本社の労働組合はどのように映っているであろうか。その回答結果が図表 6-24 である。「同じ企業グループの労働者どうしだから、困ったときにはおたがいに助けあえると思う」が 36％、「日本本社とタイ企業は立場が違うので、あまり連帯や支援は期待できない」が 23％、「地理的な障害はあるが、今後助けあえるよう努力していくべきだ」が 22％、「その他、無記入」が 19％と分散した。タイ人労働者にとって、日本本社の労働組合は遠い存在のようである。

企業帰属意識の日タイ比較

　そうじて生産部門の中心をなす労働者層はけっして定着性が低いわけではなく、勤労意欲や向上心も充分もちあわせている。仕事への取り組み姿勢にも積極性や意欲がみられるし、業績にもとづいた処遇、成果配分も理解している。

　では、会社にたいするみずからの関わり方につきどのように考えているのであろうか。図表 6-25 は 1998 年タイ調査と 1997 年 JAW 調査の、同一の質問にたいする回答結果をならべた。日・タイ比較である。上段白の棒グラフがタイ人労働者、下段黒の棒グラフが日本人労働者をあらわす。「会社の発展のため自分の最善を尽したい」とするタイ人が 78％に達しているのにたいし、日本人は 18％にとどまっている。逆に日本人には「会社が報いてくれるていどに尽したい」という功利的なギブ・アンド・テイク型が 46％ともっとも多く、「会社にたいしこれといった感じはもっていない」が 32％とつづいている。

この日本側の回答を、「会社の発展のため自分の最善を尽くしたい」＝高度経済成長期を支えた世代、「会社が報いてくれる程度に尽したい」＝団塊世代およびそれにつづく世代、「会社にたいしこれといった感じはもっていない」＝バブル期以降に入社した世代、というように対応させることができるか否かは、データが足りず、現段階ではなにもいえない[7]。しかし、タイ人労働者の回答の背景には、タイでは近年まさに高度経済成長期にあり、会社の発展につれて日々自分の生活水準が充実・向上していくとう体感があるのだろうと推論できる。

　この帰属意識の強さは、「勤労意欲発揮の好循環モデル」が機能していく素地が、タイ人労働者のなかに充分培われてきたことを示している。

5. 含意と提言

「好循環」の存在

　今回実施した1998年タイ調査が、従来の調査のように日本人経営者や派遣管理者などに聞いたのではなく、タイ人労働者から直接その声を聞いた結果、これまでタイ人労働者についていわれてきたことに先入観と偏見があることがわかった。

　もちろん、今回の調査はサンプル数188ときわめて小さなものであり、その結果をもってタイ人就業者数千万の傾向を推し量ろうという無謀な議論はできない。しかし不充分であるにせよ、この集計結果は現実に存在する具体的な実例の積み上げであり、考察に値するいくつかの材料を提供できたとおもわれる。いくつかの発見とともにあらたな課題も浮び上がってきた。それをふり返りこの論文のまとめとしたい。

　もっとも基本的な示唆は「タイ人労働者は、会社にたいする忠誠心とか帰属意識をもつことはなく、勤労意欲・向上心に乏しく、定着性に著しく欠け、怠惰である」というステレオ・タイプの理解は事実に妥当しない、ということである。多くの生産労働者はかつて高度経済成長期の日本を支えたような会社中心的な仕事意識を有し、会社内でやりがいのある仕事を求め、昇進や昇給を人

生の目標のひとつとしながら、現在の企業に定着して頑張りたいとおもっている。

それは回答者が日系自動車企業の生産労働者なので、教育訓練の結果、淘汰されてそのような傾向のある者だけが企業内にのこってきたからだ、という反論があるかもしれない。だがかりにそうだとしても、ここで肝要な点は、そうしたタイ人労働者の意識・思考のなかに、日本で培われてきた人材育成システムや人的資源管理のしくみに乗る素地が充分にある、ということである。裏返してみると、日本的な人材開発システムや仕事方式のもとで、現実にタイ工場でも「勤労意欲発揮の好循環」が生みだされつつある。

また、質問票の最後に自由記入欄を設けたが、そこに188名中40名の者がなんらかの意見を述べている。その内容もたんに個人的な愚痴や不満はむしろ少なく、会社の進路や運営方法への建設的な意見が多い。タイ人労働者のなかには存在しないとさえいわれてきた「わが社」意識を、これら生産労働者の声にみいだすことができる。たとえば24歳の女性工員が現在の会社の状況を案じて「会社はもっと、生産モデルや生産計画の変更について対応すべきである」という。その指摘内容が正しいかどうかは別にして、発言の姿勢には注目に値する。そこに「勤労意欲発揮の好循環」をプラス方向に回そうとする力強さが感じられる。

課題

ところが、そうしたタイ人労働者の姿勢が正しく評価されてこなかった背景には、永年染み付いてきた先入観や偏見とともに、一部にはそれを利用している日本人派遣経営者の存在があるのではないだろうか。タイに派遣された日本人経営者にとっては、日本本社に業績報告し経営計画を説明する際に「タイ人の勤労意欲の低さ」ということを前提条件のひとつにくわえておいたほうがなにかと好都合な面があったのであろう。

タイ人労働者の「勤労意欲発揮の好循環」を形成するうえで、最大の阻害要因となりかねないのは、まさにこの点である。経営者の顔が日本本社ばかり向いていたのでは、タイ人にいくら忠誠心や帰属意識を期待しても無理であろ

う。このばあい、忠誠心や帰属意識が欠如しているのはタイ人労働者ではなく、むしろ日本人経営者のタイ現地法人にたいする姿勢である。

　これは、国際的な経営戦略上は、日本の自動車企業グループの一員として分業体制のネットワークに組み込まれながら、現地の人的資源管理上は従業員の参画意識を高めるためにも現地化を推進しなければならない、という難問でもある。たとえばある日本自動車メーカーとその現地法人の関係をみると、人事・勤労だけとりあげても、ベースアップ・一時金、退職金など基本的な労働条件の改定は、そのつど日本本社にうかがい認許を得ないといけないことになっている。そうした手続きも経営管理上もちろん必要であるが、現地法人の人事労務管理者はその経営判断の背景および将来展望との整合性を、タイ企業の立場に立って労働組合に説明・協議し、現地労働者の理解と納得を得る責務がある。それを「日本本社の決定事項だから」という形で説明責任を回避するようなことがあれば、現地従業員の意識がどんどん会社から離れていく。

　さきにあげた「勤労意欲発揮の好循環モデル」のなかで仮定した、勤労意欲の発揮・再生産の輪を構築していくうえでネックがあるとすれば、タイ人労働者の資質の不足よりも、そうした経営者の姿勢と労使間の信頼醸成のしくみの脆弱さに起因する懸念のほうが大きい。

　この課題は、日本国内で戦後半世紀余りを費やして醸成されてきた日本の労使関係、すなわち相互信頼・相互責任にもとづく労使協調関係システムに重ねあわせてみると、より鮮明となる。日本企業の経営スタンスとして、日本の経営者団体は「長期的視野に立つ経営」と「人間尊重の経営」の基本理念の堅持を提唱してきた。それが、株主利益優先の経営姿勢のもとではおそらく形成し得なかった従業員の参画意識を生み、「わが社」意識を生んできた。

　こうした労使関係の構築をタイ工場において求めるのは、はたして木に縁って魚を求めるようなものであろうか。すでにみたように、タイ人労働者在の意識・考え方のなかでも充分、勤労意欲や向上心が高まってきている。もしこのような労使協調関係の構築を妨げている要因があるとするとすれば、日本本社での、株主利益の近視眼的な追求ではないだろうか。

　日本において「長期的視野に立った経営」、「人間尊重の経営」が基本理念

として提唱されてきたことが、海外現地法人についても見落とされてはなるまい。長期的な視野に立ち、従業員や顧客を尊重していく経営姿勢は、結局トータルにみれば、株主（日本本社）を含めた利害関係者の総合的な利益につながるということを、国境を越え実践していく姿勢が必要であろう。そうした課題が克服されると、勤労意欲発揮の好循環モデルの全体回路が順調に機能しよう。

注：
1) 末廣［1997］など。北嶋他［1997］も、現地法人社長あてに郵送したアンケート表のなかで、現地従業員の資質に関する評価を問うている。その回答をみると、日本国内工場に比較して「時間、規則への遵守性」、「組織内での協調性」、「仕事への探究心、向上心」、「会社への帰属意識・忠誠心」のいずれも「日本より低い」とする者が6割程度とかなり多い（つぎに「どちらともいえない」が2～3割でつづいている）。とくに「会社への帰属意識・忠誠心」については85％が「日本より低い」という評価であった。ただし三菱電機のタイ駐在員であった岡本［1995］のようなタイ人擁護論もある。すなわち「日本人の現地責任者の中にはタイ人従業員を辛く評価する人もいるが、これは言葉が通じないため意思疎通が十分でなく、指示する内容の真意が正確に伝えられていないことに原因があると考えられる。しかし、タイ人は理解すれば確実に仕事を行なうし、発想力も豊かであるため仕事を改善する能力も高い。また、早朝から出勤して仕事に励む人もいて、概してタイ人は勤勉であり、手先も器用で作業能率も高く、全体としてみれば優秀な従業員であるといえる」という。タイのある自動車メーカーに赴任した知人からの私信にも「新工場が立ち上がり、合わせてアジアの製造サポート会社もスタート。タイ人はとっても優秀で頼りになります」とコメントがあった。
2) OJSATのメンバーの出身大学は、日本各地の国公立大学にくわえ、東京6大学をはじめ私立大学にも広くまたがっており、計64大学にのぼる。
3) この数値は1995年の聞きとりにもとづくものであり、1998年2月聞きとり調査時点ではレムチャバン新工場展開にともない大幅に増員されていたが、雇用調整に取り組み中で流動的ということもあって、学歴別のデータは得られなかった。
4) 1997年夏に共同出資者一族以外からでは、はじめてとなるタイ人取締役が3人が内部昇格し就任している。3人の職掌は、それぞれ人事部門担当、製造部門担当、サービス部門担当のシニア・バイス・プレジデントである。
5) その後、日本本社の賃金制度のほうもより能力主義化する方向で改定され、現在ではもっと個人間の成績格差が大きくなっている。
6) 連合総合生活開発研究所［1998］。連合総合研が通商産業省の委託調査研究（主査は筆者）として実施したもので、連合構成組織（民間企業）2000名および一部上場企業人事担当者300名にたいする質問紙調査（郵送）である。本文の数値は組合員のうち回答のあった1192名について集計したものである。
7) 1997年JAW調査からはなんともいえないが、20年余にわたり3度も国際比較した電機

連合調査によれば、本文で指摘した日本人労働者の傾向は世代をこえてみられるようだ。

(本章の初出の執筆時点は 1999 年である。)

第7章

アメリカの労働組合
―― 産業別組合本部とローカル

郷野 晶子

1. 問題と方法

問　題

　日本の労働組合は企業別組織を基礎とし、ふつうは企業ごとの協約となっている。このため、欧米からは日本の労働運動は弱いとしばしば非難される。その見解にはふたつの前提がある。ひとつは、日本は産業別組合ではなく企業別組合が中心なので、労働組合としての有効な機能を果たすことができない、という想定である。しかしながら、実際に日本の労働組合の活動を観察すれば、産業別組合があって企業別組合と連携し、効果的に組合機能を果たしているばあいもある。機能面をみれば米にひけをとるものではない、というのがわたくしの持論であるが、この章は日本についての検討は措く。

　もうひとつの前提とは、欧米の労働組合が企業の枠をこえて産業別に交渉し産業別に統一賃金、労働条件を決定している、という想定である。はたしてそうか、その点を現代米国有数の大産業別組合、米国食品商業労働組合 UFCW (United Food and Commercial Workers International Union) の小売部門について究明したい。およそ組合の活動において、産業レベル、地域レベル、企業レベル、そのいずれが主要な機能を果たしているか、それは交渉にもっとも端的にあらわれよう。そして、交渉と労働協約に大きく影響する要因として、労働組合側の組織構造が見逃せない。この論文はしたがってつぎの諸点の分析を試

交渉につき 2 点をみる。第 1、労働協約交渉である。さらに視点を具体的に展開すれば、交渉の当事者が産業別組織か、ローカル（地域組織）か、それとも企業別組織か。交渉を支えるストライキ資金の支給決定者はだれか。妥結の内容がどの範囲で平準化しているか、産業レベルか、地域レベルか、企業レベルか。これらは実際の慣行を探ることになり、それは妥結内容の分析によって確かめねばならない。第 2、苦情処理である。米国の苦情処理はまさしく日常の交渉であり、実際の具体的な事項はむしろこちらにかかるところが大きいが、ここでは一瞥するにとどまり、焦点を前者に置く。

ついで交渉に影響する要因のなかで組合がとりわけ左右できるものとして、組織をみる。組織の範囲、つまり大手を組織しているのか、どの職位まで組織しているのか、どの産業部門を組織しているのか、また組織率はどうか。さらに組織構造を人、カネの面からみる。役員につき、専従役員がどのレベルにどれほど存在しているか、企業出身か。財政につき、組合の機能を支える資金をどのレベルがおもに管理しているか。機関や会議につき、企業や地域レベルで一般組合員の意向をくみ上げる会議や機構がどれほどあるか。おもにうえの諸項目を分析する。

1995 年 5 月末から 6 月上旬にかけ、ワシントンとシカゴで UFCW 本部、ローカル 400、ローカル 881、またこれらローカルが組織化しているスーパーを訪問し、関係者に聞きとり調査をおこなった[1]。

小売産業をとりあげる理由

自動車、鉄鋼などの伝統的製造業と違い、スーパーマーケットは比較的あたらしく、この分野の組合の組織・交渉方法に関する先行研究はあまりない。小林 [1988]、津田 [1967] が米の産業別組合をとりあげているが、いずれも小売産業は扱っていない。わずかに、Kochan & Katz [1988] がロサンジェルスとボストンのローカルの協約の形態の違いを少し記している。

小売業をとりあげた理由は、先行研究が少ないという理由よりも、それが大きな雇用の分野を占めるからである。労働大臣官房国際労働課 [1994] によ

ると、雇用者1億500万人のうち小売業の雇用者は1800万人、17%を占める。また、小売業の組織率は低いけれど、その組合は大きい。労働大臣官房国際労働課［1994］によると、1993年度の全産業の組織率15.8%にたいし、小売産業は6.2%とかなり低いが、小売業労働者を代表する組合、UFCWは組合員140万人、米国でもチームスターとならび最大規模の組合である。UFCWは交渉力を誇り、小売・卸売産業で非組合員より32%も高い賃金・諸手当を獲得している（UFCW［1993b］）。組織化にも力を入れ、1988年から1992年の間に約50万人をあらたに組織化した（UFCW［1993a］）。このようにダイナミックな組織であるUFCWを対象とすることにより、米国の大手産別組織の組織と団体交渉のひとつのパターンを提示できよう。

　うえの諸点を観察するためには、産業別レベルの観察だけでは足りない。地域レベル、企業レベルの観察が欠かせない。この論文は、UFCWのなかで代表的なふたつのローカルに焦点を据えた。ワシントンとシカゴのローカル400とローカル881である。両ローカルを選んだのは、それぞれ3万5000名、4万名の組合員、UFCWのなかでカナダをのぞき最大規模のローカルだからである。大規模ローカルの比較により、規模の差の要因がなくなり、規模以外のどの要素が労働条件交渉に大きく影響するか、それをあきらかにしやすいと考えた。

　このふたつのローカルは「地域複数企業型」で、製造業でふつうみられる事業所ごとのローカルとは異なる。管轄地域はかなり広く、ローカル400はメリーランド州、ヴァージニア州を中心に、ローカル881はイリノイ州とインディアナ州北西部をそれぞれ管轄し、当然複数の企業を組織している。ローカル400は70企業、ローカル881は800企業にもおよぶ。その意味で両ローカルの組織形態を「地域複数企業型」と呼んだ。ただし、企業をこえて地域統一の交渉をおこなっているのではなく、交渉は基本的に企業別、したがって協約も例外をのぞき企業別となっている。他方、交渉を実際におこなうのはローカルの専従役員で、企業の組合員の代表ではない。おそらくひとつの事業所が小さく、そこに専従者を置けない産業での、ひとつのタイプを示すのかもしれない。小売業の組合を下部組織までおりて分析した研究はまことに乏しく、この

章の意義を強調できよう。

2. 産別本部

組織の範囲

　交渉を調べるのが主目的であるが、それには組織をみなければならない。この節ではとくにローカルとの関係で重要とおもわれる点に絞る。

　産別本部執行副会長兼会長補佐によると、1995年6月時点で組合員数は約140万名、内小売部門が100万名以上、食品加工・包装・製造部門が25万名、専門職部門が8万名ほどである。UFCWはつねに組織を広げ合併しているので、正確な産業部門別組合員数の把握はむつかしく、内訳は概数となっている。

　UFCWは、もともとRCIU（小売食品労組）とMCBW（合同北米食肉労組）が合併してできた組合であり、小売の組合員が中心となっている。規約では管轄する業種は、小売、食肉部門以外にも、羊の毛刈、農業、漁業、皮革、衣料、染色、製靴、干草加工、銀行、保険他の金融機関、病院他医療関係、研究室、歯医者、薬局、床屋、美容師などと定められている。UFCWは100業種以上を代表しているといわれるが、実際の業種別の分布はわからない。米国スーパー売上げの上位20社のうち、UFCWが組織していないのは4社にすぎないが (UFCW [1993b])、他方1店舗しかないスーパーも組織化し、大店舗から小規模まで幅広く小売業の組合員を代表している。小売業の組合員数は約110万人 (労働大臣官房国際労働課 [1994])、UFCWは小売業の組合員のほとんどを代表しているといえる。

　小売部門の職位でみると、副店長（Assistant Manager）が組合員の範囲では最高の職位であり、ローカルによっては副店長が組合員になれないところもある。店舗の部門長（食品、雑貨、パンなど）は組合に入っている。

　UFCWの特徴はその組織化の力であり、組織率が減少気味の米国の産業別組合のなかで、合併だけでなく未組織労働者の組織化によっても組合員を増大させている。米国の小売業界もほかの業界と同様に、組合員の雇用の保障・確保が大きな問題になっている。このためUFCWは、倒産のばあいの債権の

保全、再就職の斡旋、失業保険その他の救済措置などに力を入れている。また、ごく一部ではあるが、不振の小売企業にたいして、経理内容を公開すれば労働条件の据置き、会社更生法適用への参加等の猶予措置など柔軟に対応している。

役員

　組織をまず人の面からみよう。1995年5月現在の役員名簿によると、会長および書記長各1名、執行副会長3名、副会長48名、副会長のうち9名は本部、12名は地域（Region）の局長もしくは最近合併した小売卸百貨店労組RWDSUおよび被服部門の役員であり、のこり27名はローカルの会長である。規約では12名以上が本部専従役員以外でなければならない。実際、副会長の過半数はローカル会長であり、以下諸委員会の構成でみるように、決定機関においてローカルの発言権は強い、と考えられる。

　本部専従の副会長はいずれも組織・団体交渉局、国際局、政治局、女性局の局長など、食肉部門および専門職部門の役員、あるいは会長補佐である。聞きとりした執行副会長によると、本部役員（副会長以上）のうち職場出身でないのは弁護士の2名だけである。ローカル選出の副会長も、聞きとりによるとほとんどが職場出身で、また、これまでの会長はすべて職場からの出身者であり、職場出身者中心の役員構成となっている。

　会長は規約上、書記長と協議し本部役員（局長、地域担当局長、業種部門会長）および職員を指名、雇用し給料を決定する権限を有している。副会長兼国際局長によると、副会長手当は年間2万ドルていどであり、本部副会長のばあいは副会長に選出されても、会長から国際局長など本部役職に指名されなければ意味がないとのことであり、本部における会長の権限は大きい。

財政

　規約で、本部会費は組合員ひとりあたり月7.54ドル、ローカルは本部会費の2倍以上と定められている。本部の新規加盟費はひとりあたり5ドルである。このほか非定期的に組織化のために関係地域本部（Region）ごとに、特別基金を徴収する。会費の値上げは5年ごとに開催される大会で決定される

が、大会前に開催される規約委員会で審議される。規約委員会は会長が召集し、メンバーには5名の非専従副会長（ローカルの会長）が含まれる。会計監査委員会が本部の会計監査をおこなうが、5名の非専従副会長（ローカルの会長）で構成され、年に1回監査する。

　組合費：組合員は月に15.08ドル以上をローカルに納入し、ローカルはこのうち7.54ドルを本部に納入する。ローカルは独自に予算編成をおこなう。組合の活動で財政を握るところの権限が強くなるのは当然であり、この意味で組合費がまずローカルに納入されることは重要である。規約上では、本部への納入額以上の金額がローカルにのこることになる。ローカルの組合費徴収額は、調査したローカルでは週に4〜8ドル、平均6ドルと仮定した場合、本部納入は約3割、7割近くがローカルにのこる。大規模なローカルは財政的に独立して日常活動をおこなうことができる。

　ストライキ資金：規約は、本部が会費のなかから月1ドルをストライキ資金として積み立てる、と定める。本部が承認し14日以上継続したストライキには、7日目以降分について週60ドルのストライキ手当を支払う。実態としてもストライキ資金の支給にはローカルは関与せず、これらの手当は本部から直接組合員に支払われる。ローカルによっては、さらにストライキ資金を独自に積み立てているところもある。規約上、本部の承認なしにおこなったストライキにはストライキ手当は支給されず、三役会議が支給の承認をおこなう。この点では本部はローカルの大規模なストライキに影響力がある。

　財政規模：1988〜93年までの5年間における組合費、その他の収入は本部で約5億6400万ドル（UFCW［1993a］）、他方大規模なローカル400でも年間収入は約1000万ドル、本部財政規模はローカル400の10倍以上となっている。財政面で大きいローカルは独立して日常活動をおこなえるが、大規模な組織化とストライキには本部からの財政援助が大きな意味をもつ。

機関、会議

　多くの機関や会議から本部とローカルの接点となっている事項をのべる。

　大会：ローカルが本部にたいして意見をいう場は、最高の決議機関である大

会があり、5年に1回開催される（規約上）。日本の組合大会ではほとんど本部提案だが、対照的に UFCW の 1993 年の大会では 108 の動議のうち、執行委員会が提出したもの 15、残りはすべてローカルが単独または合同で提出した。提案動議の内容も交渉、組織化、政治問題から、役員の給料、ローカルの義務と権限など規約に関するものまで多岐にわたる。ローカル提出動議がどれほど採択されたかはわからないが、少なくとも大会はローカルが本部にたいする意見を反映させる場となっている。

　執行委員会：大会につぐ決議機関であり、規約上年に2回以上開催される。会長、書記長、3執行副会長と 39 名の副会長からなる。執行委員の出身別内訳は聞いていないが、執行委員は副会長のなかから先任権順に選ばれる（規約）ので、当然副会長の過半数を占めるローカル会長が執行委員の過半数となり、執行委員会におけるローカルの意見は、数のうえでは強いと考えられる。ただし、執行委員会が実際に本部の提案をどのていどローカルの意向により却下しているかはわからない。執行委員会は規約上ストライキの承認権をもっているから、執行委員会でローカル出身者が数で勝っている意味はある。ただし、おなじ規約でストライキの承認は三役会議に求めるとされており、ストライキの承認が事実上三役会議か、執行委員会かは、なお不詳である。

　このほか、本部とローカルの接点としては 64 のローカル会長と執行委員が年1回諮問委員会を開催し情報交換をおこなっているが、この諮問委員会は規約に定められているものではないので、執行・決定権限はない。小売業では同一の大企業を組織しているローカルが定期的に会議を開催することもなく、問題が生じたときに会議を開催している、とのことであった。

本部の管財権

　本部がローカルにたいし統制力をきかせる手段として管財権がある。規約上、三役会議がローカルを管財権下に置き、必要な行動をとる権限を有している。実際に、ローカルが本来の機能を果たしていないと判断されたとき、事前通告なしに本部が人をローカルに派遣し調査する。調査期間中、ローカルは本部の直接統治下に置かれ、通常は地域局長（Regional Director）がローカルの

運営をおこなう。不正が発見されたばあい、本部主導であらたにローカルの役員選挙をおこなう。通常、組合員からの苦情などにより、本部が調査に乗り出す。ただし、多くのばあいは会計などの不正行為によるものであり、労働条件を標準化するために管財権を行使することはほとんどない。もっともローカル400のばあいのように実際に交渉が行きづまり、本部が管財権を行使して紛争を解決した例はあるが、特殊な例と考えるべきだろう。

以上のべてきたように、UFCWは小売、食肉関係の業種を中心に発展してきた組合で、財政や組織の面でローカルが強い組合であると考えられ、また、本部とローカル間での会議の開催回数もそれほど多くはない。これだけみると、本部はローカルの活動の調整はおこなうが、ローカルは比較的独立して活動をおこなっているかにみえる。このような本部とローカルの関係のうえに団体交渉はどのようにおこなわれているのであろうか。

団体交渉の進め方

本部執行副会長の話によって、本部からみた団体交渉の進め方を記す。UFCW全体で1万2750の労働協約が締結されている。団体交渉はローカルがおこない、本部は調整・アドバイスをおこなう。ただし、妥結は規約上本部会長の承認が必要である。また、本部は交渉に必要な情報をローカルに提供する。本部のコンピューターにはUFCWが締結している75〜80％の労働協約が入っている。

さらにストライキを打つ前には本部の承認が必要である。本部の承認を得ないストライキに本部ストライキ資金は出ない。執行副会長兼上級会長補佐によると、これまで本部の命令に違反したストライキは2件のみである。1件は北カリフォルニアで本部がストライキに反対する前に、すでにストライキが起きてしまったばあいであり、本部は結局ストライキ手当を支払った。もう1件はミネソタで本部の意志に反してストライキをおこなった。このばあいでも結果的にストライキ資金を支払ったが、この違反により本部はローカルを管財権下に置き、ローカルの担当役員は処分を受けた。

一般に、大規模なローカルの場合（組合員5000名以上）交渉はローカルが

直接会社とおこなうが、ストライキの可能性があるばあいにはローカルの会長と本部を代表して地域局長が交渉に出席し、会社側に UFCW 本部がこの交渉を支援していることを暗に伝えることもある。また、UFCW ローカルが締結している労働協約の 70％では健康保険は会社側のみの負担となっているが、労使双方の負担になりそうなばあいは本部が介入する。さらに小規模なローカルのばあいは、本部を代表する地域（Region）の交渉担当者が主交渉者となり直接企業と交渉する。本部としては組合員間で賃金格差が広がらないようローカルを指導する。このため、交渉の前に調査局が当該産業と会社を調査し、ローカルに情報を提供する。また、年 1 回関係産業の労働協約調査をおこない、ローカルに配布する。

現在小売部門では全国協約はない。本部としては、小売部門は組合員が多く全員がストライキに入ったばあいコストがかかりすぎるので、地域ごとの協約のほうがよい、と考えている。ちなみに、95 年にカリフォルニアで起きた 9 日間のストライキは 200 万ドルの経費がかかった。このばあいには、本部規約で定めるストライキ手当条項の条件を満たさなかったので、本部ではなくローカルが必要経費を支払った。今回調査したローカル 881 と 400 では、企業レベルの協約がほとんどで、複数企業をまとめた協約はほぼなかった。ローカル 881 では、1～数店舗しかないような小さなスーパーをまとめて 1 本の協約にしていた事例はあったが、対象組合員はわずかである。

本部の直接的役割

規約上本部は労働協約の当事者にはならないが、ストライキ資金を有しストの承認権を握っている。ただし、協約案の最終的批准権は組合員にあり組合員の投票による。つまり、規約上本部はストライキ資金を通じ、ローカルの交渉に影響力をおよぼすしくみである。そこで実際面の交渉に本部の果たす直接、間接の役割を聞きとりによって尋ねた。

ローカル 400、881 の交渉担当者に聞いたところ、両ローカルとも交渉に本部は直接関与していない。ふたつのローカルとも規模が大きく、組合専従者に交渉能力があるからである。規約では本部会長の要請があったばあい、組合

員投票の前に協約案を会長に提出することになっているが、両ローカルはおこなっていない。ただし、ローカル 400 の書記長によると、大きな交渉の場合ローカルを管轄する地域本部 2 に経過報告する。

　ストライキを打つばあいは規約にもあるとおり本部の承認が必要である。本部の承認なしのストライキはストライキ資金が出ない。本部はローカルから入る会費（月ひとりあたり 7.54 ドル）のうち、1 ドルをストライキ資金として積み立てる。本部は 14 日以上継続しておこなわれたストライキにたいし、7 日目以降分に関しストライキ手当（週、ひとりあたり 60 ドル）を出す。ストライキ資金の支出を承認する権利をもつことで、本部はローカルの交渉に影響力をおよぼすことができる。

　産別本部は 1988 年 9 月執行委員会で小売業の労働協約に関する政策を決めた。その要点は、本部は全国統一協約を是としていないこと、ただし地域ごとの複数経営者との統一労働協約が望ましい、としている。また、本部としては盛り込むべき条項と盛り込んではならない条項を示してはいるが、それは日本の産別組織が出しているモデル協約のように詳細な項目・数字にまではおよばない。そして本部は、ローカルの交渉を支援するために地域局長のポストをおいている。定期的にローカルを集めた会議を開催し、小売の交渉についての報告、検討、目標設定に関する本部の支援を伝え、経営者にたいする戦略を練り、交渉を支援する。それはもはや間接的な役割となる。それをみよう。

本部の間接的役割

　間接的役割はまず交渉に必要な情報提供である。UFCW 全体で 1 万 2750 の労働協約があるが、本部のコンピューターにはその 75～80％を収め、年 1 回関係産業の労働協約調査をおこないローカルに結果を配布する。実際ローカルは交渉の前に本部にたいし情報提供を求める、とローカルの交渉担当者も話していた。

　つぎに組織化援助がある。組合の交渉力を左右する諸要因のなかで、その産業における組織率は大きい。いうまでもなく組織率が高ければ交渉力は増し、逆もまた真である。その面での UFCW 本部の役割は大きい。ローカル 881 で

は、ある大手食品スーパーの組織化のために30名の組合員を半年間動員する予定だが、本部はその間の給料を補填する。ローカル400でも組織化プロジェクトが実施され、本部から総額10万ドルが出る。このように本部は、ローカルの組織化に多大な財政援助をおこなう。同一企業を組織するローカルの会合は定期的にはないが、本部が召集するほぼ年1回の年金基金会議を利用し、セーフウェイ、クローガーなどの企業を組織しているローカルが情報交換のために開催することもある。

そうじて本部の交渉における役割は、直接的というよりは間接的な役割が大きい。本部は直接的にはストライキの承認権を通してローカルの交渉に関与しているが、ストライキ手当は規約上14日以上のストライキにかぎられ、それ以下の日数のストライキの場合実際にローカルがどのていど本部と協議してストライキを打っているのかは、今後調べる必要がある。

3. ローカル400

組織の範囲

真の事態に接近するには、うえの状況をローカルから得た情報と照合する必要がある。ローカル400の書記長の話を聞いた。組合員は3万5000名、70企業を組織化しており、基本的に1企業1協約、約70の労働協約を締結している。管轄地域はワシントンD.C.を中心にバージニア州、メリーランド州、テネシー州、ノースカロライナ州である。それぞれ全州ではなく管轄する地域・郡は細かく規定されている。管轄地域の決定は本部規約により、本部会長が書記長と協議のうえ決定する。管轄業種は、小売、商業、倉庫、公務員、医療、バス運転手、社会福祉、美・理容師、保険、警察官、看護婦など多岐にわたるが、大規模スーパーと百貨店の組合員だけでも93％となり、小売業組合員が中心である。

組合員の範囲は、代表的な労働協約である対ジャイアントおよび対セーフウェイをみると、92年の労働協約改定時に副店長（Assistant Manager）が組合員の範囲からはずれている。他の協約では副店長が組合員に入っているもの

とそうでないものがあり、それ以下の部門長はすべて組合員である。ローカル書記長によると、小売業の組織率は90％と高い。

ジャイアント（スーパー）の組織は、ローカル400の組合員の30％を占め、ローカル400の管轄は124店舗にのぼる。そのほか55店舗がバルティモアのローカルに管轄下にある。セーフウェィ（スーパー）の組織はローカル400の組合員の23％を占め、ローカルは109店舗を代表している。米国の業界3位で全国に874店舗あり、UFCWの組合員は全国で8万1300名いる。ウーディズ（百貨店）は組合員の10％、クローガー（スーパー）組合員の5％、ショパーズフードウェアハウス（スーパー）組合員の15％を占める。これらのスーパーで小売部門と食肉部門の両方を代表しており、労働協約は企業ごとにひとつである。

組織機構

組織のなかで人とカネをみよう。ただし交渉など直接関係する事項にかぎる。

役員：役員は本部およびローカルの規約で会長、書記長、記録担当、副会長をいう。役員の任期は3年、ローカルの規約は組合員1000名につきひとりの副会長、ただし40名をこえないものと定める。ローカル書記長の話によると、実際にローカル副会長は31名、うちローカル支部専従の副会長は法律と地域関係局長など4名となっている。残りの副会長は職場からの代表であり、役員構成は職場中心である。ローカル会長と書記長も職場出身、役員はほとんど職場出身者と考えられる。ローカル会長は支部（ローカル）の最高責任者で、職員の雇用から各種委員会の設置にいたるまで、あらゆる支部活動に責任をもっている。

組合専従職員：組合苦情処理担当者Repや地域コーディネーターは、通常労働協約により会社からの休暇をとり組合に出向する。その間の給料は組合が負担するが、企業での先任権は加算される。組合で人があまったばあい、会長の指名もしくは先任権逆順で企業に戻る。

本部との組織上の関係：本部大会、執行委員会や前にのべた諸会議を通じて

本部と直接つながる。本部規約上、ローカルは中間組織（この場合は地域本部2 Region）への加盟が義務づけられている。Region の局長は本部副会長なので、この Region を通じて本部とローカルの意見調整がおこなわれようが、実際にどのように機能しているかは聞いていない。ローカル書記長の話によると、日常的にローカル 400 の地域を担当している本部オルグとローカル書記長は連絡をとりあい、共同で組織化活動をおこなっている。

財　政

組合費：このローカルでは一般に組合費は食品部門では週 7.85 ドル、非食品部門は 5.65 ドル、ローカル 881 より高い。セーフウェイとジャイアントの勤続 15〜20 ヶ月の Service Clerk の時給が現在 7.25 ドル、週 40 時間勤務したとして週給は 290 ドルである。これをもとに推計すると、ローカルの組合費は賃金の約 1.9％にあたり、一般にいわれている日本の組合の割合 1.8〜2％とそうかわらない。本部会費は月 7.54 ドルであるから、単純に計算して 3 分の 1 が本部納入、あとはローカルにのこる。ローカルの財政基盤は強いといえる。組合費は 20 のレベルに別れているが、組合費の値上げは一律に一定の額を引き上げる。

組合の収入源は、組合費、本部からの財政支援（特別プロジェクト用）、ふたつのビルのテナント料、財産の売却益であり、月 100 万ドルほどである。2 年前に 3 ヶ月組織化対策費として組合費を 2 倍徴収したことがあるが、このようなことは過去 20 年間で 1 度しかなかった。

組合費の値上げは、ローカル会長と書記長が協議して案を作成し、執行委員会の承認を受け、組合員投票で決定する。これまで、組合費の値上げが組合員投票によって却下されたことはない。本部大会でローカル組合費の一律値上げが決定されることもある。実際、93 年の大会で、組合員ひとりあたり月 1 ドルの値上げが決定され、そのうち 50 セントを本部に納めることが決定された。事業所や企業レベルで組合費以外に組合活動費を徴収することはない。

予算：会長が決定し、執行委員会の承認を受ける。毎月開催される執行委員会で財政報告がある。ストライキ資金は過去 15 年間 1 度も徴収していない。

ローカルからストライキ手当を出すかどうかは状況により判断する。過去20年間で5回ストライキ手当を支給した事例があった。

本部からの財政支援：特別プロジェクトへの財政援助がある。訪問時、95年6月の4ヶ月前から月3000ドルの組織化援助金が本部から拠出され、今後2～3ヶ月間続くだろう、とのことであった。特別プロジェクトを通じ、とくにユニオン・ショップが禁止されているバージニア州を対象とし、組合のある事業所の、未加盟の人の組織化（事業所の組織率は80％、したがって同プロジェクトでは残り20％の組織化を目的とする）に取り組んでいる。組織化のために店舗から15名を3ヶ月間動員する。動員した組合員の給料も本部が負担をする。本部の同プロジェクトへの援助総額は10万ドルになるだろう、との話であった。このような特別プロジェクトへの援助申請は地域局長（Regional Director）と協議しておこなう。

機関、会議

執行委員会：ローカルの最高決定機関である。ローカルの規約で1ヶ月に1回以上開催と定められ、200ドル以上の支出は執行委員会の承認が必要である。組合員による選挙で選出する。定員の半数プラス1名が職場から選出されるが、通常、活動的な職場委員が選ばれる。専従者のばあいは先任権により執行委員になる場合が多い。執行委員は34名である。

組合員会議：ローカルの規約では、3ヶ月ごとに全組合員を対象とした組合員会議の開催が義務づけられている。規約には組合員会議の権限は明記されていないが、ローカルの書記長の話によると、財政報告や執行委員会の報告の批准などをおこなう決定機関である。実際にも3ヶ月ごとに会議は開催されているが、組合員3万5000名のうち出席者は40名ほど、つまり、組合活動に積極的なごく一部の人の出席にすぎない。

地域会議（Area Meeting）：規約上は正式な機関会議ではないが、組合員会議の間に3ヶ所で、年に3～4回、組合員会議に参加できない人のために開催される。決定機関ではなくおもに情報交換の場であり、1回に50～60名が出席する。

第 7 章　アメリカの労働組合　　*211*

　職場委員訓練：規約にはないが、通常労働協約に職場委員の訓練休暇が明記されている。職場委員を対象とし、おもに苦情処理に関する訓練をおこなう。1 コースあたり 7 〜 8 名、全体では 70 〜 80 名の職場委員が参加する。ふつう労働協約で訓練参加休暇は有給で会社負担だが、そうでない場合ローカルが賃金補填する。

　注目すべきは、事業所や企業レベルの組合員の会議はないことだ。そうじてローカル 400 の場合、組織的には地域本部 2 を通じ本部とつながるが、財政面でみるとかなり独立している。ただし、組織化への本部からの財政援助は大きく、その面において本部の役割は大きい。また、組合員の日常的なローカル組合活動への参加は、組合員会議および地域会議への参加率からみても活発であるとはいえない。組合員は日常職場委員および Rep（苦情処理担当者）を通じて組合と接点をもっている。

団体交渉の進め方

　基本的に 1 企業 1 協約となっている。ローカル 400 のなかでも最大の加盟単位、「ジャイアント」と「セーフウェイ」は以前はいっしょに交渉していた。現在は正式の交渉は別だが、協約の内容はほぼおなじであり、また協約失効日もおなじなので、同時期に並行して交渉する。セーフウェイとジャイアントの組合員はローカル 400 の総組合員の 53％を占め、その企業群で実質的に連合交渉がおこなわれている意味は重要で、組合の強い立場を示している。

　交渉では交渉委員会は設けず、大手企業（ジャイアント、セーフウェイ、ウーディズ、クローガー）は会長が企業と直接交渉する。ジャイアントとの交渉には書記長も出席する。他の、鶏肉（poultry）をのぞく中小の交渉はすべて書記長が団体交渉局長とともに交渉し、おもな交渉担当者（Spokesperson）となる。つまり、書記長ひとりが 50 〜 55 の労働協約を担当する。

　交渉に産業別本部および地域組織 Region はほとんど関与しない。ただし、大きな交渉は地域局長（Regional Director ── UFCW 副会長）に経過報告をおこなう。通常、労働協約で協約失効日の 60 日前に交渉再開の通知をおこなうとされているので、そのころに経営側に交渉再開の意思表示を書面でおこなう。

もっとも大規模な店舗のばあいは3〜4ヶ月前に通告する。その後組合員に協約への要望につきアンケート調査をする。アンケートの回収率は5〜10%と低いが、そのアンケート調査とローカル担当役員やRep（後出）の意見をもとに要求を作成し、通常は主交渉担当者（ローカル会長、または書記長）が要求を決定する。要求は地域局長（Regional Director）や産別本部には知らせない。交渉に際し関係事業所の副会長や職場委員からなる諮問委員会を設置する。その事業所の従業員であった人、あるいはそれときわめて関係の深い人である。

　ジャイアントのばあい、諮問委員会は4副会長（非専従）と15名の職場委員で構成する。要求内容は諮問委員会には事前に報告する。ただし、この委員会は交渉を直接はおこなわず、アドバイザー的役割を果たす（交渉に従業員が入ると、経営者も組合の交渉担当者も従業員の前で頑張ろうとし、交渉がうまくいかない）。交渉期間中、諮問委員会に交渉経過は報告するが、委員会に意見を求めることはあまりない。深刻なばあいのみ諮問委員会と協議する。また、要求内容は組合員には知らせない。

　要求内容を交渉の前に会社に送付し、交渉開始となる。一般にローカルの会長または書記長が直接、交渉する。書記長が交渉するときには会社からは人事部長や弁護士など2〜3名が出席する（会長がオーナーと交渉をおこなうこともある）。4〜5回交渉がある。

妥　結

　交渉の終了時期（協約の有効期間がきれるか、経営者が最終提案を出すか、またはローカルがこれ以上交渉しても無駄だと判断する、このいずれかのばあい）に、ローカルは提示されている条件を組合員に説明し、無記名投票をおこなう。ときには諮問委員会に妥結案を説明し、諮問委員会から妥結勧告をもらうこともある。妥結案を地域局長には報告しない。

　組合員の過半数が賛成したばあいは、即日労働協約は有効となる。実際はほとんど執行部案が承認されている。賛成の割合は70〜90%、過去却下されたのは1〜2例である。過半数にいたらないとき、ストライキ承認申請を本部に出し、承認を得たうえでスト権投票をおこなう（これまでストライキ申請が却

下されたことはない)。ストライキ権投票で3分の2が賛成したばあいはストライキ、3分の2にいたらなかったばあいは執行委員会が決定するが、後者はいままでなかった。

　ローカル400では、労働協約批准のための投票は郵送ではなく、組合員が直接一堂に会し投票する。このため、セーフウェイやジャイアントなど対象組合員が多いばあい、事前に大きな会場を用意する必要があり、組合としてはそれまでに妥結案を作成する必要がある。過去数年間ローカル400で、大きな労働協約案を組合員が否決した例はない。交渉は会長または書記長が直接おこなうため、組合員からの否決は執行部への不信任と表裏一体である。それゆえ組合員が否決する可能性があるような案を組合員投票にかけることはほとんどない。

　規約には明記されていないが、実際にストライキが長期化したばあい、交渉者と職場委員の代表からなるストライキ委員会を設置する(交渉の際に設置される諮問委員会と同様な委員会である)。ストライキ参加者が食事、光熱代など特別な援助を必要とするばあい、ストライキ委員会に要請する。通常は、労働協約有効期間内にストライキを禁止する条項が労働協約に盛り込まれている。これに違反しストライキを実施したばあい、企業が蒙った財政的損失を組合が支払わなければならない。その結果、組合としてはストライキを打ちづらくなっている。実際に過去20年間に5回ストライキ手当が支給されているが、この数は少ないとみるべきだろう。

　現行のセーフウェイとジャイアントの協約は、1992年9月から4年間有効となっている。通常、会社は労務費が一定となるため協約の有効期間が長いことを好むが、組合はそれを嫌う。今回組合が3年ではなく4年間の労働協約に合意したのは、会社側が医療費の全額負担を認めたからである。

本部の管財権行使の事例

　以下の事例は、ローカル書記長の話によると例外的とのことであるが、いざとなれば本部はその権限を行使しローカルの労使紛争に介入するという意味で重要だとおもわれるので、記すことにする。

　1974年、「セーフウェイ」、「ジャイアント」、「スーパーフレッシュ」などす

べての食品店舗の組合員1万名が関係する交渉がおこなわれた。当時のローカル400の会長は、就任数年の経歴をもっていたが、指導力に欠け、ローカルを統制できていなかった。交渉で時給1ドルの値上げを勝ち取った。当時の時給は5〜6ドルだったので、この妥結案は通常成功と考えられる。ところが、執行部の活動に不満を抱いていた組合員は、組合員投票で妥結案を否決し、さらにストライキ投票で3分の2以上がストに賛成し、ストライキをおこなった。

　事態を憂慮した本部は、仲裁に入り妥結案をのむように説得したが、成功しなかった。そこで、本部はローカル400が正常に機能していないと判断し、本部の管財権下に置くことを決定し、本部から管財人を派遣した。会長は辞任し、ストライキが8日間打たれ、当初の妥結案が承認された。このストライキにはストライキ手当は支給されなかった。組合役員選挙がおこなわれ、会長には管財人として本部より派遣された人が就任した。書記長は再選されたが、副会長のなかには辞職した人もいた。そのときに選出された会長が、いまも会長の職にある。この事例でわかるとおり、本部の管財権はローカルが正常に機能していないと判断されたときに行使されるものである。通常は、交渉の紛糾がきっかけで管財権を行使することはほとんどなく、ローカルが不正行為を働いた、と判断されたときに行使される。

　以上のべてきたように、ローカル400では、交渉の当事者はローカルの役員、それもおもに会長または書記長であり、本部および組合員は交渉の当事者とはならない。ローカル400は大きな交渉の情報は地域本部2に流すが交渉に関する協議はほとんどおこなわず、ほぼ独自で交渉を妥結している。14日以上のストライキの支給承認は本部がおこなうが、それ以下の日数のストライキについてはローカルが決定する。ただし、そのばあい実際にどのていど本部の承認が必要かはわからない。また、本部は協約期間を3年未満が望ましいとしているが、ジャイアントとセーフウェイの協約は4年となっている。本部の政策とは別にローカル主導で協約を締結する事例と解釈できるだろう。

苦情処理：Repの機能

　協約交渉とは別に日常の苦情処理は重要な交渉である。その苦情処理はロー

カルの専従者 Representative（以下 Rep）およびそれをまとめている地域コーディネーターの仕事である。実際に、組合員個人を代表し会社側と日常的に交渉する重要な任務を負う。ローカル 400 では、18 名の Rep がおり、苦情処理、個別交渉のほか、組織化、組合員サービス、政治活動を担当する。Rep の給料はローカルで支払い、18 名のうち 2 名が会社からの休暇をとり勤務している。ただし、その 2 名も会社には帰らないだろう、との話である。他の Rep は専従である。Rep ひとりで 2000 名の組合員、25〜35 の事業所を担当し、月に 1 回はその担当の事業所を訪問する。職場委員のなかで活動的な人を組合が Rep として採用したケースがほとんどである。Rep は週 5 日のうち 4 日は現場を回るが、毎週月曜日はローカル本部に出勤し、Rep 会議に出席する。

　Rep のうえに地域コーディネーターが 2 名、うち 1 名のコーディネーターは苦情処理および組合員サービス活動が中心であるが、もう 1 名は Right to Work（ユニオン・ショップを違法とし、組合に入らない権利を保証している法律）州（バージニア）を担当し、組織化活動が中心となっている。

　苦情処理は Rep や地域コーディネーターの担当である。Rep が地域コーディネーターに書面で提出する苦情件数は、ローカル全体で週に約 80〜90 件、もちろん書類にする前に解決されるばあいが多い。苦情処理の手順は規約上以下のとおりである。第 1、苦情の申立人が職場委員と相談し、まずその職場委員がマネージャーと協議する。解雇のばあいは、10 日以内に、また停職など他のばあいは 30 日以内に会社に抗議する。第 2、Rep と店長が協議する。ひとりの Rep は週平均 5 件の苦情処理を扱う。第 3、Rep と地域のスーパーバイザーの協議がつぎにくる。地域コーディネーター、Rep、申立人が会社の人事部長と協議する。第 4、その後、仲裁に入る。地域コーディネーターが仲裁に入るかどうかを決定する権限があり、ローカルの会長には経過報告をおこなう。ローカル全体で年間の仲裁件数は 5〜6 件である。

職場における組合活動

　ローカル 400 の職場を Rep と数店舗訪問し、実際に職場委員に尋ねた。ローカル 400 では日常の職場での組合活動は職場委員（非専従）と Rep が中

心である。ローカルの組合費以外に店舗または会社ごとに特別な会費を徴収せず、ローカルが主催する会議以外独自の活動をすることはない。

　RepのJ氏はUFCWの組合員で家具会社に勤めていたが、ストライキで人員整理の対象となり、Repとなった。88年からRepとして28店舗、4000名を担当している。1ヶ月に2回各職場を訪問し、1週間に5件の苦情処理をおこなっている。

　ジャイアント店のA氏はRepの指名により職場委員となり2年目である。この店舗では職場委員の定員は2名だが、1名欠員となっている。通常、職場委員は正社員がなることが多いけれど、A氏は食品雑貨担当で勤務歴17年のパートタイマーである。同店だけでなく、一般にスーパーではパートから始める。A氏は他の仕事をもっているので、自分の意思で正社員になっていない。同店には50名の従業員がおり、25％が正社員、75％がパートである。転職率は10％、平均勤続年数は10年である。A氏が扱う苦情処理件数は毎日2～3件、多くは経営者が労働協約を守らないことが原因である。昇進は労働協約で先任権順だが、経営側は組合員の範囲をこえたマネジャーに昇進させることができる。結果として、とくに食品雑貨部門では、仕事が多く昇進を希望する者があり、過剰労働、サービス残業が問題とのことであった。

　A氏は勤務時間中に組合活動をすることはほとんどなく、年1回協約で認められている職場委員の訓練1日のみ、会社負担で組合行事に参加する。他の組合の会議に出席するばあいは、自分が経費を負担する。ローカル881と異なり、ローカル400では職場委員手当は支給されていない。組合費以外の徴収は、店舗およびジャイアントのレベルでおこなっていない。この店舗またはジャイアント全体で組合員の定例会議はない。

　セーフウェイ店の職場委員N氏は26年間勤務、正社員としては17年、現在食品部門のキャッシャーである。同店では食品部門と食肉部門から各1名の職場委員がでる。従業員78名のうち、4分の1が正規従業員、4分の3がパートタイマーである。Nさんは週に2～3件の苦情を扱い、おもな苦情は先任権を無視した勤務日程などである。

　ウーディズ（百貨店）の職場委員3名のうちのひとり、B氏は勤続9年、化

粧品販売担当正社員である。ローカル400が管轄している14店舗のうち唯一のデパート、200名の従業員のうち3分の1が正規従業員、3分の2がパートタイマーである。苦情はあまりなく、年間に2件ていどである。ウーディズは現在売却の話があり、売却されても組合が認知されるよう、組合は申請書に署名を集めている。労働条件に関し譲歩した労働協約が最近締結されたが、組合員は協約の内容に不満をもっている。また、最近清掃係5名が解雇されたこともあり、組合員が組合の活動に批判的で、署名がおもうように集まっていない、とのことであった。スーパーの労働者とは違う、という意識が組合員のなかにあり、組合員は組合の活動にほとんど参加していない。

うえにのべたように、ローカル400は組合員との重要な接点である苦情処理を丹念におこなっている。Repでは解決できない問題は、うえの段階で会社と交渉している。コーディネーターの話によると、会社の人事と電話で交渉し、解雇を回避することなどを日常的におこなっているという。

ローカル881

ローカル881についてはさきのローカル400と異なる点のみを短く記す。組合員4万220名、一部の小規模店舗を別にして1企業1協約で協約の数は800、管轄地域はイリノイ州およびインディアナ州北西部である。管轄業種は、小売、薬品・雑貨店、保険代理店、床屋、化粧品販売などサービス業中心である。ローカル400同様、大手スーパー3社（ジュエル、オスコ、ドミニクズファイナーフーズDFF）の組合員だけで全体の約64％を占め、小売業の組合員は全体の90％、小売業中心の組合である。

組合員の範囲は、上記大手3社のうち2社の協約では、副店長までが組合員である。組合員はパート3万3113名（81.9％）、正規従業員7300名（18.1％）、季節労働者はわずか7名、と圧倒的にパート労働者が多い。現在、米のスーパーでの新規雇用はパートからで、日本と違い正社員としての新規雇用がないからであろう。パートとして雇用された労働者は先任権順に正社員となっていく。ローカル881の副会長の話によると、小売業の組織率は70％、ローカル400の90％よりは低いものの、なお高い。

役員はローカル 400 と同様に、ローカル規約によれば会長、書記長、記録係、副会長である。規約上副会長は 53 名とされているが、実際にローカル 881 の新聞に掲載されている役員数は 56 名、うち 32 名が職場からの非専従者、24 名が会長、書記長などを含めた専従役員である。ローカル会長はジュエル出身、83 年から現職にある。専従役員も職場出身者が多いと考えられるが、内訳はわからない。

　組合費は、ローカル 881 がローカル間の合併を繰り返して形成されたため、定まった基準はない。実際、組合費はまちまちで、業種ごとまた職種ごとに異なっている。ジュエルストアーのばあい、シカゴおよびインディアナでは週 4.67 ドル、ミシガンでは 4.47 ドル、あるいは 4.22 ドルと、地域の賃金の水準および加盟した経緯などにより異なる。新規加盟費は 60 ドルである。

　実際の財政支出、予算の割りふりは、ローカル 881 の会長が決める。職場委員など非専従の副会長 3 名からなる財政委員会があり、会計監査にあたる。会計監査を四半期に 1 回おこなったあと、執行委員会がこれを批准し、その後組合員大会にかける。財政規模、予算および支出は基本的には公開されている情報であるが、組合員にこれを配布することはなく、ローカル 881 の会長が組合員大会で口頭報告する。

　平均組合費を週 4.5 ドルとしてローカルの年間総収入を計算すると、約 940 万ドルとなる。このうち本部に毎月ひとりあたり 7.54 ドル（会費収入の 3 分の 1 強）を納入する。本部へはさらに組織化経費として月 400 ドルを地域本部 6 経由で納める。ローカルはストライキ資金を徴収していない。ストライキ手当は、本部から直接組合員に支払われる。

　執行委員会はローカルの最高決議機関でローカルの役員で構成され、ローカル規約で 3 ヶ月に 1 回開催される。組合員会議は 3 ヶ月ごとに、2 地域で開催される。以上、執行委員会の開催回数以外ローカル 400 とほぼ同様である。ローカル 881 も、日常活動において財政面では本部から独立しているが、財政のところで示したように、本部は組織化にあたり多額の財政援助をおこなう。また、一般組合員とローカルの接点は職場委員と BR（Business Representative、専従の苦情処理担当）である。

ローカル881の会長の話によると、団体交渉にUFCW本部はほとんど関与しない。ローカルは長い時間をかけて会社の交渉担当と人間関係を形成してきており、それを知らない本部（具体的には地域本部Regionが本部を代表する）では交渉がうまくいかなくなるのを懸念している。

　ローカル881では、基本的に1企業1協約で、組合員がもっとも多いジュエルストアー社の協約がモデル協約となっている。団体交渉の進め方はローカル400と基本的におなじである。3000名以上を対象とする労働協約のばあい、交渉前に関係する組合員に要求に関する調査を実施する。また、それ以下の規模のばあいは、関係組合員を集めた会議を開催し、労働協約に関する意見を聞く。ローカル881のなかで代表的なジュエルストアーとの交渉をみよう。

　ジュエルストアーは全体で200店舗の食品スーパー、ローカル881のジュエル関係の組合員は1万9000名、ローカル組合員の約半数を占める。なおローカル881がジュエルストアー社と締結している労働協約は、都市部の労働協約（Metoro Agreement、185店舗対象）と地方の労働協約（Midstate Agreement、5店舗）のふたつある。

　ジュエルストアー社の場合のみ、ローカルの会長が労働側の交渉人（spokesperson）となり、直接交渉をおこなう。まず交渉委員会を設置する。30～35名、会長、書記長、団体交渉局長および交渉担当者2名、おもに職場委員が占める職場代表からなる。協約期間ぎれの60日以上前に、交渉開始を会社側に通告する。その際、会社側にたいし交渉に必要な経営状態、労働条件などの情報提供を要請する。同時期に関係組合員に労働協約への要望につきアンケート調査をおこなう。アンケートの回収率は50～60％である。

　要求の作成は、アンケート調査結果、会社からの情報などをもとに、会長、団体交渉局と組織局が担当する。組合員が過剰な期待を抱かないようにし、また情報が混乱するのを避け、要求内容は組合員に知らせない。また、本部やジュエルストアー社を組織している他のローカルとも協議しない。

　交渉は中立的な場所でおこなう。通常は、要求内容を事前に会社側に知らせない。直接会って要求の背景説明をしたほうが誤解を生じない、と考えているためである。要求内容説明は通常2～3回、交渉に参加するのは、会長と交渉

担当局、組織局の専従役員であり、交渉委員会のメンバーは参加しない。会社側からは人事担当役員と弁護士が交渉に参加する。通常は3～4回だが、この前の交渉は長引き20～30回、7ヶ月間かかった。交渉が長引いた原因は健康保険料負担問題である。

妥結案を組合員の郵便投票にかける（ジュエルストアー以外で対象人数が少ないばあいは直接投票）。投票者の半数以上が賛成したばあいに、労働協約が批准される。実際に投票率は18～22％、これまで80～90％の割合で批准されている。そうじて、ローカル400と同様、ローカル881でも、実際に交渉をおこなうのは組合専従役員である。また、本部は交渉にほとんど関与していない。組合の重要な活動である苦情処理もローカル400同様、丹念におこなわれている。

4. ふたつのローカルの比較

組織の共通点

両ローカルともUFCW有数の大ローカルで、組織構造に多くの共通点がある。

第1にスーパー中心の大規模ローカルである。ローカル400はクローガー（スーパー）から出発したローカル、ローカル881もジュエルの組合が発展してきた組織である。組合人数もローカル400が3万5000名、ローカル881が4万名、UFCWのローカルのなかで米国だけをみると組合員数では1、2位の大ローカルである。それぞれ多業種を組織化しているが、ローカル881の組合員は約90％が小売業に従事し、ローカル400でもスーパー・百貨店5社だけで組合員の93％、両ローカルとも小売業中心である。

組合員の範囲はローカル400の大手2社（ジャイアント、セーフウェイ）では92年の労働協約から副店長が組合員からはずされた。他の協約では、副店長が組合員に含まれているものとそうでないものとがある。ローカル881では、調査した大手3社のうち2社で副店長は組合員に含まれる。両ローカルとも、全協約を調べたわけではないが、副店長が組合員の上限である点では共通

する。

　第2、組合役員の任期や会議の開催回数で共通する。ローカルの組合役員の任期は3年とどちらもローカル規約で定めている。組合員会議は、本部規約では1ヶ月に1回もしくはローカル規約の定めにより最低四半期に1回とされており、両ローカルとも四半期ごとに会議を開催している。

　第3、苦情処理や職場の組合活動も共通する。組合専従のRepまたはBRが平均30店舗を担当し月1〜2回店舗を回り、両ローカルの苦情処理方法はほとんどおなじである。世話役活動も両ローカルともRep/BRがおこない、ほとんどの組合役員およびRep/BRは職場から上がってきた人である。組合活動はローカル単位でおこなわれており、店舗ごとまたは同じ会社ごとなど、職場を単位とした組合活動はおこなわれず、ローカル会費以外そのための活動費も徴収していない。

組織の差異点

　組合員の範囲に少し差異がある。両ローカルも大手が組合員の過半数を占めているが、ローカル400ではスーパー・百貨店大手5社で93％、ローカル881ではスーパー3社で64.3％である。ただし、ローカル881では1社（ジュエル）の組合員が半数弱、他方、ローカル400では大手2社で過半数で、ローカル881はまさにジュエル1社を中心とした組合といえる。このような組合員構成の違いが労働協約に影響をもたらす可能性があり、この点は重要とおもわれる。小規模企業をのぞき、両ローカルとも基本的には1企業1協約だが、800の協約を締結しているローカル881のほうが、協約70のローカル400より多くの中小を組織していると推定できる。

　小売スーパーの組織率は、ローカル400が90％、ローカル881が70％、それぞれかなり高いが、20％の差は大きいとみるべきだろう。労働条件の標準化には組織率が大きく影響し、この組織率の差の差は重要である。

　専従役職員数はローカル881が75名、ローカル400名の55名より多い。これはおもにBRやRepの数の違いによる。ローカル400では18名のRepにたいし、ローカル881では40名である。両組織とも1名のRepが約30店舗を

担当するから、ローカル 881 が 1 店舗あたりの従業員数が少ないと考えられる。組合費収入はローカル 400 のほうが多いのに、ローカル 881 のほうの専従者が多い。ローカル 400 では毎月組合費以外の収入が約 60 万ドルある。ローカル 881 の収入についてはわからないけれど、ローカル 881 の雑収入が多いか、または人件費の支出の割合がローカル 400 よりも高くなっているか、どちらかであろう。

執行委員会の開催回数は本部規約では 1 ヶ月に 1 回もしくはローカル規約の定めにより最低四半期に 1 回とされている。ローカル 400 は毎月開催、ローカル 881 は四半期に 1 回、本部と役員間の意思疎通はローカル 400 のほうがよいかと考えられる。

組合費は規約では本部会費（月 7.54 ドル）の 2 倍以上とされているが、ローカル 400 のほうがやや高めである。ただし、おなじ職種・勤続年数の組合員の組合費を比較できず言い切れない。両ローカルとも一律の組合費ではなく、加盟の経緯、職種などで組合費が異なる点は共通している。組合費収入は、組合員数が少ないローカル 400 のほうが多い。両ローカルとも組合収入の約 3 分の 1 が本部納入という点では共通する。

要するに、組織構造では、組合員の業種、組合の歴史、決定機関、苦情処理の方法など基本的部分ではほとんどおなじである。ただ執行委員会の開催頻度に違いがあり（ローカル 400 は月 1 回、ローカル 881 は 3 ヶ月に 1 回）、ローカル 400 のほうが情報交換および機関決定を密におこなう。ただし、組合員会議の開催数はともに 3 ヶ月に 1 回とかわらない。組合員の参加者数がローカル 881 についてはわからないため、組合員の活動への参加の仕方の違いは不詳である。ローカル 881 の専従役職員がより多いのは、組合員数と労働協約数、管轄している店舗数が多いから、と考えられる。それゆえ協約への影響に決定的なのは、20％の組織率の違いと考える。

また、ローカル 881 のほうが 1 企業の組合員数が突出して多く半数弱を占め、あとは多くが中小企業である。これにたいしローカル 400 は大手 5 社の規模が大きく組合員数の 93％を占めている。つまりローカル 400 は数社独占型、ローカル 881 は 1 社独占型の組合員構成となっている。他方、協約数からロー

カル 881 のほうが小規模の企業が多い、と考えられる。この組織率の違いを考慮に入れながら、両ローカルの交渉の方法および労働協約の違いをみていく。

交　渉

　ふたつのローカルの交渉手順はほとんどおなじである。実際の交渉に当事者である組合員が同席せず、両ローカルとも専従の役員が交渉をおこなう。職場委員の代表を含めた交渉委員会（ローカル 400 は諮問委員会）が設置されているが、いずれのローカルも交渉前後に交渉経過に関する報告を受けるにすぎない。交渉は担当ローカル組合役員主導でおこなう。労働協約の最終決定が組合員の投票によるにとどまる。また、日常組合員の苦情処理担当の Rep/BR も直接交渉には関係せず、必要におうじて意見を出すにすぎない点も共通する。

　もっともローカル 881 が企業ごとに単独の労働協約を締結しているのにたいし、ローカル 400 はあわせて組合員の 53％を占めるセーフウェイとジャイアントが、ごくわずかな箇所をのぞいて同一の協約を締結しており、非公式の連合交渉をおこなっている点が大きく異なる。これら 2 社との交渉は、現在は別々におこなわれているものの、以前は連合交渉であった。現在も協約改定時期もほぼ同一であり（1 日違うのみ）、インフォーマルにはいっしょに交渉をおこなうこともある。

　これにたいしローカル 881 では、交渉担当の話によると、小規模の店舗では複数の企業と単一の協約を締結しているばあいもあるが、大規模なスーパーは複数企業を対象とする協約から抜けでてしまった。組合にとってその力を交渉で発揮するためには、複数の大企業をまとめ地域内での単一の労働協約を締結するほうが望ましい。また、本部の政策でもそのような協約の形態を勧めている。そうだとすれば、Kochan & Katz［1988］がのべているように、ローカル 400 とローカル 881 も、組織率が交渉形態に大きな影響を与えている、といえそうである。

　ローカル 400 の食品小売業（スーパー）の組織率は 90％と高いが、ローカル 881 は 70％にとどまっている。この組織率の差が、非公式であってもローカル 400 の連合交渉を可能にし、ローカル 881 では有力企業が連合交渉から離

脱、という違いをもたらしたと考えられる。ただし、いずれのローカルとも組織率は全国平均6.2％と比し非常に高く、しかもそのローカルのなかでも代表的な労働協約をみているので、この章でみている労働協約はモデル協約の性格が強いことを念頭に置く必要がある[2]。

両ローカルともおなじ企業を組織化し、管轄地域が隣接しているローカルと連合交渉をおこなっている。具体的には、ローカル881はローカル1540とともにドミニク・ファイナー・フーズ社（DFF）と同一の労働協約を締結している。また、ローカル400とセーフウェイの交渉には、ローカル27の役員が入ることもあり、協約は別ではあるが、内容はほとんどおなじものとなっている。

ローカル400のセーフウェイとジャイアントの協約とは対照的に、ローカル881のジュエルとオスコは同一資本系列の店舗にもかかわらず協約は別であり、おなじジュエルでもメトロとミッドステートでは異なる協約を締結しており、労働条件もかなり異なっている。この点でも、ローカル881の交渉力がローカル400より弱いといえる。もっとも両ローカルとも大手企業の協約がモデル協約となっており、他の協約でモデル協約レベルに近づけようとしている点では共通する。

妥結内容の標準化

各項目につき、妥結内容がどれほど標準化しているかを検討する。具体的には、ローカル881と400の代表的労働協約各4つを比較する。とりあげる協約は組合員数がもっとも多い3つの企業（スーパー）のものである。ただし、ジュエル・ミッドステートをとりあげたのは、ローカル881でもっとも組合員が多いジュエル・メトロと比較するためである。

所定外勤務手当、休日手当がほぼ共通する。基本的に1日8時間以上の勤務、および公休日がある週の32時間以上の勤務では、所定外勤務手当の割増率が1.5倍という点は両ローカルのすべての協約で共通している。

レイオフ・リコール時の先任権、その有効期間もほぼ共通する。表現に差があるものの、基本的には先任権にもとづくレイオフ・リコールをおこなって

図表7-1 妥結内容の事業所間比較でとりあげた企業

その1：ローカル400

	当該地域での店舗数	組合員数	扱っている商品
セーフウェイ	109	8,000	食料品、肉、雑貨、魚介類、薬、パン
ジャイアント	124	10,500	食料品、肉、雑貨、魚介類、薬、パン
クローガー	—	5,250	食料品、肉、雑貨
ショッパーズ	—	5,250	食料品、肉、雑貨

その2：ローカル881

	当該地域での店舗数	組合員数	扱っている商品
オスコ	約200	4,000	雑貨、薬、化粧品、最近食料品も扱うようになった
ジュエル・メトロ	185	あわせて 19,000	食料品、肉、雑貨、パン、花（ただし、肉関係の組合員は他のローカルの管轄）
ジュエル・ミッドステート	5		
ドミニクズファイナーフーズ	28	3,000	食料品、雑貨、パン、花（肉を扱っているかは不明）

いる。また、リコールされたばあいの先任権の有効期間は、ローカル400のクローガーをのぞき、1年間となっている。

すべての協約が協約期間中のストライキ・ロックアウトを禁止する。ただし、ローカル881のオスコ・ジュエル（メトロもミッドステートも）はピケ破りの拒否権の条項がない。

表現に差はあるが、できるだけ多くの正規従業員の雇用を確保するための条項が盛り込まれている。また、パートの希望者のなかから先任権順に正職員に昇進する手続きがある点でも共通する。

正規従業員の所定内労働時間はすべて40時間となっている。

やや似ている点

有給の休暇日数は、ローカル400ではショッパーズをのぞき、休暇の最高期間が5週間となっているが、休暇取得に要する勤続期間に若干の違いがある。ローカル881ではジュエル・メトロとドミニクズファイナーフーズ（DFF）が最高で6週間のヴァケーションを獲得している。ローカル881もローカル400

も、休暇取得に要する勤続期間に違いがある。公休日数も、Easter Monday および退役軍人の日に関し若干の違いがあるものの、基本的に年6日で共通している。夜勤手当はローカルのなかでも違いがあり、ローカル400は時間あたり0.75〜0.35ドル、ローカル881では0.5〜0.4ドルの幅がある。

　パートの労働時間は、ローカル400では最低保証労働時間が1日4時間で統一されており、クローガー以外は最高も週35時間となっている。ローカル881では週最低12時間が共通しているが、最高勤務時間はオスコ以外には明確な規定がない。

　また両ローカルとも正規従業員の雇用を確保するために、パートの労働時間が連続して長時間になったばあいに、労働協約で経営者にたいし正規従業員の雇用を義務づけているか、努力義務を課している。ローカル400ではその規定が明確であり、クローガー以外では6週間連続週40時間の仕事をパートがおこなったばあい、正社員を雇わなければならないとする。ローカル881では、表現の強弱はあるが、ジュエル・メトロおよびDFFで週40時間の労働を2名のパートで分担しないこと、オスコでも週32時間以上16週間パートが勤務した場合は、正社員とみなされる。ただし、ジュエル・ミッドステートでは努力義務にとどまり、具体的規制は明記されていない。

異なる点

　入手したローカル881の7つの労働協約のなかには資産の売却時における協約履行保証条項はない。ローカル400の4つの労働協約のうち、クローガーをのぞいた協約には、同条項が盛り込まれている。

　組合活動のための休暇は、両組合とも職場委員が組織化のために半年など長期間取得できるよう協約にもりこまれている点では共通する。ただし、専従役員の組合休暇条項は一見似ているが、実際には異なる。ローカル400では、Repが組合専従として会社から出向する場合雇用が保証され、その間の先任権も加算され、実際企業に戻った例があった。ローカル881の協約ではabsenceではなくtime offとされ、BRが企業に再雇用される保証はない。ただし、労使関係がよいところでは慣行として企業に戻る例はある。そのばあいでも、休

図表 7-2　賃金表の事業所間比較
その1：ローカル881（賃金スケールB）1995年1月時点

	オスコ	ジュエル・メトロ	ジュエル・MS	ドミニクFF
	Full-Time	Regular Clerk	Regular Clerk	Regular Clerk
初任給	100.00	100.00	90.48	95.24
1年目	92.80	100.00	79.20	96.00
2年目	81.41	100.00	75.64	99.36
3年目	63.03	100.00	62.56	90.05
最高時	31月〜	55月〜	49月〜	49月〜
	55.65	100.00	65.27	94.56

その2：ローカル400（賃金スケールB）1995年1月時点

	セーフウェイ	ジャイアント	クローガー	ショッパーズ
	Service Clerk	Service Clerk	Full Time Clerk	Service Clerk
初任給	100.00	100.00	73.77	84.43
1年目	100.00	100.00	68.35	81.29
2年目	100.00	100.00	65.36	83.01
最高時	33月〜	33月〜	6年目〜	33月〜
	100.00	100.00	77.81	93.99

暇中の先任権は加算されない。

職場委員会議は、各ローカルともそれぞれ1社（クローガーとDFF）ではそこへの出席が無給になっているが、それ以外の企業では有給を確保している。ただし、ローカル400は各店舗2日の有給なのにたいし、ローカル881は1日である。

技術変化と訓練につき、ローカル400は4つの協約すべてで事前協議制を盛り込んでいるが、ローカル881ではオスコとジュエル・メトロで条項がない。一般に労使協調の姿勢が強いところでは、技術変化にたいし労使双方で取り組む姿勢がみられ、その意味ではローカル400のほうがローカル881より協調的であろう。

企業間賃金格差

妥結の標準化でもっとも注目される賃金をみる。労働協約で記されている賃金を両ローカルで比較する。ただし、それぞれのカテゴリーの最高賃金のうえに賃金が上乗せされていることもあり、その実際はわからない。ここでは協約

図表 7-3　賃金引き上げ額、物価上昇にともなうもの
その 1：ローカル 881

	ジュエル・メトロ Regular Clerk		オスコ Full Time Clerk		ジュエル・ミッドステート Regular Clerk		ドミニクズファイナーフーズ Regular Clerk	
	92～95年	年平均	94～97年	年平均	94～97年	年平均	93～96年	年平均
初任給	7.1%	2.4%	3.8%	1.3%	4.2%	1.4%	5.0%	1.7%
1年目	4.2	1.4	3.4	1.1	4.0	1.3	4.2	1.4
2年目	4.0	1.3	3.7	1.2	3.4	1.1	6.7	2.2
3年目	6.0	2.0	5.2	1.7	3.8	1.3	10.5	3.5
単純平均	5.6	1.9	3.8	1.3	3.7	1.2	6.0	2.0

その 2：ローカル 400

	セーフウィエ・ジャイアント Service Clerk		クローガー Full Time Clerk		ショッパーズ Service Clerk	
	92～96年	年平均	92～96年	年平均	93～97年	年平均
初任給	1.7%	0.4%	0.0%	0.0%	7.8%	1.5%
1年目	3.0	0.8	0.0	0.0	7.1	1.8
2年目	4.1	1.0	0.0	0.0	6.2	1.6
3年目	12.4	3.1	0.0	0.0	14.6	3.7
単純平均	4.2	1.1	0.0	0.0	7.6	1.9

上の賃金表をベースに比較する。また、州により物価が異なり、ローカル400と881のどちらが高い賃金を獲得しているかはわからない。

ローカル881のモデル協約、ジュエル・メトロ、ローカル400のセーフウェイおよびジャイアントの賃金（1995年1月時点）を基準とし、おなじ職種・勤続の人の賃金を比較する。

両ローカルともおなじローカル内で初任給で10～18％、最高賃金時では6～44％と企業間格差がある。ローカル881では、おなじ資本系列であるオスコ、ジュエル・メトロ、ジュエル・ミッドステート間の賃金表B（Full-Time、Regular Clerk）での賃金格差が大きい。とくにオスコの賃金は3年目でジュエル・メトロの約63％しかなく、55ヶ月勤続ではさらに格差が開き、55％となる。また、企業間格差は勤続年数が長くなるにしたがい広がる傾向がある。ただし、DFFとの賃金格差は最高時で5％にとどまっている。

ローカル400では、ローカルのコーディネーターがクローガーの業績不振で問題があるとはいうが、それでも賃金最高時では格差は78％にとどまってい

る。ショッパーズとの格差はさらに少なく、賃金表Bでみても3年目で6％しか差がない。企業間賃金格差だけみると、実質的に連合交渉をおこなっているローカル400のセーフウェイとジャイアントはまったく格差がなく、組合の強さを示している。ただし、単独交渉をおこなっているクローガーとの賃金格差が目立つ。

エスカレーター条項（物価の上昇を考慮し労働協約に盛り込まれる賃上げ率）をみる。協約では年度ごとに物価上昇分の賃上げがあるが、おなじ職種、おなじ勤続年数でも企業間に差があるかもしれない。そこで、協約が期限切れとなる年度の賃金を協約開始年度の賃金で割り、物価上昇分の賃金引き上げ額を比較した。

ローカル400の労働協約では、クローガーをのぞき勤続3年目に極端に賃金引き上げ率が大きい。セーフウェイ・ジャイアントでは、初任給の引き上げ率が年0.4％にたいし、勤続3年目では3.1％、ショッパーズでもそれぞれ1.5％、3.7％と3年目の引き上げ率が高い。クローガーは財政問題があり、定昇が見あわされたか、雇用確保の見返りとして定昇を抑えているとおもわれる。ローカル881では、モデル協約であるジュエルにその傾向はなく、DFFでその傾向がみられるだけである。これは、つぎにみる賃金の頭打ちの期間および離職率にも関係すると推察されるが、離職率に関するデータがないので、その理由は明確にはわからない。

ローカル400とくらべローカル881のほうがオスコの場合をのぞき、賃金の頭打ちになるまでの期間が長い。ローカル881のRegular Clerkの賃金が頭打ちになるのは5年目にたいし、ローカル400では4年未満である。ローカル881の他の協約をみても同様に5年以上となっている。

勤続による賃金差：各職種別に、1995年1月時点の初任給と勤続年数による賃金格差をみる。職種別の初任給を1とし、勤続年数ごとに初任給にたいする割合を図表7-4に示した。

もっとも低い賃金表Aは、Bとくらべ勤続年数よる格差はそれほど高くなく、またローカル間でこれといった差もない。賃金表Bでは、とくにローカル881のジュエル・メトロとドミニクズフィナーフーズ（DFF）で勤続4年以

図表 7-4　勤続別賃金の事業所比較
その1：ローカル881（賃金表A）1995年1月時点

	オスコ	ジュエル・メトロ	ジュエル・MS	ドミニクFF
	Part-Time	Service Clerk	Service Clerk	Utility Clerk
初任給	1.00	1.00	1.00	1.00
1年目	1.09	1.16	1.04	1.16
2年目	1.21	1.22	1.04	1.16
最高時	31月〜	25月〜	13月〜	13月〜
	1.26	1.22	1.04	1.16

その2：ローカル881（賃金表B）1995年1月時点

	オスコ	ジュエル・メトロ	ジュエル・MS	ドミニクFF
	Full-Time	Regular Clerk	Regular Clerk	Regular Clerk
初任給	1.00	1.00	1.00	1.00
1年目	1.10	1.19	1.04	1.20
2年目	1.21	1.49	1.24	1.55
3年目	1.27	2.01	1.39	1.90
最高時	31月〜	55月〜	49月〜	49月〜
	1.27	2.28	1.64	2.26

その3：ローカル400（賃金表A）1995年1月時点

	セーフウェイ	ジャイアント	クローガー	ショッパーズ
	Courtesy Clerk	Courtesy Clerk	Courtesy Clerk	Courtesy Clerk
初任給	1.00	1.00	1.00	1.00
1年目	1.14	1.14	1.01	1.15
18ヵ月〜（最高時）	1.29	1.29	1.01	1.37

その4：ローカル400（賃金表B）1995年1月時点

	セーフウェイ	ジャイアント	クローガー	ショッパーズ
	Service Clerk	Service Clerk	Full Time Clerk	Service Clerk
初任給	1.00	1.00	1.00	1.00
1年目	1.14	1.14	1.06	1.10
2年目	1.25	1.25	1.11	1.23
最高時	33月〜	33月〜	6年目〜	33月〜
	1.50	1.50	1.58	1.67

上の賃金と初任給の間には2倍もの格差がある。ローカル400では最高勤続と初任給の格差は大まかにいって約1.5倍となっている。

考　察

　組合にとってもっとも重要な先任権については共通である。また、正規従業員の雇用の確保とパートから正規従業員への昇進についても、既存のパートが優先的に正規従業員に昇進できる条項を確保している。他の労働条件については、所定外勤務手当が完全に共通し、他の休日、夜勤手当、パートの労働時間についても若干の差はあるけれど、問題ある格差とまではいえないだろう。

　ただし、資産の売却、職場委員会議、技術変化と訓練では差がでている。ローカル400ではクローガーをのぞき、資産が売却されたばあい後継者にも労働協約履行の義務を課している。これは、組合の交渉力の強さを示す。また、技術変化と訓練でもローカル400は4協約すべてにこの条項を盛り込んでいるが、ローカル881では2社でこれがない。これはローカル400の交渉力と同時に、経営者との良好な関係を示す。職場委員会議の休暇の条件もローカル400がよい。

　そうじて両ローカル間で、賃金以外の労働条件ではさほど大きな差はないが、組織率で勝り交渉力の強いローカル400がより有利な条件を獲得し、かつより良好な労使関係を確立している、とおもわれる。ただし、ローカル881も基本的条件はすべて獲得しているので、けっしてローカル881が交渉力の弱い組合というわけではない。

　ローカル881のDFFをのぞき両ローカルとも、おなじローカル内で初任給の10～26％、最高賃金時では6～44％と企業間格差がある。一般に、米国ではおなじ職種の場合賃金格差が少ないといわれているが、少なくとも小売業ではそうではない。分析対象となっているのは、ジェエル・ミッドステートをのぞき、ローカルのなかでも代表的な企業の賃金である。おなじローカルに属する代表的企業においてすら賃金格差があるとは、米国も小売業では日本同様実際には企業別賃金となっている例といえよう。

　ただし、格差の大きさをくらべてみるとローカル400のほうが企業間賃金格差を小さく抑え、組合としての力をより発揮している。ローカル881は、おなじ職種でも勤続年数による格差がローカル400よりも大きい。また、賃金の頭打ちの期間もローカル400より長い。組合にとって勤続年数の長い組合員によ

り高い賃金を確保するほうがよいのか、また差をつけながら全体的に高い賃金を確保するのがよいか、議論が分かれるところである。組合にとって貢献度が高い組合員の賃上げをより長い期間獲得しているのがローカル881であり、後者の方法を採っているのがローカル400であろう。

5. ま と め

ローカルが中心

　基本的に確認できたことは、UFCWが組織している小売業では全国協約ではなく地域を基本とする協約だ、という点である。小売業では組織化されている組合員110万人のうち約100万がUFCWの組合員であり、米国小売業の協約の一般的形態は、全国協約ではなくローカルを基礎としているといえる。調査対象のローカルでは、実際の交渉は本部ではなくローカル主導であった。企業別協約が基本であるが、組合活動は企業ごとではなくローカルが中心である。

　実際でも本部は調整機関であって、組織化と労働協約の面でローカルにたいし影響力がある。とくに組織化では財政面でローカルを直接支援し、組合員の拡大に積極的な役割を果たし、それが実際に4年間に50万人の組織人員増となった。

　団体交渉では産業別本部は交渉当事者とはならず、あくまで間接的な役割にとどまるが、ストライキ資金の拠出権限が規約上本部にゆだねられており、実際にも本部はその権限を行使する。このことから長期にわたるストライキに本部は一定の影響力をもつ、とみるべきであろう。

　ローカル400と881の労働協約が示すように、交渉では組合は雇用保障に力点を置く。これは先任権の確保、正規従業員への既組合員（パート）からの昇進、および長時間勤務のパートの正規従業員への移行にあらわれ、両ローカルに共通する。また本部は賃上げ額の表示を労働時間ではなく勤続によるよう指導しているが、これも両ローカルで守られている。このようにもっとも基幹的な事項を両ローカルとも労働協約で確保しており、標準化が認められる。ただ

し、賃金はローカルのなかでもばらつきがある。

また、産別本部が小売業の労働協約に関する方針で示している事項が、すべてローカルの協約に盛り込まれている、とはかぎらない。ここで示した協約はおなじローカル内の小規模の企業にくらべかなりよい協約だが、それでも産別の政策と実際が異なる。たとえば、協約の有効期間を本部は3年未満と勧めるが、ローカル400では4年である。これは医療費負担について会社が譲歩したため、ローカルが4年を認めたのであった。また、パートの最低就業労働時間を20時間とする産別の方針にたいし、ローカル400は1日4時間、ローカル881は週12〜23時間と、本部の条件を満たしていない。このようにUFCW本部がローカルを指導すべき部分はまだまだあるが、概して本部はローカル間の調整を効果的におこなっている、といえる。

このUFCW本部の役割と日本の産業別労働組合の役割を比較すると、小売業ではおおまかにいって大きな違いはない。米国の地域中心の活動と日本の企業別中心との違いはあるが、それぞれ本部が交渉の当事者にならず調整機能を果たす点では共通する。日米の組合の比較自体は別の機会にゆずるが、日本の産業別組合が企業別組合を基礎としているからといって、米国の組合の活動と大きくその機能がかわるわけではない。また、その活動が劣るものではない。

ローカル間の比較

ほかの事項では、資産売却の際にも既存の労働協約を保証する条項がローカル881にはなく、またローカルで余剰人員が発生したとき、BRが会社にもどれる保証がないなど、ローカル400にくらべ、881は弱い協約になっている。それに、ローカル400の4協約すべてに盛り込まれていた新技術導入の際の事前協議も、ローカル881にはない。この協約の違いは組織率の差によるところ大とおもわれる。組織率はローカル400の90％にたいし、881では70％であった。組織率は交渉に大きな影響がある。ローカル881は連合交渉から大手のスーパーがはずれていったが、ローカル400は非公式の連合交渉を維持している。これは組織率によるのであろう。ただし、この非公式の連合交渉が大手2社のみでおこなわれ、他の大手ではみられない点も留意しなければならない。

もうひとつ大事なのは労使関係である。労働協約で明記されていないが、実際に労使関係のよいところでは、BR はローカルから企業にもどることができる。これは一例にすぎないが、会社との日ごろの労使関係のよしあしが実際の労使慣行に影響する。

さらに重要なのは、組合員との信頼関係である。両ローカルとも交渉はローカルの専従役員がおこない、組合員および職場委員が直接交渉に参加することはない。ただし、最終的決定権は組合員が握っている。ローカル 400 のセーフウェイとの交渉でおきたように、組合員が執行部に不信感をもつ場合には、提案されている労働条件に不満はなくとも、組合員がこれを拒否することもあり得る。交渉に関し組合員にどこまで詳細な情報が提供されているかはわからないが、直接交渉に参加しない以上、組合員の判断は提案されている労働条件の内容以外に、日ごろのローカルの活動への信頼によるところも大と考える。この点両ローカルとも日常の苦情処理をまめにおこなっており、これが組合員による協約案の高い批准率につながっているのだろう。

のこされた課題

米食品商業労組 UFCW のなかでも最大のローカルふたつ、しかもそのなかでも規模の大きい企業の協約を比較した。これにより、代表的な協約パターンの例を提示できたと思うが、逆に小規模なローカルにおける本部の役割を調べることができなかった。産別本部執行副会長によると、小規模なローカルでは本部がより多く交渉に関与しているから、この点を今後調べていく必要がある。またロサンジェルのローカルも強く、経営団体と単一の協約を締結している。このような協約形態についても調査する必要がある。さらに、小売業における未組織の労働者と UFCW の組合員の労働条件を比較できれば、組合の役割をより明確にできるはずである。

また、UFCW のローカルも本章で記した以外にさまざまな交渉形態や組織機構があるはずである。それぞれの地域の特有性を生かしながら、また経済・法制面を含めけっして組合にとって有利な環境といえないなかで、もっとも自分たちに適した組織と交渉を選択してきた。そのなかでも小売業の典型的な

ローカルの活動事例を提供できたとおもう。

注：
1) 話を聞いた人、時間はつぎのとおりである。
   *UFCW本部（ワシントン）
      国際担当副会長（2時間）：交渉方法の概要。
      執行副会長兼会長補佐（1時間）：UFCWの組織機構。
      財政担当（1時間）：財政のしくみ。
   *ローカル400（ワシントン）延べ2日間半
      ローカル書記長（初日2時間、最終日2時間半）：初日ローカルの組織機構・交渉の方法、最終日に交渉の行き詰まりの際に本部が介入した事例およびこれまでの聞きとりの不明点を聞く。
      コーディネーター2名（2時間）：具体的な交渉の事例、苦情処理の方法。
      Rep（苦情処理担当）と同ローカルが組織化している大手スーパー2店および百貨店を訪問（計2時間）。各店舗で1名の職場委員と会い、具体的な苦情処理の方法について聞く。
      財政担当（1時間）：ローカルの財政のしくみ。
   *ローカル881（シカゴ）延べ2日半
      ローカル会長（1時間）：組織概要。
      財政担当（1時間半）：ローカルの財政のしくみ。
      広報局長（2時間）：組織機構。
      交渉担当（2時間）：交渉方法。
      Business Rep（苦情処理担当）と同ローカルが組織化している大手。
      スーパー4店舗を訪問（7時間）──各店舗で1名の職場委員と会い、具体的な苦情処理の方法について聞く。
      UFCW本部では、大会報告、小売業の労働協約に関する政策、組合規約を入手。ローカル400とローカル881では、それぞれローカル規約、ローカル組織概要、主要労働協約を入手し、本論文で資料として活用している。また、組織機構については、ゼンセン同盟［1993］をもとにし、今回の聞きとりを用意した。
2) ここで引用している組織率のうち、小売業の全国の組織率は、1993年の米労働省「Employment and Earnings」による小売業の雇用者数を用い、それを組合員数でわっている。他方、ローカルにおける組織率は組合に聞いたもので、管轄地域の組合員数を組織化対象のスーパーの雇用者数で割っている。このふたつの組織率は母数が違うため、単純に比較できないという点に留意する必要がある。

（本章初出の執筆時点は1995年である。なお、紙幅の関係からUFCW本部およびローカルの組織機構図、歴史など多くの資料を掲げることができなかった。どうかもとの修士論文の付録を参照していただきたい（「法政大学大学院経営学研究科成果集」1996年所収、法政大学図書館収納）。　UFCWへの聞きとり調査を可能にしてくださったゼンセン同盟会長、同書記長はじめ関係者の方々、UFCW会長、ローカル400の書記長、ローカル881の副会長、その他貴重な話を聞かせてくださった多くの方々に篤くお礼を申しあげる。）

文　献

阿部正浩［1996］「転職前後の賃金変化と人的資源の損失」『三田商学研究』Vol.39、No.1、pp.125-139.
市村真一編［1988］『アジアに根付く日本的経営』東洋経済新報社。
今田幸子・平田周一［1995］『ホワイトカラーの昇進構造』日本労働研究機構。
今野浩一郎他［1990］『日系企業の経営と人事戦略——アジアの事例』日本労働研究機構。
猪木武徳［1989］「タイの日系企業のパーフォーマンス——1973-88、東洋経済・海外進出企業総覧より」国際産業・労働研究センター『海外日本企業の雇用と経営に関する調査研究』国際産業・労働研究センター、pp.143-163.
猪木武徳・小池和男編著［2002］『ホワイトカラーの人材形成——日米英独の比較』東洋経済新報社。
井上詔三［1982］「内部労働市場の経済的側面——ホワイトカラーの事例」『日本労働協会雑誌』No.282、pp.2-13.
石田英夫［1985］『日本企業の国際人事管理』日本労働協会。
石田英夫［1999］『国際経営とホワイトカラー』中央経済社。
岡本邦宏［1995］『タイの労働問題』日本貿易振興会。
奥井めぐみ・大竹文雄［1997］「「職種格差」か「能力格差」か？——職種間賃金格差に関する実証分析」『日本労働研究雑誌』No.449、pp.37-49.
金井壽宏［1993］『ニューウェイブ・マネジメント』創元社。
河部利夫・田中忠治［1970］『東南アジアの価値体系1（タイ）』現代アジア出版会。
河部利夫［1997］『タイのこころ——異文化理解のあり方』勁草書房。
川喜多喬［1983］「巨大小売企業の労務管理と労使関係」『80年代の労使関係』日本労働協会、pp.639-395.
川喜多喬［1989］『産業変動と労務管理』日本労働協会。
北嶋守他［1997］『ASEAN諸国の工業化と日本型システムの移転』機械振興協会経済研究所。
黒澤昌子［2002］「中途採用市場のマッチング——満足度、賃金、訓練、生産性」『日本労働研究雑誌』No.499、pp.71-85.
玄田有史［1996］「「資質」か「訓練」か？——規模間賃金格差の能力差説」『日本労働研究雑誌』No.430、pp.17-29.
小林英夫［1988］『現代アメリカ労働史論』啓文社。
コーエイ総合研究所［2003］『国際開発コンサルタントのプロジェクト・マネジメント』国際開発ジャーナル社。
小池和男・猪木武徳［1987］『人材形成の国際比較』東洋経済新報社。
小池和男［1991］『大卒ホワイトカラーの人材開発』東洋経済新報社。
小池和男［2005］「戦前日本紡績企業の中国進出——文献サーベイと若干の分析」『経営志林』Vol.4、No.2-3、10月、pp.1-14.
佐久間賢［1987］『国際経営と日本型労使関係』有斐閣。
佐藤博樹・鎌田彰人編著［2000］『店長の仕事』中央経済社。
自動車総連［1998］『ワーク・ビジョン21（新総合労働政策）』全日本自動車産業労働組合総連合会。
島田晴雄［1988］『ヒューマンウェアの経済学』岩波書店。
白木三秀［1998］『日本企業の国際人的資源管理』日本労働研究機構。
白矢桂子［2001］「販売員の技能形成」『日本労務学会誌』Vol.3、No.1、pp.41-64.

白矢桂子［2002］「販売職における転職後の技能評価」『日本労務学会第 32 回全国大会研究報告集』pp.157-173.
白矢桂子［2003］「販売員の移動と定着」『日本労務学会第 33 回全国大会研究報告集』 pp.269-274.
末廣　昭［1993］『タイ──開発と民主主義』岩波書店。
末廣　昭［1997］「タイにおける労働市場と人事労務管理」『社会科学研究』 Vol.48、No.6、pp.59-108.
ゼンセン同盟［1993］『ゼンセン同盟組織構造調査団報告書』ゼンセン同盟。
園田茂人［1998a］「現地人マネジャーによる現地化評価」岡本康雄編『日系企業 in 東アジア』有斐閣、pp.159-175.
園田茂人他［1998b］『アジアへの貢献──日系企業の人づくりとその重要性』日経連。
津田真澂［1967］『アメリカ労働組合の構造──ビジネス・ユニオニズムの生成と発展』日本評論社。
外川洋子［1998］「流通業、外食産業における就業形態の多様化と働きがい、キャリア形成」『小売業・飲食店における経営と雇用』日本労働研究機構、pp.98-108.
冨田安信［1986］「大型小売業における技能形成」小池和男編『現代の人材形成』ミネルヴァ書房、pp.10-29.
中村　恵［1983］「組合の規制と職場集団の自律性」日本労働協会編『80 年代の労使関係』日本労働協会、pp.453-481.
中村　恵［1987］「ホワイトカラーの企業内キャリア──その論点と分析枠組」『神戸学院経済学論集』Vol.19、No.1、pp.109-140.
中村　恵［1988］「大手スーパーにおける女性管理職・専門職者」小池和男・富田安信編 『職場のキャリアウーマン』 東洋経済新報社、pp12-37.
中村　恵［1989a］「海外派遣者の選抜と企業内キャリア形成──製造業事務系ホワイトカラーの事例」雇用職業総合研究所・関西経済研究センター『国際環境下における雇用問題──直接投資・産業調整・労働市場の制度慣行を中心に』 pp.79-100.
中村　恵［1989b］「海外派遣者の選抜と企業内キャリア形成──製造業事務系ホワイトカラーの事例」『日本労働協会雑誌』 No.357、pp.3-12.
中村　恵［1991a］「製造業事務系のキャリア形成」小池和男［1991］pp.139-172.
中村　恵［1991b］「総合商社におけるキャリア形成」小池和男［1991］pp.103-120.
中村　恵［1991c］「昇進とキャリアの幅──アメリカと日本の文献研究」小池和男［1991］pp.203-225.
洞口治夫［1997］「参入・退出と組織の再編成──アメリカにおける日系多国籍企業の事業継続と組織的変化」『三田学会雑誌』 Vol.90、No.2、pp.84-112.
連合総合生活開発研究所［1998］『平成 9 年度新時代の労使関係に関わる報告書』連合総研。
連合総合生活開発研究所［2000］『勤労者のキャリア形成の実態と意識に関する調査報告書』連合総研。
労働大臣官房国際労働課［1994］『平成 6 年版海外労働白書』日本労働研究機構。
矢島伸浩［1997］「日本型人的資源管理のタイでの導入の可能性」奥村惠一編『経営の国際開発に関する研究』多賀出版、pp.281-316.
山下彰一・竹内常善・川邊信雄・竹花誠児［1989］「ASEAN 諸国における日本型経営と技術移転に関する経営者の意識調査」『紀要年報経済学』 Vol.10、広島大学。
山本　茂［2002］「従来の諸研究」小池和男・猪木武徳編著［2002］pp.55-79.
勇上和史［2001］「転職時の技能評価──過去の実務経験と転職後の賃金」猪木武徳・連合総合生活開発研究所『転職の経済学』東洋経済新報社、pp.93-112.
吉原英樹［1984］『中堅企業の海外進出』東洋経済新報社。
脇坂　明［1986］「女子労働者の昇進可能性──スーパー調査の事例から」小池和男編『現代の人材形成』ミネルヴァ書房、pp.31-48.

文　　献　*239*

Kochan, Thomas A. & Harry C. Katz [1988] *Collective Bargaining and Industrial Relations*, 2nd Edition, Richard D. Irwin Inc.
Local 881, UFCW [1995] *881 Progress*, Nov/Dec.
Ondrack, D.A. [1985] "International Human-Resources Management in European and American Firms", *International Studies and Organization*, 15-1.
Perlmutter, Howard V. [1969] "The Tortuous Evolution of the Multinational Corporation", *Columbia Journal of World Business*, Jan-Feb, pp.9-18.
Teague, B.U. [1976] *Selecting and Orienting Staff for Overseas, A Research Report from the Conference Board*, Conference Board.
Tung, R.H. [1981] "Selection and Training of Personnel for Overseas Assignment" *Columbia Journal of World Business*, Spring, pp.68-78.
UFCW [1993a] *Report to the 3rd United Food & Commercial Workers*, UFCW.
UFCW [1993b] *The First U.S.-Japan Commercial and Food Workers' Conference*, UFCW.

索　引

あ
1 職歴習得期間　*107*
異動マトリックス　*69-70、74、77*
異文化コミュニケーション力　*37-38、54-55*
インフォーマルな OJT　*140、150、152*
内なる国際化　*50、56*
営業複合系　*99、111*
OEM　*86、96、104*
　——コンタクト　*97*
大型パッケージプロジェクト　*124*
OJSAT　*167-168、195*
オーダー　*137-139*
　——業務　*145、151*
　——の能力　*146*
ODA　*119、131*
Ondrack の 4 モデル　*88*

か
海外企業
　——の収益率　*14-15*
　——の発展段階　*18*
海外勤務期間の割合　*124*
海外再派遣、複数回派遣　*100、105*
　——者　*105-107*
　——までの期間　*105、107*
海外人材登録制度　*61、77、80*
海外進出の進化の段階　*87*
海外駐在員事務所　*89*
海外駐在経験者の昇格　*114*
海外直接投資　*14*
海外派遣者、海外派遣要員　→「海外再派遣、複数回派遣」も見よ
　——の育成　*72*
　——の供給　*63、82*
　——の交代要員　*63*
　——の候補者　*61*
　——の資質　*60*
　——の需給調整　*66、79*
　——の需要　*63、66、68、81*
　——の昇格　*108*
　——の職歴　*101*
　——の選抜　*59、65、80*
海外派遣前の職務経験　*91*
海外への投資からの収益　*14*
海外要員への需要と供給　*20*
外国人コンサルタント　*118*
外資系企業の人材への投資　*18*
会社にたいするコミットメント　*178*
会社にたいする信頼　*184、188*
　将来展望と——　*170*
外部労働市場からの供給　*133*
カウンセリング販売　*152*
管財権　*203*
がんばり・技能重視　*182*
企業間賃金格差　*227、229、231*
企業帰属意識　*168、191*
企業内の中長期の仕事経験　*59*
企業をこえた技能の共通性　*134*
帰国後の再適応　*42*
技術移転　*104*
技術指導　*103*
技術情報を収集　*104*
キャリア　*1、67-68、73、78、81、83、99、101、130、135-136*
　——管理表　*68*
　——研究　*1*
　——スポンサー　*39-40、42、45、47、49-51、56*
　——的小成功社長　*39-40*

——的成功仮説　39、41
——的成功社長　26、52、56
——的大成功社長　39-41、54
——的中成功社長　39-40
——の天井　155
——のパターン　70
——の幅と深さ　113-114
——の分析　114
——の補完　86
——の類型　78
——パス　87、102-103、105-106、122
——パターン　77-78、80
——類型　81
管理職としての——　136
基幹的な——　81
企業内——　68、82-83
帰国後の——　19
組織内の——　3
業績
——重視　181
——的小成功社長　30、54
——的成功社長　26-27、40-41、52、55
——的成功度と戦略策定力　29
——的成功度と対本社交渉力　33、34
——的大成功社長　30、32、54
——的中成功社長　30、32
勤続による賃金差　230
勤労意欲　170
——発揮の好循環　169、192-194
苦情処理　198、211、214-217、220-221、235
組合員
——投票　214
——の雇用の保障　200
——の郵便投票　220
組合費　202、209、218、222
——の値上げ　209
クレーム処理　137-139、144、146、150、161
訓練参加休暇　211
経営者の姿勢　188、194

経験者採用　152、155
研修 Off-JT　146
検証調査の経験　127
現地人幹部からの信頼　36
現地における組織と機能の進化　85
小売スーパーの組合組織率　221
個人生活優先型　179
コンサルタント　117、131

さ
最初の配属先　70、73-74
査定　172、185
産別本部　→「地域（Region）」「ローカル」も見よ
——会費　201、209
——からの財政援助　202、209
——ストライキ資金　204
——の管財権　204、214
——の承認　206
JAW調査　168、175、179、182、191、195
仕事意識　21-22、165
仕事生活での向上意欲　181
仕事のうえでの向上意欲がない　179
仕事への取り組み姿勢　170、178-179、181、191
仕事優先型　179
自社の仕事の流れを読みとる訓練　151
市場開発機能　85
——の現地進出　111
執行委員会の開催回数　222
自民族中心型企業　88-89、94、112
純営業系　99、102
昇格の実態　107
昇格のスピード　109
昇進・昇格システム　171
小戦略　31
将来の経営者を選ぶ　25
初期 Off-JTT　147
初期の技能形成　148
職系変更組　100

索引　243

職種の習熟度　92
職場委員　211、213、215-216、218、226
職場の一体感　187
職歴　94
新技術導入の際の事前協議　233
人材の循環　163
審査基準　128、130
新製品販売コンテスト　141
信頼性の好循環仮説　28
　——の検証　32
ストライキ
　——委員会　213
　——手当て　207
　——の承認（権）　203、212
ストライキ資金　202、205-206、218、232
　——の支給決定者　198
成果配分への満足　170
生産・販売会社　86、111
生産・販売・商品開発の3機能は早期に現地化　112
成績格差　173
製品の共通性　76
整容の指導　149
接客業務　138-139、148
設備投資案件　19、47
セルフ販売　134
全地球型企業　88
先任権　208、226、231
　——順に正社員に昇進　217、225
戦略策定力　27-29、48、55
前歴　91、93-94、113
　——期間　91-92、94-96、98-99、105、110、113
　——数　95、96、98-99、104、113
組織化援助金　210

た

タイ人労働者の意識・考え方　166、168
大戦略　31、43
代表的な企業の賃金　231

対面販売　134-135、152、160
妥結内容の標準化　224
多元型企業　89
多元／双務型企業　88
「多国間援助」への対応　128
他社経験　134
　——の通用性　152
　——の長さ　155
地域（Region）　201　→「産別本部」「ローカル」も見よ
　——の交渉担当者　205
　——本部　201、206、219
地域型企業　88-89
中国への日本紡績業の進出　15
駐在員事務所　61、63、95、111
　——の現地進出　86
中戦略　31
中長期の視野　21
中途採用　155-156、160
長期雇用と内部労働市場を重視した人事制度　52
長期的視野に立った経営　188、194
通信販売　134
定着意識　176
　タイ人労働者の——　173
転職
　——経験者　174
　——者　153
店長の役割　140
店舗運営　137、139
　——業務　160-161
　——に要する技能　162
店舗自体の販売目標　142

な

内的動機論　2
2国間援助の無償資金協力　128
2国間援助の融資前調査　128
日本での仕事経験　60
日本本社のトップ選抜　17
ネットワーク　57

――組織　52

は
パートから正従業員への昇進　231
パートの労働時間　226
ハイフライヤー　109
　　――モデル　108
働きがい　176
販売員の業務　137、162
販売子会社の設立　86、111
販売数値目標　141
販売目標数値　142
BR（Business Representative）　218、
　　221、226、234
フォーマルなOJT　148
部下の育成　143
部下の管理　143
プロジェクト　131
　　――経歴　121
　　――現場での業務　122
　　――の開発段階　123
　　――の管理者　20
　　――の企業内での評価　129
　　――の件数　125
　　――の実施段階　123
　　――の収益　124
　　――の段階　127
　　――のチーム規模　126
　　――の特徴　120、122
　　――の評価　120、123
　　――の予算規模　126
　　――リーダー　53
プロジェクトマネジャー　117-118、120、
　　122、124、129-130
　　――の経験　125
米国食品商業労働組合（UFCW）　197、
　　199-200、204、206、220、232-235
訪問販売　134、158
本社からの充分な権限委譲　49
本社の海外子会社長期支援方針　50

ま
マネジメント訓練　160
マネジメント補佐　101
未組織労働者の組織化　200

や
有給の休暇日数　225
有償資金による２国間援助の事業実施　128
与件変更仮説　27

ら
Rep　208、211、215-216、221、235
労使関係への信頼　182
労使間の信頼　194
労働協約交渉　198
労働組合　23　→「組合員」も見よ
　　――にたいする信頼感　184
　　――にたいする満足度　185
　　――の評価　185
　　――への加入状況　184
労働者の勤労意欲　171
労働者の他社での経験　134
ローカル　198、199、201-206、208、
　　212、218、220、232-234　→「産別本
　　部」「地域（region）」も見よ
　　――会長　202-203、205、208-209、
　　212、219
　　――書記長　208、212-213、235
　　――の規約　208、210
　　――の交渉　206、223
　　――の専従役員　199
　　――の組織化　207
　　――の発言権　201
　　地域複数企業型――　199
ローカル（途上国側）コンサルタント　118
ローカルユニオン　22-23

わ
「わが社」意識　183、193、194

執筆者一覧（執筆順）

プロローグ
小池和男（こいけ　かずお）
奥付参照。

第1章
榎本 敬一（えのもと　けいいち）
1935年生まれ。1959年一橋大学法学部卒。2001年法政大学経営学修士。2003年同博士課程中退。2002年　法政大学経営学部非常勤講師。1959年　株式会社　富士銀行入行、本店外国部等。1971年　住友電気工業株式会社入社、海外法人社長等。1985年　株式会社ジェイコス（現、株式会社コミューチュアー）入社。専務取締役（テレコム部、海外部、経理部担当）等。現在、グローカル経営研究所代表、中小企業診断士。

第2章
中村 恵（なかむら　めぐみ）
1955年生まれ。1979年京都大学経済学部卒。1984年名古屋大学大学院経済学研究科博士課程単位取得。1984年名古屋大学経済学部助手。1986年神戸学院大学経済学部専任講師を経て、現在神戸学院大学経済学部教授。分担執筆・共編著書・論文に、小池和男編『大卒ホワイトカラーの人材開発』（東洋経済新報社、1991年）、日本労働研究機構編『国際比較：大卒ホワイトカラーの人材開発・雇用システム──日、米、独の大企業（1）事例編』（日本労働研究機構、1998年）、中村二郎・中村恵編著『日本経済の構造調整と労働市場』（日本評論社、1999年）、「タイ製造業における技能形成の実態──日系企業とタイ・ローカル企業の比較」（『神戸学院経済学論集』第36巻第3・4号、2005年）。

第3章
山形 英果（やまがた　えいか）
1937年4月、大阪生まれ。1961年、神戸大学経営学部卒。東証1部上場会社入社。1989年、企画部長。以降、海外事業本部長、取締役、米国子会社社長、常勤監査役を経て、2000年6月、退任。1994年法政大学経営学修士。2001年から法政大学兼任講師。経営文化論や人的資源管理論を担当。

第4章
相田 真弓（あいだ　まゆみ）
1959年生まれ。2005年法政大学経営学修士。海外開発コンサルタント企業の営業部長等を経て、人材サービス業に転身、現在、フリーのキャリア開発コンサルタント。

第5章
白矢 桂子（しらや　けいこ）
1960年生まれ。1998年法政大学経営学修士。2002年同博士課程満期退学。大手精密機器会社、フランス系化粧品会社を経て、現在、ドイツ系精密機器会社人事部勤務。

第 6 章
中島 敬方（なかしま　たかまさ）
1956 年生まれ。1978 年大阪大学法学部卒。1999 年法政大学経営学修士。2002 年同博士課程中退。三菱自動車、（財）連合総研、伊藤忠人事サービス、日本エイム等で、人事部長（役員）、主任研究員、コンサル事業部長などを経て、現在、近畿大学経営学部教授・法政大学大学院職業能力開発研究所客員研究員。

第 7 章
郷野 晶子（ごうの　あきこ）
1954 年生まれ。1977 年東京理科大学理学部卒。1977 年三菱自動車工業入社。1981 年ゼンセン同盟入局。1996 年法政大学大学院社会科学研究課修士課程修了。現在、UI ゼンセン同盟国際局長。

【編者】

小池 和男（こいけ　かずお）

1932年生まれ。55年東京大学教養学部卒、60年同大学院経済学研究科博士課程修了。東京大学、法政大学、名古屋大学、京都大学、スタンフォード大学ビジネススクール勤務などを経て、2007年3月まで、法政大学大学院イノベーションマネジメント研究科教授。『仕事の経済学 第3版』（東洋経済新報社、2005年）、『人材形成の国際比較』（東洋経済新報社、1987年）、『労働者の経営参加』（1978年、日本評論社、第1回サントリー学芸賞）、『職場の労働組合と参加』（東洋経済新報社、1977年、第18回エコノミスト賞）、『日本の賃金交渉』（東京大学出版会、1962年）など、著書多数。96年紫綬褒章受章。

キャリア研究選書　シリーズ日本の人材形成5
国際化と人材開発

2007年11月15日　初版第1刷発行　（定価はカヴァーに表示してあります）

編　者　小池 和男
発行者　中西 健夫
発行所　株式会社ナカニシヤ出版
　　　　〒606-8161 京都市左京区一乗寺木ノ本町15番地
　　　　　　　　　Telephone　075-723-0111
　　　　　　　　　Facsimile　075-723-0095
　　　　　　Website　http://www.nakanishiya.co.jp/
　　　　　　Email　iihon-ippai@nakanishiya.co.jp
　　　　　　　　　郵便振替　01030-0-13128

装丁＝鷺草デザイン事務所／印刷＝ファインワークス／製本＝兼文堂

Copyright ⓒ 2007 by K. Koike et al.
Printed in Japan.
ISBN978-4-7795-0197-5
＊落丁・乱丁本はお取り替えいたします。

キャリア研究選書　シリーズ日本の人材形成

小池和男　シリーズ監修

日本人はどのように仕事をし、どのようにその技能を身につけてきたのか。日本の人材形成の過程を明らかにする、本格的実証研究シリーズ。

第1巻　プロフェッショナルの人材開発
小池和男 編　2940 円

第2巻　女性の人材開発
川喜多喬 編　3360 円

第3巻　雇用形態の多様化と人材開発
奥西好夫 編　3675 円

第4巻　評価・昇進・人事管理と人材開発
藤村博之 編　続刊

第5巻　国際化と人材開発
小池和男 編　3780 円

表示は 2007 年 10 月現在の税込価格です。